Wilhelm von Freygang;
Frederika von Freygang;
Heinrich von Struve (Übers.)

Wilhelm von Freygangs Briefe
über den Kaukasus und Georgien.

SEVERUS Verlag

Freygang, Wilhelm von; Freygang, Friederike von; Struve, Heinrich von (Übers.): Wilhelm von Freygangs Briefe über den Kaukasus und Georgien. Nebst angehängtem Reisebericht über Persien 1812. 2018
Neuauflage der Ausgabe von 1812
ISBN: 978-3-95801-798-6

Korrektorat: Winnie Dronske
Satz: Winnie Dronske

Umschlaggestaltung: Annelie Lamers, SEVERUS Verlag
Coverbild: www.pixabay.com

Bibliografische Information der Deutschen Nationalbibliothek: Die Deutsche Nationalbibliothek verzeichnet diese Publikation in der Deutschen Nationalbibliografie; detaillierte bibliografische Daten sind im Internet über https://dnb.de abrufbar.

Der SEVERUS Verlag ist ein Imprint der Bedey & Thoms Media GmbH, Hermannstal 119k, 22119 Hamburg

SEVERUS Verlag, 2018
http://www.severus-verlag.de
Gedruckt in Deutschland

Wilhelm von Freygang;
Frederika von Freygang;
Heinrich von Struve (Übers.)

Wilhelm von Freygangs Briefe über den Kaukasus und Georgien.
Nebst angehängtem Reisebericht über Persien 1812

Inhalt

Vorerinnerung des Übersetzers

Wenn vor dreißig Jahren die Erscheinung der Reise in die Krimm von Lady Craven allgemeines Interesse erregte, wenn die Briefe einer Lady Worthley Montague über die Türkei, und vor etwa 16 Jahren die Berufsreise der Frau Generalin von Riedefel nach Nord-Amerika mit dem ungeteilten Beifall aufgenommen wurden, wenn der Beobachtungsgeist, die gute Laune und die Heiterkeit der Ersten, so wie die Leichtigkeit der Darstellung, die weibliche Zartheit, die Entschlossenheit und das mütterliche Gefühl der Anderen Teilnahme und Bewunderung erregten, so dürfen sicher die vorliegenden Briefe dieselben Ansprüche machen.

Der erste Teil dieses Werks, wovon das französische Original in diesem Jahre erschien,[1] rührt von einer geistreichen, achtungswerten, gefühlvollen jungen Frau von Stande her, die, von zwei unmündigen Kindern begleitet, ihrem Gatten auf einer Berufsreise über die Hochgebirge des Kaukasus nach Georgien folgte und dort den schrecklichsten Gefahren Trotz bieten musste.

Ohne darauf einzugehen, welchen Anteil die geübte Feder ihres Gatten an diesen Briefen haben dürfte, bemerken wir bloß, dass Frau v. Freygang[2] während ihres zwölfmonatlichen Aufenthalts am Fuße des Kaukasus und in Tiflis, durch die Verhältnisse ihres Gatten begünstigt, Gelegenheit hatte, sich mit der Natur dieses höchst interessanten Landes und mit den Sitten und der Lebensart der Einwohner bekannt zu machen. Sie ist die erste Schriftstellerin, die uns Nachrichten über diese Gegenden mitteilt; in ihren Händen erhalten diese Nachrichten ein äußerst zartes, fast romantisches Gewand, wodurch sie doppelt anziehend werden. Der Leser wird zur innigsten Teilnahme, zur

---

[1]   *Lettres sur le Caucase et la Géorgie, suivies d'une relation d'une voyage en Perse en 1812. à Hambourg, chèz Pertlres et Besser. 1816. 8.*

[2]   Friedericke von Freygang geborne von Kudriaffsky.

3

sanftesten Rührung hingerissen; der Sturz der Familie von einem der Berggipfel des Kaukasus, das Verscheiden eines ihrer dort am Fuße des Gebirges schlummernden Kindes, sind vorzüglich mit der ganzen Zartheit des Muttergefühls behandelt. Der Übersetzer hat sich bemüht, die milden Farben und seinen Schattierungen, womit sie ihr Gemälde schmückte, in seiner Kopie nicht zu verfehlen; es war nicht leicht, im Deutschen ähnliche Zartheiten der Sprache aufzufinden. Die unnachahmliche Leichtigkeit der französischen Wendungen, die Natürlichkeit der Wortfügung, der eigentliche Konversationston sind es gerade, was sich die deutsche Sprache noch nicht angeeignet hat, und daher mag es auch kommen, dass der deutsche Briefstil gegen den französischen zurücksteht. Inwiefern diese Übersetzung gelungen sei, mag der Leser durch Vergleichung mit dem Original entscheiden, welches bei großer Anspruchslosigkeit gewiss die geografische und ethnographische Kenntnis von dem Kaukasus und Georgien bereichert.

Der zweite, von dem Herrn W. von F r e y g a n g verfasste Teil dieses Werks, einen R e i s e b e r i c h t über P e r s i e n enthaltend, verdient dieses Lob in einem noch höheren Grade; er gewährt nicht bloß Unterhaltung, sondern wissenschaftliche Belehrung. Der würdige Verfasser, dessen Name in der deutschen Literatur durch mehrere schätzbare Produkte[3] bereits bekannt ist, fand, nachdem er früher zwei Jahre in der Moldau, Wallachey und Bessarabien gewesen, durch seine Verhältnisse als kaiserlicher russischer diplomatischer Agent äußerst günstige Gelegenheit, tiefe Blicke in den Charakter des in jeder Rücksicht so merkwürdigen persischen Volkes und der anarchischen Regierung desselben zu werfen. So kurz auch dieser Bericht ist, so bündig und umfassend ist er; er ergänzt auf eine befriedigende Weise die neuesten Werke einiger Franzosen und Engländer; unser Verfasser beobachtete mit Unbefangenheit, während jene ihre Neben-Absichten bei ihren Darstellungen nur zu oft durchschimmern lassen.

Die Reise von Tiflis nach Tauris ist z u g l e i c h ein anschauliches Gemälde des Landes und der Sitten, woran sich die grauenvolle his-

---

3   Unter andern durch seine Ideen über den S t e i n r e g e n und die von H. v. Karamsin ins Russische übersetzte B e s c h r e i b u n g v o n G ö t t i n g e n, wo Hr. v. Freygang unter der trefflichen Heine Anleitung, der ihn mit seiner besonderen Freundschaft beehrte, in den Jahren 1802 und 1803 studierte.

torische Charakteristik der Beherrscher Persiens von Nadir-Schah bis auf die jetzigen Machthaber sinnvoll anschließt. Ferner macht dieser Reisebericht deutlich, wie wohltätig die russische Herrschaft auf diesen schönen Teil des westlichen Asiens wirke. Der Leser wird sich überzeugen, dass die dortigen Eroberungen wirklich menschenfreundlicher Art sind, indem die, seit Jahrhunderten unter dem Drucke einer scheußlichen Tyrannen schmachtenden Völker, umgeben von den Trümmern einer herrlichen Vorzeit, durch Russlands Schutz aus inneren Kriegen und fortwährenden Verwüstungen errettet werden, und die ihnen anstammende Kultur nun endlich wieder zu erlangen hoffen können. Bekanntlich ist durch den im Jahre 1813 mit Persien abgeschlossenen Frieden ein bedeutender Teil von Nord-Persien an Russland gefallen, um, wie Georgien, Tage der Ruhe und Sicherheit zu genießen. Durch jenen Reisebericht wird ferner offenbar, dass Persien nie Russlands Grenzen gefährden wird, wie manche vor einigen Jahren so gerne behauptet hätten, und dass viel mehr Fetah-Ali-Schahs wankender Thron bloß unter Russlands Genehmigung besteht. Welche Folgen aber der Besitz der Küsten des kaspischen Meeres, und der daselbst gelegenen, überaus reichen Länder, die wahrlich schätzbarer als westindische Kolonien sind, aus Russlands langsam, aber sicher wachsenden Kunstfleiß, auf dessen Handel, und dessen direkte Verbindung mit Ostindien haben könne, ist ebenfalls in dem vorliegenden Werke angedeutet, und muss den denkenden Leser zu wichtigen Betrachtungen über die Größe des russischen Reichs hinleiten.

Wir halten also diese Reisebeschreibung, die sich durch inneren Gehalt, durch den Geist und durch die Klarheit ihres Vortrags so vorteilhaft auszeichnet, für einen wahren Gewinn der Länder- und Völkerkunde, und haben, im Gefühl herzlicher Hochachtung und Freundschaft für den Verfasser, uns gerne der Mühe und dem Zeitaufwande unterzogen, die die Verdeutschung erheischte.

Hamburg, im November 1816.
Heinrich von Struve

Briefe über den Kaukasus und Georgien

Erster Brief

Waldai, den 1. September 1811.

Unsere Trennung ist entschieden! leben Sie wohl, beste Freundin! lebt
wohl, geliebte Ufer der Newa!

Welche lange beschwerliche Reise steht mir bevor! der böse Kaukasus! wie werden wir darüber hinwegkommen! ich schaudre, wenn ich
meines kaum drei Jahre alten Andreas, und meiner lieben Katharina
gedenke, die erst vor drei Wochen zur Welt kam. Nur der Trost, dass
ihr Vater uns begleitet, verscheucht meine Furcht und Sorge.

In dieser Jahreszeit mit zwei Kindern, wovon das eine kaum geboren ist, nach Tiflis reisen, welch ein Wagestück! ach! meine Freundin! wenn sie einen Gatten hätten, wenn Sie ihn liebten, Sie würden es begreiflich finden!

Ich habe Ihnen das Tagebuch unserer Reise versprochen. Wie froh würde ich sein, wenn es einst das Gemälde der glücklich zurückgelegten Wanderschaft einer kleinen Familie enthielte, welche die Hoffnung eines besseren Lebens unter einen neuen Himmel verpflanzte. Doch es komme, wie es wolle, empfangen Sie hier das erste Stück meines Tagebuchs.

W a l d a i ist eine kleine niedliche, auf einer Anhöhe liegende Stadt, umgeben von Hügeln und Seen, die mit Inseln besät sind. Auf einer derselben sieht man durch dickes Gebüsch ein altes, vormals sehr reiches Mönchskloster durchschimmern, dass in dieser schönen Gegend ein bedeutendes Grundeigentum besaß.

Meine schwache Gesundheit hinderte mich in die Kapelle dieses Klosters zu gehen, und den höchsten Schützer der Unschuld um die Erhaltung meiner Kinder anzuflehen. Doch ich werde es, wenn ich erst aus Georgien zurück bin, nachholen, und dann meinen innigsten Dank vorbringen. Ach! mögte er uns seines Schutzes würdigen.

In Simagorie, einem großen Dorfe nicht weit von Waldai, verweilten wir in einem auf einer Höhe gelegenen guten Gasthofe, von wo man einer sehr schönen Aussicht genießt.

Ich sage Ihnen nichts von den waldaischen Brezeln, noch von den vielen Mädchen, welche die Reisenden quälen, die ihnen abzukaufen. Mein kleiner Andreas nennt sie Bonbons von Waldai. Gott befohlen bis Moskwa!

Zweiter Brief

Moskwa den 5. September 1811.

Ich wünsche mir Glück, dass ich endlich Moskwa gesehen habe, diese große, prächtige Hauptstadt, die altertümliche Residenz unserer Beherrscher, den berühmten Kreml, der Zaren herrlichen Palast, welcher an die unvergesslichen Denkwürdigkeiten der russischen

Geschichte erinnert, diese Menge von Kirchen, welche unserer Landsleute Frömmigkeit bezeugen, die prachtvollen Schlösser, diese endlosen Gassen. Alles flößt hier Ehrfurcht und Bewunderung ein.

Außer dem Erstaunen, dass der unermessliche Umfang der Stadt erregt, weckt der Anblick derselben eine Reihe großer Erinnerungen in unserer Seele. Welchen Stürmen hat diese alte Hauptstadt des russischen Namens nicht getrotzt und widerstanden! Mit welchem Mute trieben nicht die Bewohner bald die Polen, bald die eindringenden Tartaren, die oft schon auf den ruhigen Besitz derselben rechnen zu können glaubten, zurück.

Russland, fast drei Jahrhunderte hindurch unter das Joch eines barbarischen Feindes gebeugt, bietet das seltene Beispiel einer Ausdauer und eines Mutes dar, wodurch es endlich triumphierte. Nur Spanien zeiget in seiner Geschichte etwas Ähnliches, einen sechshundertjährigen Kampf gegen die Mauren, welchen der glücklichste Erfolg krönte.

Diese edlen Beispiele, welche Spanien in unsern Tagen erneuert, bezeugen zur Genüge, dass eine mit einem großen Charakter begabte, durch innere Kraft starke Nation wohl zuweilen besiegt, aber niemals unterjocht werden kann.

Moskwas Anblick , geliebte Freundin! hat mich zu dieser kleinen Abschweifung verleitet.

Alles, was diese prächtige Stadt Schönes und Merkwürdiges enthält, ist zu bekannt, als dass ich mit Ihnen davon ausführlich reden sollte. Auch haben mir weder Zeit noch Gesundheit gestattet, so viel darin herumzustreifen, als ich wohl gewünscht hätte. Ich behalte mir dieses Vergnügen für meine Rückkehr vor.

Dritter Brief

Stanitza Kamenskaja, den 1. Oktober 1811.
245 Werste von Woronesch.

Im Begriff, dieses Dorf, wo wir zehn Tage zuzubringen genötigt waren, zu verlassen, muss ich Ihnen ein Lebenszeichen geben; sonst mögen Sie glauben, wir wären alle in den Steppen, wo wir uns nunmehr befinden, umgekommen.

9

Ein hitziges Fieber drohte mich mitten in diesen Wüsten hinzuraffen. Gott sei gedankt! ich bin davon frei! Und fühle ich schon stark genug, unsere Reise fortzusetzen.

Zu Tscherkask hoffe ich das Versäumte wieder einzuholen; von dort werde ich Ihnen einen recht weitläufigen Brief schreiben.

Vierter Brief

Nowo-Tscherkask, den 10. Oktober 1811.
331 Werste von Kamenskaja.

Bis auf die Kräfte, die mir noch mangeln, bin ich völlig hergestellt, und eile, den Faden meines Tagebuchs wieder aufzunehmen.

Zwischen Waldai und Moskwa, zu Torjok sah ich Leder- und Maroquin-Arbeiten von einer seltenen Schönheit; diese Waren sind s e h r g e s u c h t .

Die Reise von Moskwa nach Woronesch bietet außer den Fabriken zu T u l a , nichts Merkwürdiges dar. Wir verweilten hier, und bewunderten die Geschmeidigkeit, die man dem Eisen und Stahl zu geben weiß. Mit einiger Ausdauer wird diese Art des Kunstfleißes bald die Stufe erreichen, die sie in andern Ländern erreicht hat, und Russland wird fühlen, dass es bei der Verschiedenheit seiner Völkerschaften, bei der Mannigfaltigkeit und bei dem unermesslichen Reichtume an Erzeugnissen jeder Art, an und für sich schon eine Welt bildet.

Wie angenehm ist es, dem Winter zu entrinnen!

Sie empfinden vielleicht schon dessen Annäherung und wir entfernen uns von ihm. Zu Woronesch und vorzüglich zu Tscherkask ist das Wetter noch sehr schön.

Wenn die Straße von St. Petersburg nach Moskwa mit großen und reichen Dörfern wie besät ist, wenn man dort reinliche und geräumige Wirtshäuser, mit allen Bequemlichkeiten , die der Reisende nur wünschen kann, versehen, antrifft, so ändert sich dieses schöne, lachende Gemälde bald hinter Moskwa, und noch mehr, je weiter man sich Woronesch nähert. Die Dörfer werden seltener, die Wirtshäuser sind bloße Strohhütten mit Feuerstellen ohne Rauchfänge, und unbewohnbar für denjenigen, der den Rauch nicht ertragen kann. Reist man mit einer

Familie, so muss man sich zu Woronesch mit Lebensmitteln versehen. Woronesch ist eine ziemlich große, schöne Stadt, an der Grenze der Steppen gelegen; aber nur nach und nach fangen diese für den Anblick traurigen Einöden an; erst bei der kleinen Stadt K a s a n s k a j a , dem ersten Wohnplatz der donischen Kosaken, beginnen sie eigentlich.

Man macht sich gewöhnlich eine unrichtige Vorstellung von den Steppen, besonders von denen, die sich in den Provinzen Kursk, Orel, Woronesch u.s.w. befinden. Dieser Landstrich ist durchaus nicht dürre, es ist vielmehr einer der furchtbarsten Russlands und eine seiner besten Kornkammern. Selbst an der Unfruchtbarkeit der kaukasischen Steppen ist einzig Mangel an Anbau und Händen schuld.

Ist man in Kasanskaja angelangt, so muss man sich mit allen Lebensmitteln versehen, und sich von dem guten Zustand seines Fuhrwerkes überzeugen; denn man befindet sich von da an gleichsam wie auf dem Meere, dem diese Steppen in mancher Rücksicht gleichen. Wenn man ein Paar Stanitzas (Kosaken-Dörfer) ausnimmt, so erblickt man auf einer Strecke von mehreren hundert Wersten nur den Himmel und eine endlose Wiese. Das ist das Land der donischen Kosaken, wovon jetzt Neu-Tscherkask der Hauptort ist, so wie vormals Alt-Tscherkask, 30 Werste von der neuen Stadt.

Man muss zur See, oder in diesen Steppen gereist sein, um das Gefühl zu kennen, welches ein solcher eintöniger Anblick hervorbringt, wo das Auge auch nicht einmal durch ein kleines Gebüsch ermuntert wird; dann erst wird man die Freude kennen, die der Anblick eines Baums, eines Hauses, eines Vogels gewährt. Es ist sehr möglich, dass man tagelang nichts dergleichen sieht, besonders wenn man das Unglück hat, sich in dieser Wüste zu verirren; bei den großen Wirbelwinden, die in dieser Gegend schrecklich wüten, besonders aber im Herbst und Winter kann sich dies leicht zutragen, wenn Schneegestöber die Wege füllen, die Fuhrwerke umwerfen und den Reisenden zu erblicken drohen.

Diese Steppen sind einer großen Kultur fähig; sie sind bloß wegen des gänzlichen Mangels an Wasser und Holz unfruchtbar und den Heiden gleich; der Mangel des Anbaus verdammt sie zur Nutzlosigkeit. Die Bewohner dieser Gegenden sind träge und sorglos, wie die Bewohner aller warmen, von Natur fruchtbaren Länder. Das *dolce far niente* ist ihnen der höchste Reiz der Lebens-Anpflanzungen, mit

Sorgfalt und Ausdauer angelegt, Brunnen, und eine weise Benutzung der Wälder, welche die Ufer des Dons und des Kuban beschatten, würden in wenig Jahren einen großen Teil dieser Einöden in bevölkerte und lachende Gefilde umschaffen. Welche edle Eroberung! Welch ein schöner Anspruch auf Ruhm.

Man zählt mehr als vier Millionen Morgen urbarer Steppen in dem einzigen Gouvernement des Kaukasus. Denken Sie sich da rührige Arme und Betriebsamkeit, und es entsteht ein Königreich. Als ich so langsam durch diese traurigen Gegenden hinfuhr, verwirklichte meine Einbildungskraft diese glänzende Verwandlung durch den Wechsel der Völker und Jahrhunderte; wenn ich dann zurückkam aus die Gegenwart, fürchtete ich für Deutschland, das ich so blühend gesehen, das Schicksal dieser grenzenlosen Ebenen, dieser Räume, deren Schweigen nur selten ein Reisender unterbricht.[4]

Indes finden Pferde und Rindvieh, der Haupt-Reichtum der Kosaken, in diesen Heiden eine reichliche Weide.

Die Horden der nomadistrenden[5] Kalmucken durchschweifen ebenfalls diese Einöden, indem sie von einem Orte zum andern ihre K i b i t k e n schleppen, eine Art Gezelte aus Fellen oder Filz, die sich zumachen lassen, und worin sie sich vor Regen, vor Wind und selbst vor Kälte schützen können; sie öffnen sich rundherum, unten und oben, um dem Rauche den Durchgang zu gestatten. Während der Mahlzeit drängen sie sich alle, Groß und Klein, ums Feuer, und die Unachtsamkeit dieser Armen geht so weit, dass man selten eines ihrer Kinder ohne Brandmal sieht.

Nichts ist ekelhafter, als ihre Nahrung; Aas von Pferden ist ein Leckerbissen für sie; Hunde, Katzen und krepierte Raben eckeln ihnen ebenfalls nicht an, und in ihrem Elend fühlen sie sich oft glücklich, solche Nahrungsmittel zu finden. Ihr Getränk ist geronnene Milch mit Wasser vermischt, was sie Airan nennen. Wer die Neugierde hätte, einem ihrer Gastmähler beizuwohnen, würde die armen kleinen Kalmucken mit Gierde die Knochen eines halbverfaulten Pferdes nagen und diese sich einander aus den Händen reißen sehen.

---

4   A n m e r k . Dies ward am Ende des Jahres 1811 geschrieben. Alexanders Weisheit und Macht hatten Europa noch nicht befreit.

5   Anmerk. d. Verlags: Vermutlich ist hier „nomadisierend" gemeint.

Das Vermögen eines Kalmucken besteht in einer Kibitke, die mehr oder weniger bewohnbar ist, einigen Pferden und Kühen, einem paar Kamele und Büffel, und die Zahl dieser Tiere macht seinen Reichtum. Dies Nomaden-Volk gibt sich mit seiner Arbeit ab, die Kalmucken verändern ihren Wohnplatz, wenn da, wo sie sich befinden, das Gras aufgezehrt ist; es gibt keine trägeren, zum Raube und zur Trunkenheit geneigtere Menschen, sobald sie sich nur das Mittel dazu verschaffen können.

Das sind schöne Herren und artige Damen, wie Sie wohl sehen, meine geliebte Freundin; aber was ist von den Bewohnern einer Wüste zu erwarten? Man schaffe diese Heiden in ein angebautes Gefilde um, und man macht Menschen aus diesen Wilden.

Die Zigeuner, die sich in der kaukasischen Linie häufig finden, führen fast dasselbe Leben.

Es scheint, dass das unstete, herumschweifende Leben der Kalmucken die natürlichsten Gefühle in ihnen vernichte, oder doch wenigstens schwäche. Die Mütter sogar behandeln ihre Kinder nicht einmal mit der Sorgfalt, welche Tiere gegen ihre Jungen hegen.

Ihre Spiele, ihre Tänze, ihre Musik sind nicht weniger roh, als ihre Sitten.

Doch lassen Sie uns den Blick von einem solchen Gemälde zu anziehenden Völkerschaften hinwenden; lassen Sie uns die braven Kosaken des Dons besuchen. In meiner Eigenschaft als Frau, und als eine sehr friedliche Frau, werden Sie mir erlauben, meine Freundin! die kriegerischen Gesinnungen der Kosaken bloß anzudeuten, um bei ihren häuslichen Eigentümlichkeiten zu ver-weilen.

Sie sind glücklich im Schoße ihrer Familien; aber selten genießen sie dieses Glück.

Die Mütter und Gattinnen sind am meisten zu beklagen. Kaum hat ein junger Kosak das sechszehnte bis achtzehnte Jahr erreicht, kaum hat er sich verheiratet, so begibt er sich zu seinem Regimente und sieht oft seine Frau erst nach fünfundzwanzigjähriger Abwesenheit, und noch öfterer gar nicht wieder.

Ich habe Witwen unter Tränen des Schmerzes und dem Lächeln der Hoffnung ihrem scheidenden Sohne zurufen hören: „Geh, mein Sohn! Gehe zu deinen Waffengefährten! kehre einst deines Vaters würdig zurück, oder stirb wie er!" Diese Sprache erinnert an die Spartanerinnen.

Das Innere der Kosakenhäuser ist ein Muster der Sparsamkeit und Reinlichkeit. Sie sind in dieser Rücksicht die Holländer Russlands, denen sie auch in Hinsicht des Handelssinnes gleichen. Diejenigen, welche durch eine besondere Gnade vom Kriegsdienste befreit sind, widmen sich dem Handel, und betreiben ihn mit Geschick und Erfolg.

Die Kosaken sind gastfrei; aber nur mit einiger Schwierigkeit nehmen sie diejenigen bei sich auf, die nicht ihres Glaubens sind; in solchen Fällen werfen sie Glas, Teller und alle Geräte ihres Hauswesens entzwei, und reinigen schnell das Zimmer, das man bewohnt hat.

Wir wollen sie nicht tadeln, meine Freundin! der Aberglaube ist bei diesem Volke Bürge seiner Religion. Freilich wären gesündere Ideen vorzuziehen. Doch die verhängnisvolle Erfahrung unserer Tage beweist uns, dass man beim Abhauen der verdorbenen Zweige den Baum gänzlich zu zerstören droht, und zwingt uns gewissermaßen zu sagen: Glücklich sind die abergläubigen Völker, denn sie haben noch Religion.

Die meist ziemlich weitläufigen Stanitza (Dörfer) der donischen Kosaken gewähren einen angenehmen Anblick; sie liegen aber nicht an der großen Straße sondern größtenteils längs dem Don und dem Kuban.

Die Kosaken-Familien leben überhaupt im Wohlstande; es gibt sehr wohlhabende unter ihnen, und einige, deren Vater oder Sohn nach einem oder mehreren Feldzügen mit Beute beladen zurückgekehrt ist, sind reich zu nennen.

Ich habe einer Kosaken-Hochzeit beigewohnt. Vor und nach der Feierlichkeit, die wenig von der unserigen abweicht, spaziert die Braut, begleitet von ihren Eltern und ihren Freunden in den Straßen, während im Chor bald Trauergesänge, bald fröhliche Lieder angestimmt werden. Ein schönes Bild des Vereins für das Leben, wo Lust und Schmerz gemischt sind.

In einem Lande, wo sich selten eine Kutsche sehen lässt, sind die ohnedies kleinen und schwachen Pferde nicht sehr zum Vorspannen geeignet, und daher rühren hauptsächlich die Schwierigkeiten, worüber einige Reisende klagen; aber die Gutmütigkeit und der Eifer der

Kosaken ersetzt größtenteils die Schwachheit und Ungelehrigkeit ihrer Pferde oder das, was ihrem Lande mangelt.

Jede Station besteht gewöhnlich aus einem Häuschen von zwei Zimmern; eins für die Reisenden, das andre für die Fuhrknechte; auch findet man dort einen Dorfschreiber und einen Ökonomen, wie man ihn ziemlich unpassend nennt. Der Erste sorgt für die Pferde, der andre für die Feuerung und Alles, was diese dürren Gegenden dem Reisenden darbieten können; doch trotz aller Willfährigkeit des geschäftigen Ökonomen, ist man sehr übel dran, wenn man keine Lebensmittel bei sich führt.

Urteilen Sie, meine Freundin! was ich, gefährlich krank, in diesen traurigen Gegenden habe ausstehen müssen.

Da es dieser Steppe gänzlich an Holz fehlt, so wird mit Stroh, Heu oder K i s i k (Mist, der an der Sonne getrocknet ist) das Zimmer der Reisenden geheizt.

Der Ökonom ist gewöhnlich ein ausgedienter Kosak, der wegen seiner Wunden oder schwachen Gesundheit, seinen Abschied erhalten hat, aber noch auf den Stationen dient, um seine fünfundzwanzigjährige Dienstzeit, die für jeden Kosaken festgelegt ist, zu Ende zu bringen. Sie begreifen leicht, dass man bei einem Wirte dieser Art, einer Erzählung aller merkwürdigen Begebenheiten seiner militärischen Laufbahn unmöglich entgehen kann.

Wenn man es zu Kasansk versäumt hat, sein Fuhrwerk genau untersuchen zu lassen, ehe man in diese Steppe eintritt, so ist man ohne Hilfe, im Fall einem ein Unglück begegnet.

Dennoch leisten die Kosaken, in allem, was von ihnen abhängt, schnelle Dienste.

Sprechen Sie mit ihnen von ihrem Attaman, und Sie können gewiss sein, dass sie alles für Sie tun, was in ihren Kräften steht. Ihr gegenwärtiger Attaman genießt ganz vorzüglich des Glücks, von ihnen sehr geehrt zu sein.

Muss man mit einer Familie in diesen Gegenden reisen, so rate ich, die schöne Jahreszeit zu wählen; der Herbst und Winter sind hier unerträglich. Um die Durchreise durch diese Steppen weniger angenehm zu machen, muss man sich mit einem Gezelte, welches zuweilen statt eines Hauses dienen kann, versehen.

Ich befinde mich in Nowo-Tscherkask, dem gegenwärtigen Wohnsitze des Attamans der Kosaken, einer neuen, großen, wohlgebauten Stadt.

Ihre Lage ist sehr schön; höchst malerisch ist der Anblick des Berges, worauf ein großer Teil der Stadt liegt. Die Aussicht erstreckt sich über eine weite Ebene, welche der Don und der Axai, der sich in jenen ergießt, bewässern. Die Städte Starai-Tscherkask, Axai, Nahetchiwan und Rostow, die sich in der Ferne in Gruppen darstellen, vollenden die Schönheit dieses Gemäldes.

Die Liebhaber wohlschmeckender Gerichte können sich zu Tscherkask des Genusses köstlicher Störe erfreuen, die soeben im Don gefangen sind.

Der Wein des Dons schäumt wie Champagner und ist so pikant wie dieser; aber er ist nur dann vortrefflich, wenn er einige Jahre auf dem Fasse gelegen hat. Der junge Wein ist ungesund; seine Schärfe macht ihn unangenehm, aber der Landmann, der es nicht so genau nimmt, trinkt ihn in langen Zügen und findet ihn köstlich.

Das Land hat einen Überfluss an Wild; man findet schon Fasane in ziemlich großer Menge.

Starai-Tscherkask, zwanzig Werste von Nowo-Tscherkask, ist ein zweites Venedig; es steht im Frühling und Sommer unter Wasser. Der Don, der in diesen Jahreszeiten austritt, überschwemmt die Ebene, worin diese Stadt liegt. Die Einwohner flüchten dann und richten sich auf den nach asiatischer Sitte platten Dächern ihrer Häuser ein. Diese Beharrlichkeit, der Gefahr zu trotzen, erinnert an die Einwohner der Umgebungen des Vesuvs, welche, ungeachtet der Gefahren, womit dieser lästige Nachbar sie bedroht, ihre geliebten Gefilde nicht verlassen.

Die Überschwemmung des Dons nötigt die Reisenden sich mit ihrem Fuhrwerke oberhalb Arai in eine Fähre einzuschiffen, und also eine Strecke von 15 Werste auf den Wellen zu treiben.

Nahetchivan, eine kleine armenische Stadt, die zwischen Arai und Rostow liegt, und einen starken Handel treibt, hat diesen Rahmen von einem uralten persischen Ort jenseits des Araxes.

Verzeihen Sie mir diesen langen Brief, um des Vergnügens willen, das mir die Unterhaltung mit Ihnen gewährt.

Der Gedanke, dass Sie mir mit der ganzen Teilnahme der Freundschaft folgen, verleiht allem, was mir begegnet, einen höheren Wert.

Leben Sie wohl! die Pferde, die uns der Linie des Kaukasus näher bringen sollen, warten schon.

Fünfter Brief

Arai, 30 Werste von Nowo-Tscherkask, den 13. Oktober 1811.
Preisen Sie mich glücklich, meine Freundin! Wir sind schrecklichen Gefahren entronnen.

Wir hatten Nowo-Tscherkask verlassen, um in diese unglücklichen Steppen einzutreten. Plötzlich erhob sich ein Sturmwind, Regen mit Schnee vermischt drang bis hin unseren Wagen. Bald verloren wir bei der tiefsten Finsternis die Straße; bei dem schrecklichsten Wetter in dieser Wüste irrend, sahen wir den Zeitpunkt, mehrere Tage lang hier verweilen zu müssen, wo uns Wasser und Lebensmittel fehlen könnten. … In der Verzweiflung, worin wir waren; ahndete ich den Augenblick, wo meine Kinder vor Hunger umkommen würden.

Ich drückte sie an meinen Busen, ich badete diese geliebten Kinder mit meinen Tränen.

Gott sei gedankt, wir wurden aus der Gefahr gerettet!

Nach sechsundvierzigstündiger Unruhe und Angst langten wir zu Axai an. Erschöpft von Beschwerden, war Ruhe uns ein großes Bedürfnis. Wir hatten derselben nur kurze Zeit im Hause eines alten Kosaken genossen, als wir plötzlich von einem von allen Seiten her ertönenden Geschrei aus dem Schlummer erweckt wurden. Es war Freudengeschrei.

Als ich die Augen öffnete, erblickte ich eine Gruppe, des Pinsels eines Correggio würdig. Ein Kosak von ungefähr 40 Jahren, von Kopf bis zum Fuß bewaffnet, von einer männlichen angenehmen Gesichtsbildung, war eben auf Urlaub von der Armee angelangt um nach fünfzehnjähriger Abwesenheit. seine Familie wieder zu sehen. Er lag in den Armen seines Vaters und seiner Gattin, umringt von drei Kindern, wovon er zwei in der Wiege zurückgelassen hatte, als er zum Regiment abging.

Welch ein Augenblick, nach langer Trennung das wiederzusehen, was uns auf der Welt das Liebste ist! Trotz meiner Müdigkeit, war es mir nicht möglich, mich wieder hinzulegen; die rührende Szene, wovon ich soeben Zeuge war, hatte mich zu tief bewegt. Ich setzte mich in einen Winkel des Zimmers, um die Freude dieser glücklichen Familie zu teilen.

Kürzlich hat sich hier ein ganz komischer Auftritt in einer Kosaken-Familie zugetragen. Ein glückliches Ehepaar sah schon ein Jahr nach der Hochzeit sein Glück zerstört. Der junge Ehemann muss zur Armee abgehen und lässt seine Gattin in Tränen zurück. Bald darauf erhält sie die traurige Nachricht, er sei in einer Schlacht geblieben. Die Witwe gibt nach einiger Zeit den dringenden Bitten ihrer Eltern nach, und verheiratet sich wieder. Ihr zweiter Ehemann wird ihr ebenfalls entrissen; auch er geht zur Armee. Nach Ablauf einiger Jahre eilt der erste, totgeglaubte Mann zu seiner Frau zurück, und durch einen sonderbaren Zufall kommt auch der zweite Gatte in derselben Zeit wieder.

Die plötzliche Erscheinung dieser beiden Ehemänner versetzt die arme Frau in eine seltsame Verlegenheit; aber da sie sich für den einen oder anderen erklären muss, entscheidet sie zu Gunsten ihres ersten Gatten. Der Zweite, Wittwer bei Lebzeiten seiner Frau, kehrt zur Armee zurück; voll Verzweiflung sucht er seinen Herd wieder zu erreichen und heiratet aus Verdruss die Schwester seiner Frau; eine mehr verständige als heroische Entwicklung.

Morgen bei guter Zeit machen wir uns auf den Weg, um bald Asiaten zu werden. Leben Sie wohl!

Sechster Brief

In der Quarantäne zu Serednoi Jegerlick, Grenze der kaukasischen Linie, 84 Werste von Axai, den 17. Oktober 1811.

Reist man nach der Linie des Kaukasus hin, so hat man das Glück der Quarantäne zu entgehen, die- mit Recht den Beinamen V a n u t c h o i J e r l i c k (Stink-Jerlick) führt, wegen des schlechten Wassers des kleinen Flusses Jerlick oder Jegerlick. Bei der Rückkehr ist man aber weniger glücklich; man muss sich dann der ganzen Strenge der Quarantäne unterwerfen. Kaum hat man den Fuß auf den Boden gesetzt, der im Verdacht der Pestseuche steht, (und das ist jetzt mit der Linie des Kaukasus der Fall) so ist man gezwungen, falls man umkehren wollte, wäre es auch nur für eine Stunde, sich den Gesetzen der Quarantäne zu unterwerfen, um alle Reinigungen durchzugehen. Bald werden wir die Quarantäne zu Mosdok und dann den Kaukasus passieren. Der Gedanke, dass solche Grenzscheiden uns trennen, versetzte mich in Trauer und Betrübnis. Es gibt gewisse Orte, welche mehr als andere, Trennung und Entfernung bezeichnen. Ein Berg, ein Fluss, eine Zollstelle, ein Militärposten machen uns die Entfernung weit fühlbarer als die ausgedehntesten Ebenen. Eine Reise zur See muss in dieser Beziehung weit weniger peinlich sein.

Die Quarantäne zu J e g e r l i c k ist an einem ungefundenen Ort angelegt. Luft und Wasser sind gleich unerträglich. Die Zimmer, worin man wohnt, sind dunkel und feucht. Es scheint wirklich, dass man sich ein Gewissen daraus mache, Leute, die sich wohlbefinden, unter Quarantäne zu halten, und dass man um jeden Preis Kranke haben wolle.

Glücklicherweise brauchen wir uns dort nicht aufzuhalten. Schon sehe ich, dass man sich zur Abreise rüstet; mir bleibt nur Zeit, Sie im Geiste zu umarmen.

Siebenter Brief

Stauropol, 167 Werste von Serednoi Jegerlick, den 21. Oktober 1811.
Ich habe den Elborus vor Augen. Dieser uralte Koloss der Natur tritt der langen Kette des Kaukasus vor, und überragt sie. Jene ungeheuren Bergmassen, deren Gipfel mit ewigem Schnee bedeckt sind, erscheinen nur wie Hügel gegen den stolzen Elborus.[6]

Beim Anblick dieser Urgebirge, geschaffen als die Erde sich gestaltet, – gab sich meine Seele der lebhaftesten Rührung hin. Umgeben von ruhigen, heiteren Naturszenen, überlässt das Vergnügen, das wir

---

6   A n m e r k . Dieser Berg, den die Bewohner C h a t oder Chach-Gara nennen, war schon
    den Alten bekannt, und ist immer für einen der höchsten der Erde gehalten worden.
    Der Oberste B o u t z k o f f s k y, der ihn kürzlich gemessen hat, bestimmt seine Höhe
    auf 16700 Pariser Fuß, folglich ist er 2050 Fuß höher als der Montblanc.

empfinden, uns gänzlich uns selbst, und uns allein; aber im Schoße der Berge erheben und erweitern sich unsere Vorstellungen; die Einbildungskraft übersteigt das, was unsere Augen wahrnehmen; die Größe des Schauspiels flößt uns Ehrfurcht ein, und voll bebender Bewunderung wenden wir uns zum allgütigen Schöpfer, um uns seines Schutzes zu versichern. Ach! wie widerspenstige aber furchtsame Kinder denken wir bloß beim Anblick des Arms, der uns schlagen kann, auch an die Hand, die uns hält und schützt.

„Es scheint, sagt ein geistreicher Schriftsteller, dass, indem wir uns über den Aufenthalt der Menschen erheben, wir alle niederen, irdischen Gefühle zurücklassen, und das in dem Maße, worin sich die Seele den ätherischen Regionen nähert, sie einen Teil ihrer unveränderlichen Reinheit gewinnt."

Wie traurig ist es, meine Freundin! dass man an diesem Satze etwas zu berichtigen findet; Schade, dass die Tscherkessen von dieser Stelle des J. J. Rousseau nichts ahnden lassen, dass sie nicht fühlen, wie er.

Einige wohlbewaffnete Kosaken sollen uns zum Geleite dienen. Der Anblick dieser kleinen Truppe hat auf eine wunderbare Weise meinen Wunsch, mitten unter diesen Bergen zu wohnen, geschwächt.

Achter Brief

Georgiewsk, 170 Werste von Staurapol, den 25. Oktober 1811.

Beruhigen Sie sich, meine Freundin! wir haben die Bekanntschaft mit den Tscherkessen nicht gemacht; sie waren so höflich, uns diese Mühe zu ersparen. Nun befinden wir uns in der Hauptstadt der kaukasischen Linie, dem Wohnsitz des General-Gouverneurs.

Wenn mich zu Stauropol der Anblick des Kaukasus und des majestätischen Elborus zur Bewunderung erhob, was muss ich nicht empfinden bei dem erhabenen Schauspiele, was sich jetzt weit deutlicher meinen erstaunten Blicken darbietet.

Man muss dort sein, um die magische Wirkung dieser langen Bergkette aus tausend seltsamen Formen, zu begreifen; dieser ungeheuren, aufeinander gehäuften Felsenmassen, deren beeistes Haupt sich oft in den Wolken birgt, sich zuweilen, wie hinter einem Schleier versteckt,

zuweilen, wenn es die Strahlen der Sonne zurückwirft, mit blenden-
dem Glanze funkelt und sich mit den schönsten Farben schmückt.
Welch ein Gemälde! Es stellt uns diese ewigen, geheimnisreichen
Gletscher dar, deren Außenseite sich nach dem Gesichtspunkte, dem
Momente und der Jahreszeit ändert.

Was sich in diesem Augenblicke meinen Augen darbietet, ist der
alte Kaukasus, diese Wiege des Menschengeschlechts, wovon uns die
Fabellehre und die alte Geschichte erzählen.

Darüber habe ich nun andre Gegenstände vergessen, und fast der
Aufmerksamkeit unwert gefunden; ich habe Ihnen nichts von der Stadt
S t a u r o p o l gesagt, die doch ziemlich groß und wohl gelegen ist.

G e o r g i e w s k , weniger ausgedehnt aber wohlgebaut, gewinnt
an Interesse, wegen der Nähe der Berge, der Mineralquellen, und der
schottischen Kolonie. Allein G e o r g i e w s k ist, wie man versichert,
ein sehr ungesunder Ort, welchen ich mit Vergnügen verlassen werde.

Bei Gelegenheit des Kaukasus würden andere mit Ihnen von den
Geiern reden; ich erwähne nur die Fasanen, die daselbst in großer
Menge und von dem köstlichsten Geschmack sind.

Neunter Brief

Mosdock, 115 Werste von Georgiewsk, den 1. Nov. 1811.
Wir hatten Georgiewsk kurz nach Mittag verlassen, um uns nach
P r o c h l a d n a j a , einem 50 Werste davon gelegenen Dorfe, zu
begeben. Wir wünschten vor Einbruch der Nacht dort anzukommen,
der Tscherkessen wegen. Doch weil unsere Pferde schlecht waren, so
überraschte uns, auf der 15ten Werste von der Stanitza Paulowskaja,
dem halben Wege von Prochladnaja, die Nacht. Wir hatten zwei Kosaken zur Bedeckung, wovon einer vorausgeeilt war, um uns ein Nachtlager zu bestellen.

Wir befanden uns in einer Steppe; das Wetter war dunkel und der
Wind furchtbar. Mein Mann, der sich unpässlich fühlte, war einge-
schlummert; ich saß an seiner Seite; meine zwei Kinder und die Wär-
terinnen waren im tiefen Schlafe. Das Fuhrwerk ging langsam vorwärts; der Kosake trottete zur Seite, die Lanze in der Hand, in seiner

Burka (einer Art von Mantel aus einem Stücke Hammelfell, welchen man nach der Windseite kehrt) eingehüllt. Der Ort, das Wetter, die Stille, der Gedanke an die Zukunft hatten mich in tiefes Nachdenken versenkt. Plötzlich brachte mich ein schreckliches Geschrei mit einem Male zum Selbstbewusstsein und schreckte meinen Mann, die Kinder und unsere Leute auf.

„Tscherkessen! Tscherkessen!" schrie der vorangesprengte Kosake und kam mit verhängtem Zügel auf uns zu. „Tscherkessen! Tscherkessen!" wiederholte er, indem er sich näherte.

Dieses Geschrei, ich höre es noch, ich werde es immer hören. – In einem Tale, das R ä u b e r t a l genannt, wo sich die Tscherkessen zuweilen unter dem Schutze der Dunkelheit im Hinterhalte legen, hatte dieser Kosake ungefähr dreißig derselben wahrgenommen, und es für zweckmäßiger gehalten, seinem Pferde die Sporen zu geben, und schnell umzukehren. Auf sein Geschrei: „Tscherkessen!" lenkte unser Fuhrmann, ohne einen Augenblick zu verlieren, die Pferde um, und wusste, ich weiß nicht, wie? sie in vollem Galopp gerade nach der Stanitza Paulowskaja, von wo wir vor vier Stunden abgereist waren, zurückzutreiben. Der Fuhrmann und die Pferde schienen durch das Geschrei: „Tscherkessen!" welches freilich, wenn die Bedeckung nicht zahlreich ist, den schleunigsten Rückzug gebietet, angefeuert.

Gewiss, fliehen ist doch mehr als laufen! Von gleicher Furcht wie wir ergriffen, trieb unser Fuhrmann seine Pferde so gewaltsam an, dass die arme Tiere kaum einer Stunde bedurften, den Weg zurückzulegen, wozu wir fast vier Stunden gebraucht hatten.

Welch ein Augenblick, wenn man sich befreit fühlt! Ich umarmte meine beiden Kinder, ich nahm sie von neuem, ich drückte sie an mein Herz, als hätte ich noch gefürchtet, dass man sie mir entreißen wolle. Ich faltete ihre kleinen Hände in die meinigen, und so dankte ich dem Himmel für seinen Schutz!

Der Kosake hatte die Wahrheit gesagt, und der Fuhrmann den klügsten Teil ergriffen. Die Tscherkessen waren uns wirklich auf den Fersen gewesen, und wenig fehlte, so hätten sie uns eingeholt.

Bei unserer Ankunft in Paulowskaja zeigte mein Mann dem Kosakenoffizier an, was uns begegnet sei, und bat ihn, einige von seinen Leuten abzusenden, um die Räuberbande zu vertreiben. Doch der

Offizierr glaubte in seiner Sicherheit, sich dessen überheben zu können, und hatte Unrecht. Denn kaum waren wir eingeschlafen, so hörten wir Flintenschüsse. Bald vernahmen wir, dass die Tscherkessen in ziemlich großer Anzahl, von dem ersten Schlaf der Dorfbewohner und von der Dunkelheit der Nacht begünstigt, mehr als fünfzig Stück Vieh weggeführt, zwei Kosaken und selbst den Offizier getötet hätten, welcher kurz zuvor den Rat meines Mannes verschmähte.

Heute frühmorgens machten wir uns auf den Weg, und sind bei Sonnenuntergang angelangt. Ich habe schon Zeit gefunden, den T e r e k zu besuchen, dessen Strom erstaunlich schnell fließt; wir müssen auf einem Floß übersetzen. Dieser Fluss bahnt sich einen Weg über tausend Felsen und rollt seine brausenden Wogen mitten unter den Trümmern des Kaukasus. Er beschließt seinen Lauf im kaspischen Meer, unfern der an seinem Ufer erbauten Handelsstadt K i s l a r.

Es wird uns drei Tage kosten, um die große Fläche von 90 Werste bis W l a d i - K a u k a s zu durchreisen; unser Zug wird einem kleinen Armee-Korps gleichen. Uns begleiten nämlich Kanonen und ein zahlreicher Trupp, der Tscherkessen wegen, ein sehr furchtbares Volk, welches diese Gegend (d i e k l e i n e K a b a r d e i) bewohnt.

Ungeachtet dieser Schrecken einflößenden Begleitung bin ich nicht ruhig. Man sagt, ich hätte Unrecht, — man schmält mit mir, aber einem Mutterherzen flößen selbst Vorwürfe keinen Mut ein.

Zehnter Brief

Jenseits des Tereks, den 2. Nov. 1811.

Wir haben uns soeben über den Terek auf einem ziemlich schlechten Floss übersetzen lassen; und befinden uns nun außerhalb Europas. Hier ist der Übergang aus einem Weltteile in den andern durch schauderhafte Umstände bezeichnet. Die uns zugegebene Begleitung besteht aus fünfzig Mann zu Fuß, ebenso viel zu Pferde, und, der Vollständigkeit wegen aus Geschütz. Schon nimmt unter meinen Augen alles eine kriegerische Wendung, bis auf meinen kleinen Andreas, der in tscherkessischem Kleide seine Mutter und Schwester zu verteidigen verspricht. Man rüstet sich, als wenn es zum Kampfe gehen sollte.

23

Der Soldat macht das Zeichen des Kreuzes; ich empfehle von neuem meine Kinder der waltenden Vorsehung, ich richte meinen zärtlichen Blick auf Europa, das ich soeben verließ, sage Ihnen Lebewohl, strecke die Arme nach Ihnen aus – aber schon laufen die Soldaten auf ihre Posten, und stellen sich in Ordnung; die Kosaken bilden den Vortrab, die Flankeurs sind schon weit voran, unser Wagen ist von der kleinen Armee umringt, die Trommel wirbelt; das Signal zur Abfahrt ist gegeben. Leben Sie wohl! Leben Sie wohl!

Elfter Brief

Wladi-Kaukas, 90 Werste von Mosdok, den 6. November 1811.
Man rechnet 250 Werste von Mosdok nach Tiflis, und ist darüber einverstanden, dass es beschwerlicher sei, diesen kleinen Weg zu machen, als jede andre Reise von mehreren tausend Wersten. Wir sind hier gestern eingetroffen, und haben die 90 Werste in drei Tagen zurückgelegt. Am ersten gelangten wir von Mosdok zur Schanze C o n s t a n t i n , 35 Werste, am zweiten zur Schanze E l i s a b e t h , 30 Werste, und gestern nach W l a d i - K a u k a s , immer auf dieselbe Weise militärisch begleitet, wegen der noch immer drohenden Gefahr eines Angriffs der Tschetschen.

Man hat mir verschiedene Stellen gezeigt, wo viele russische Krieger durch die Hand dieser Barbaren umgekommen sind. Mich ergriff Schauder, und ich gestehe Ihnen, dass 90 Werste in einem solchen Lande einen Weg von schreckhafter Länge bilden. Ich atmete erst frei, als ich eine Schanze erblickte. Und selbst dann brachte ich sehr üble Nächte zu, da ich den Gedanken an Räuber und Überfälle nicht von mir entfernen konnte. Ach! wie sollte man sich nicht mit einer Gefahr beschäftigen, der man kaum entgangen ist, die sich tags darauf erneuern kann, und woran der traurige Ruf der Vorposten und Streifwachen uns jeden Augenblick erinnert.

Eine nur etwas lebhafte Einbildungskraft, die Gefallen daran findet, alle Gegenstände in trübes Licht zu setzen, könnte sich hier üben. Die meinige, wenn gleich weniger tätig, bietet mir dennoch sehr schwarze Bilder dar. Eine verlassene Schanze, P o t i e m k i n s k a j a genannt, regte in mir besonders lebhafte Besorgnisse auf. Freilich gelangt man nach diesem Orte mit einem zur Furcht gestimmten Gemüte, weil die Geschichte von einem dortigen Vorfall durch ein Märchen noch ausgeschmückt wird.

Ich will Ihnen keine Sagen mitteilen; aber die Geschichte meldet, dass diese Schanze vor ungefähr zwanzig Jahren von einer großen Anzahl Tschetschen umringt war; der russische Befehlshaber wollte lieber den Degen in der Faust mit der ganzen Besatzung umkommen, als sich ergeben. Dieses Beispiel von Mut unserer Nation, wird Sie ebenso wenig in Erstaunen setzen, als mich. Ich sah an der Stelle, wo einst die Schanze stand, nur einen Haufen Steine, traurige Trümmer dieses Forts, und ein ehrenvolles Grabmal seiner tapferen Verteidiger.

Unser Marsch, Schritt vor Schritt, hatte das Ansehen eines Leichenzugs. Selbst die Kuriere reisen nicht anders. Es gibt vornehmlich zwei sehr gefährliche Stellen auf diesem Weg nach Wladi-Kaukas; zuerst ein kleines Gehölz, und dann ein Tal, das Räubertal genannt. Der Befehlshaber der Begleitung sendet gewöhnlich einen kleinen Vortrab dahin ab, um die Gegend und den Feind, wenn er sich dort im Hinterhalt befindet, zu recognosciren. Nicht ohne lebhafte Furcht sieht man diese kleine Abteilung abgehen; bis zu dem Augenblick, wo sie wieder zu uns stieß, machte das geringste Geräusch mich zittern. Ich reise mit meinen Kindern; — meine Furcht scheint Ihnen gewiss natürlich.

Nichts gleicht dem Schrecken, welchen ich gestern Morgen hatte. Unsere Flankeurs waren zu beiden Seiten, ziemlich weit von uns. Plötzlich, flogen vier Kosaken auf uns zu, und einer schoss sein Gewehr ab. Der Offizier, der zur Seite des Wagens ritt, hielt diesen Schuss für ein Signal, welches die Nähe des Feindes andeutete. Sogleich ließ er die Trommel rühren und die Soldaten bildeten ein Viereck; die Kanone ward vorgerückt, und in schauerlicher Stille harrte man der Erscheinung des Feindes. Die Ungewissheit dauerte vielleicht nur drei Minuten. Doch wie lange schien sie mir.

Die vier Kosaken kamen an und man verständigte sich; was war es? Eine Hirschjagd. Wir wurden also doch noch für unsere Angst entschädigt, und langten wohlbehalten und gesund zu W l a d i - K a u k a s an.

Hier erst konnte ich mich mit frohem Herzen der Bewunderung überlassen, die der Anblick des Kaukasus als einen schuldigen Tribut fordert; ich hatte ihn zu Stauropol von ferne gesehen, aber die Furcht vor den Tschetschen hatte sich so sehr meiner bemächtigt, dass ich wie fühllos für die majestätische Schönheit dieser prangenden Kolosse war, die sich mit jedem Schritt deutlicher darstellen, und den entzückendsten Anblick gewähren.

Die Ebene, die wir von M o s d o k bis hier durchzogen, besteht bloß aus unbebauten Heiden; doch es beginnt eine neue Natur, eine neue Vegetation, ein neuer Himmelsstrich. Der Blick ruht gerne auf dem grünen Teppich, mit den schönsten Blumen geschmückt, und im November Mond, da Sie, meine teure Freundin! im Schnee begraben sind, glauben wir in der Mitte des Sommers zu sein; ein solches Gefilde sollte andere Bewohner haben.

Die Steppe wimmelt von Rotwild, und es ist recht lustig, es zu Hunderten aufspringen und von den Kosaken jagen zu sehen, welche die Geschicklichkeit besitzen, es mit der Lanze zu töten. Zuweilen, und darüber freute ich mich immer sehr, entschlüpfte das Tier durch seine Schnelligkeit dem gewandten Jäger.

W l a d i - K a u k a s [7] ist eine Festung, und wird als der Schlüssel des Kaukasus betrachtet, wovon es auch einen Name trägt, der für seine Lage passt. Der dortige Kommandant, ein alter, ehrenwerter General, befestigt und verbessert den Platz je mehr und mehr. Er ist der Schrecken der Tschetschen und der Bergbewohner; übrigens der freundlichste Murrkopf, den man nur treffen kann.

Zwölfter Brief

Wladi-Kaukas, den 7. November 1811.

Bei der Nachricht, dass der Kaschaur, ein hoher Berg, über den unser Weg hinführt, mit Schnee bedeckt sei, schlug mir mein Mann vor, mit meinen Kindern hier zu bleiben, um im Frühling wieder mit ihm zusammenzutreffen. Sie begreifen meine Antwort. Welcher Gefahr kann er entgegengehen, die ich nicht mit ihm teilen wollte!

Wenn, zur Schmach irgendeiner andern Frau, mein Betragen einen Lobspruch verdienen sollte, so wenden Sie ihn mir nicht zu: unser

---

7   *Wladaet* bedeutet im Russischen: herrschen.

gute Kommandant hat in dieser Rücksicht meine kleine Eitelkeit befriedigt. Statt aller Einwürfe gegen meine Wünsche, wies er mit der Hand auf diesen schrecklichen Kaukasus, der sich in Wolken hüllt. Ich antwortete ihm auf dieselbe Weise, indem ich zum Himmel, auf meinen Mann und meine Kinder wies. Er verstand mich und drückte mir gerührt die Hand. Ich habe von neuem empfunden, was die Billigung eines edlen Mannes wert sei. Des Kommandanten Billigung, auf eine so einfache und innige Weise ausgesprochen, zerstreute meine Furcht völlig.

Da die Schwierigkeiten des Weges sich häufen, so werde ich das Fuhrwerk wechseln. Ich gedenke mit meinen Kindern in einer sehr leichten Kalesche zu fahren. Meine Frauen, in Amazonen verwandelt, reisen zu Pferde, und mein Mann nebst dem braven Kommandanten begleiten auf gleiche Weise meinen Wagen.

Die Straße über dem Kaukasus, die heutzutage ein Meisterstück der Kunst ist, war zur Zeit des Generals Grafen Tottleben, fast unwegsam; dieser bahnte sich zuerst einen Weg mit seinen Truppen und Geschütz bis nach Georgien hinein.

Es ist sehr auffallend, dass er dahin gelangen konnte, als der T e r e k noch 17 Brücken hatte, ehe man die verschiedenen Schanzen errichtete, wodurch jetzt die Russen Meister des Überganges werden. Man versichert, dass es damals Stellen gab, wo man genötigt war, sich mit Stricken auf die höchsten, steilsten Felsen ziehen zu lassen, die aber ein Assetinier leicht zu erklettern versteht.

Im Jahr 1804 ließ der Fürst Z i z i a n o w, damals General und Oberbefehlshaber der russischen Armee in Georgien, ein Mann von hohem, unternehmenden Geist, die jetzige Straße anlegen, welche im Jahre 1808 durch Herrn T a m i l o w vollendet ward. Gegenwärtig hat der T e r e k nur drei Brücken; mittels Schießpulver hat man große Felsenmassen gesprengt, so dass man jetzt in der schönen Jahreszeit über dieselben Stellen ohne Gefahr mit einem Fuhrwerke kommen kann, wohin man ehedem sich ohne den Beistand eines Bergbewohners kaum wagen konnte.

Unser alter Kommandant ist ein sehr interessanter Mann. Wir haben soeben in seiner Gesellschaft ein paar höchst angenehme Stunden zugebracht. Er ist ausgelassen, er schreit, er flucht, er ist mürrisch, aber im Grunde des Herzens gut, er besitzt Kenntnisse und Verdienste. Welche Leiden hat er überstanden! Er ist ein wahrhaft außerordentlicher Mensch.

Ich glaube Ihnen Vergnügen zu machen, wenn ich Sie noch ein wenig von ihm unterhalte. Er ist kein Russe, aber seit vielen Jahren im russischen Dienst. Können Sies glauben, geliebte Freundin, er findet viel Geschmack an den Wilden, unter denen er so lange wohnt, und bewahrt diese Vorliebe der Leiden ungeachtet, die ihm die Tschetschen verursacht haben. Über ein Jahr lang schmachtete er in ihren Ketten, nachdem sie ihn bei der Festung Iwanow gefangen genommen hatten, als er noch Obrist war. Man muss ihn die Geschichte seiner Leiden erzählen hören; man kann sich nicht enthalten, zugleich zu lachen und zu weinen. Vernehmen Sie, was er uns ungefähr über dieses Abenteuer mitgeteilt hat.

Eines Morgens ritt er, von drei Kosaken begleitet, durch ein kleines Gehölz, nicht fern von seiner Wohnung. Es fielen zwei Flintenschüsse und töteten zwei der ihm folgenden Kosaken; zu gleicher Zeit stürzten mehrere Tschetschen aus dem Gehölz und fielen über den dritten Kosaken her, mit dem er sich unterhielt, und auf den sie nicht schießen konnten, ohne zugleich auch das Leben des Obristen in Gefahr zu setzen, welches ihrem Plan ganz zuwider war; einige von ihnen bemächtigten sich seiner; sobald sie den drei Kosaken die Köpfe abgeschnitten hatten, banden sie den armen Obristen, setzten ihn auf ein Pferd und führten ihn im Gallop davon. Erst nach einem Marsch von drei Tagen, der oft durch Gebüsche und Dornen führte, erreichte der unglückliche Gefangene, halb tot vor Ermattung und Schmerz, mit seinen grausamen Entführern den Ort ihres Aufenthalts.

Mit Fesseln an Händen und Füßen, erwartete ihn ein dunkler, feuchter Kerker, und Wasser und Brot als Nahrung, in der Hoffnung, dass so große, schmälige Misshandlungen ihren Gefangenen zwingen würden, seinen Souverain um Befreiung anzuflehen, wofür sie 50000 Rubel forderten.

Dennoch genas er von seinen Wunden, aber getrennt von einer Gattin und einem Sohne bedurfte er seiner ganzen Seelenstärke, um nicht dem Kummer zu unterliegen. Ein ganzes Jahr verfloss in dieser qualvollen Lage. Seine standhafte Weigerung, den Kaiser um Hilfe

anzuflehen, zog ihn einige Zeit hindurch die schrecklichsten Misshandlungen zu; man hörte nicht auf, ihn zu peitschen und zu schlagen,
bis er, erschöpft von der Qual, diese gierigen Barbaren besorgt machte,
dass sie durch seinen Tod das gehoffte Lösegeld einbüßen möchten.

Gerade zu der Zeit, als er so grausam behandelt wurde, wurde der
Obrist oft von den Tschetschen, deren Achtung- und Vertrauen er sich
erworben hatte, über ihre Angelegenheiten und Streitigkeiten zu Rat
gezogen. Seine Entscheidungen hatten ihn gewissermaßen zum Ober-
richter dieser wilden Völkerschaft gemacht, die ihn mit Lob überhäuf-
ten, nachdem sie ihn tüchtig geprügelt hatten.

Die Frauen des Landes waren seine Beschützerinnen; sie erquick-
ten ihn zuweilen mit einem Nationalgericht, um ihn in seinen Leiden
zu trösten. Sie durften Tränen um seinetwillen vergießen, aber ihn
nicht befreien.

Da endlich die Tschetschen sahen, dass die verlangte Summe nicht
ankam, und dass sie Gefahr liefen, den unglücklichen Greis unter der
Last seiner Fesseln und unter seinen Martern erliegen zu sehen, fingen
sie an, das Lösegeld herabzusetzen, und erhielten 10,000 Rubel für
die Befreiung dieses armen Märtyrers. Seine Freiheit war ihm umso
angenehmer, da ein Freund Se. Majestät den Kaiser von seiner Gefan-
genschaft unterrichtet und seine Befreiung durch kaiserliche Freigebigkeit bewirkt hatte.

Er kehrte zurück, aber er sah weder seine Gattin noch seinen Sohn
wieder; sie waren vor Gram gestorben, und er fand sein Haus verödet.
Diese qualvolle Erinnerung erweichte noch den armen Greis; er richtete seine Augen gen Himmel und warf auf mich und meine Kinder
Blicke des Kummers und des Schmerzes.

Diese wilden Völker haben einen drolligen Beweggrund, weshalb
sie sich Räubereien erlauben. Sie geben vor, dass Gott bei Erschaffung
der Welt ein Gebot habe ausgehen lassen, wodurch er alle Völker der
Erde zusammenrief, um Besitz von dem ihnen zugefallenen Teil zu
nehmen. Alle hatten ihren Teil, ausgenommen die Bewohner des Kaukasus, welche vergessen wurden. Auf ihren Einspruch, welcher dem
Gott ganz gerecht schien, erlaubte er ihnen auf Kosten ihrer Nachbarn
zu leben, und wirklich benutzen sie diesen angeblichen Freibrief in
seinem ganzen Umfang.

Mit der Geschichte dieser Völker ist diejenige mehrerer fremden verwebt, deren Aufenthalt unter diesen Wilden so sonderbare Umstande darbietet, dass man glauben sollte, sie wären aus einem Roman entlehnt.

Ein sehr tapferer russischer Major, die Geisel dieser Räuber, die ihm Rache und Hass geschworen hatten, durchstrich eines Tages mit einer kleinen, von ihm befehligten Truppenabtheilung ein Gehölz. Von den Tschetschen in überlegener Zahl angegriffen, verteidigte er sich lange mit Unerschrockenheit. Schon hatte er einen großen Teil seines Trupps verloren, und sah sich auf den Punkt, wo es ihm an Munition fehlen würde, als der Feind, der es nur auf den Major abgesehen hatte, vorschlug, den Kampf einzustellen, unter der Bedingung, dass er allein sich ihren Händen überliefere. Um die wenigen, ihm noch übriggebliebenen Leute zu retten, fasste er den Entschluss, sich aufzuopfern, und ergab sich seinen unversöhnlichen Feinden, von einem einzigen Soldaten, der in seinem Dienste stand , gefolgt, welcher seinen Herrn durchaus nicht verlassen wollte. Die andern Soldaten kehrten zurück und die Tschetschen führten ihren Gefangenen in ihre Schlupfwinkel.

Es ist unmöglich die Marter zu beschreiben, welche der unglückliche Major, dem Hass seiner Verfolger preisgegeben, in seinem Kerker zu erdulden hatte. Selbst die Weiber kamen täglich zu ihm, um ihm den Bart und die Nägel auszureißen, ihn zu kneifen und ihm ins Gesicht zu spucken. Ohne den Beistand seines treuen Dieners, der frei war, würde er vor Hunger und Gram umgekommen sein.

Sein Kerkermeister, sowie dessen Familie, liebten die Musik. Als dieser merkte, dass der Major die Gitarre spielen kann, zwang er ihn Tag und Nacht auf einer Art Zitter zu spielen, die ihm sein Tyrann gab.

Nun war alles gewonnen, und zwischen dem Major und seinem treuen Soldaten wurde ein Befreiungsplan verabredet. Der alte Kerkermeister pflegte abends beim Klang dieses Instruments einzuschlummern, und seine Frau, nach dem Konzert, den Gefangenen in Ketten zu legen. Eines Abends, es war der zur Flucht bestimmte Tag, spielte der Major nach seiner Gewohnheit die Gitarre; sein Kerkermeister schlief schon; der Soldat stellte sich, als tue er dasselbe; nur die Alte allein wachte noch. Als sie sich dem Major näherte, um ihm die Fesseln anzulegen, sprang der Soldat schnell auf sie zu, und tötete sie mit einem Beil, womit er sich vorher versehen hatte; mit derselben Waffe befreiten sie sich von dem Kerkermeister; aber als die dringendste Notwendigkeit ihnen gebot, auch noch einen zehnjährigen Knaben zu opfern, der erwacht war, entfiel dreimal das Mordgewehr ihren Händen und setzte sie der Gefahr aus, überrascht zu werden. Zu dieser Angst gesellte sich noch die der Dunkelheit. Das Feuer war ausgegangen, und der Schlüssel der Tür musste gefunden werden. Welch ein Augenblick für die Unglücklichen. Umgeben von Leichen und Finsternis, ein Raub der lebhaftesten Besorgnisse, wollten sie schon das Beil gegen sich selbst kehren, als glücklicherweise der Soldat die Schlüssel fand. Die beiden Gefangenen stürzten aus ihrem Kerker, den Knaben in ihren Armen haltend, den sie aus Mitleid verschont hatten; sie warfen sich beide auf ein Pferd, welches sie im Stalle fanden, nahmen den Knaben auf den Schoß, und, sich der Vorsehung überlassend, jagten sie in aller Eile zum Dorf hinaus.

Das geringste Geräusch machte sie zittern; in ihrer höchsten Angst verirrten sie sich, und ihr Unglück zu vollenden, trafen sie auf Tschetschen, welche sie ergriffen. Sie gestanden die Tat und fanden Mitleid im Herzen der Tschetschen, die sie K u n a k s nannten, welches Gäste, Schutzgenossen, Freunde bedeutet. Es ist aber das Mitleid ein etwas verdächtiges Gefühl bei einem Tschetschen; es konnte wohl auch dieses Mal keinen andern Beweggrund haben, als die Hoffnung des Gewinns bei der Rettung dieser Flüchtlinge.

Die Tschetschen führten sie in ihre Behausung, schlossen sie zu mehrerer Sicherheit in eine abgelegene Kammer ein, und gaben dem russischen Gouverneur von dem was vorgegangen war, Nachricht. Unterdessen suchten die über seine Mordtaten und seine Entweichung wütenden Feinde des Majors ihn allenthalben, und kamen auch an den Ort, wo die Flüchtlinge sich befanden; doch die Tschetschen, ihrem Eide treu, stellten sich bei der Ankunft ihrer Landsleute, die gleich neben der Kammer, wo der Major verborgen war, einen schrecklichen Lärm machten, und ihrem entwischten Gefangenen ewige Rache schworen, als ob sie von der Sache nichts wüssten.

Endlich traf ein russischer Abgesandter ein, der den Major befreite.

Nicht wahr, ein recht langer Brief, meine geliebte Freundin! aber berauben Sie mich nicht dieses Mittels, meine Freuden zu verdoppeln, indem ich hoffe dass Sie sie teilen. Alles gewinnt in meinen Augen einen neuen Reiz, wenn ich mir denke, dass ich es Ihnen mitteilen werde. Oh, dass Sie bei mir wären! wie sehr würde das meine Besorgnisse mindern, wie viel lebhafter würden meine Freuden sein! Urteilen Sie, wie das Gemälde, welches in diesem Augenblicke meinen Blicken erscheint, sich darstellen würde, wenn Sie mir zur Seite wären, um meine Bewunderung zu teilen.

Die Masse des Kaukasus zeichnet sich mit schwärzerem Dunkel auf dem finsteren Schleier der Nacht. Der Mond verklärt augenblicklich die mit ewigem Schnee bedeckten Gipfel und lässt sie im Silberglanz erscheinen.

Das Helldunkel und das tiefe Schweigen geben diesem Gemälde die schönste, die schwermütigste Wirkung.

Dreizehnter Brief

Wladi-Kaukas, den 8. November 1811.

Ich habe gegen Sie so oft des Kaukasus erwähnt, dass es gewiss nicht unzweckmäßig ist, Sie mit demselben ausführlicher bekannt zu machen. Die Bemerkungen, die ich Ihnen mitteilen will, rühren von unserm guten alten Kommandanten her, der das Land und die Einwohner sehr gut kennt.

Zwischen dem schwarzen und kaspischen Meer gelegen, blieben die Bewohner des Kaukasus unbekannt, bis die unsterbliche Katharina die Zweite befahl, sie zu erforschen. In der Mitte dieser Alpen findet sich eine zweite Schweiz, wo aber die Kultur noch auf der ersten Stufe der Entwicklung steht. Güldenstädt und Reineggs, welche unter den Auspicien der Kaiserin von Russland dieses interessante Land bereisten, und besonders Reineggs, der den Kaukasus zu fünf verschiedenen Malen besuchte, haben ihn in physischer, geographischer und politischer Beziehung beschrieben.

Die Breite dieser ausgedehnten Bergkette ist nicht auf allen Punkten gleich. Von Mosdok bis Tiflis beträgt sie 282 Werste. Da, wo die Berge im Norden von Terek in derselben Richtung, und im Süden von der Aragua durchstoßen werden, beträgt die Breite von Balta bis

Mschet 112 Werste. Das vor Alter unter dem Namen Porta Cumana bekannte Tal hat eine Ausdehnung von 175 Wersten.

Es ist fast unmöglich die Höhe dieser Berge genau zu bestimmen. Die meisten Gipfel erheben sich bis in die Wolken. Bergströme, Abgründe und Lawinen machen diese Berge oft unzugänglich. Die höchsten sind ewige Gletscher oder völlig nackte Granitfelsen. Die übrigen haben gleichsam mehrere Abstufungen. Der Fuß ist mit Wäldern bedeckt; die Mitte ist von aller Vegetation entblößt, und der Gipfel gemeiniglich in Schnee oder Eis gehüllt.

Übrigens verbreiten sich diese Berge nach allen Richtungen. Auf denen von geringerer Höhe, nämlich den Schiefergebirgen, zeigt sich schon Vegetation und man erblickt einige Birken, Fichten, Wachholder und andre Alpengewächse. Dann folgt ein anderer Strich von Kalkgebirgen, die mit einer kräftigeren Vegetation bedeckt sind. Diese Kette hoher Berge hat nur ungefähr eine Länge von 7 Wersten.

Der Kaukasus ist der große Behälter für eine Anzahl Ströme, die, nach allen Seiten hin, herabfließen. Diese Gebirge enthalten Metallminen, wovon die meisten wenig bekannt sind; ähnlich dem reichen Geizhals, dessen einziger, unfruchtbarer Verdienst darin besteht, dass er Gold besitzt, haben diese Metallgänge, ohne Erdreich und ohne Grün, nur Wert durch die Schätze, welche sie verbergen.

Die niedrigsten Berge und die Täler des Kaukasus sind allein des Anbaus fähig. Die Bewohner der Höhen leben nur von Viehzucht und Jagd.

Genauen Nachrichten zufolge, versichert man, dass der Kaukasus von fast einer Million waffenfähiger Männer bewohnt sei, welches eine große Bevölkerung andeutet, wenn man die Weiber und Kinder hinzurechnet.

Dieses Volk bildet mehrere Stämme, die verschiedene Sprachen reden und verschiedene Sitten haben; doch ihr allgemeiner Charakter ist Liebe zur Unabhängigkeit, Tapferkeit, Lust an der Führung der Waffen; Raubbegierde und endlich ein mehr oder minder wilder Zustand.

Die Notwendigkeit, fortwährend an Selbstverteidigung zu denken, hat ihre natürliche Neigung zu den Waffen erhöht, aber der Mut eines Bewohners des Kaukasus entspringt auch aus seiner wilden Natur. Er greift mit Wut an, widersteht mit Ingrimm und rächt sich mit Grausamkeit. Von Natur träge ist Räuberei sein Lieblingsgeschäft und oft die einzige Hilfsquelle seiner Erhaltung. Von allen Leidenschaften, denen er sich überlässt, beherrscht ihn die Rachsucht am meisten. Hat er sie vor seinem Tode nicht befriedigen können, so vererbt er sie seinen Kindern.

Leicht verführt durch die Hoffnung des Gewinns, folgt er seinem Führer auf den ersten Ruf; mit ihm und wie er trotzt er allen Gefahren; aber sobald er keinen Vorteil mehr erblickt, verlässt er diesen Anführer ebenso schnell, als er ihn aufsuchte.

Immer umherirrend und seines eignen Daseins nie sicher, kennt er entweder die Süßigkeit des häuslichen Lebens nicht, oder weiß sie nicht zu schätzen. Unabhängig von Herz wie von Geist, bindet ihn nicht die Liebe an Weib und Kind; er betrachtet sie wie ein Teil seines Eigentums, wie seine Herden. Dadurch nicht allein ist er den Gesetzen und der Religion entfremdet, sondern er scheint sogar die Natur zu verkennen. Wenn das Alter ihn zwingt, die Waffen niederzulegen, tritt der älteste Sohn an seine Stelle und von nun an hört der Alte auf, ein gebietender Mann zu sein, zieht sich zurück und wohnt im finstersten Winkel des Hauses, wo niemand ihm Achtung oder Anhänglichkeit bezeugt, und er den Tod mit einem Stoizismus erwartet, der Bewunderung verdienen würde, wenn er nicht die Wirkung von Mangel an Bildung wäre.

Man unterscheidet fünf Zeiträume, in welchen die Bevölkerung des Kaukasus durch neue Horden vermehrt wurde.

Die Lesghier, die Ghyssars oder Chazaren, die Mongolen, die Araber und endlich die Tartaren, angeführt von Dschingis-chan, Timurlan und Batis, haben nacheinander zur Bevölkerung dieser Gegenden beigetragen.

Alle Bewohner des Kaukasus sind Muhamedaner oder Götzendiener; nur eine kleine Anzahl unter ihnen sind Christen. Die georgische Fürstin Tamar hat bei den meisten dieser Horden die christliche Religion eingeführt; aber seit Jahrhunderten ist der Muhamedanismus an ihre Stelle getreten. Man sieht noch heutzutage die Namen der Kirchen, die Tamar erbauen ließ. Dennoch ist ihnen aus der christlichen Religion das Fasten vor Ostern übrig geblieben, welches sie ziemlich strenge beobachten und das Osterfest selbst ist ihnen so heilig, dass sie um diese Zeit sogar die Rache ruhen lassen.

Die Tschetschen sind Meister in der Raubkunst. Sie sind ohne Erbarmen selbst gegen ihre eignen Landsleute. Ein Tschetsche, welcher einen andern bekämpft, plündert ihn aus und tötet ihn; bemächtig er sich aber eines Christen, so plündert er ihn ebenfalls, bewahrt ihn aber, um ein Lösegeld zu erlangen.

Ungeachtet der fortwährenden Plünderung, dem Gewerbe der Tschetschen, ist ihre Wohnung ein von aller Bequemlichkeit entblößtes Obdach. Ihr Bett ist ein Stück Fell zur Seite des Herdes. Sie leben von grobem, halbgarem Brote, welches sie sich backen. Dieses noch rauchende Brot, und ein Stück halbgebratenen Fleisches machen mit dem Brantewein, den sie sehr lieben, ihr leckeres Mahl. So lange ihre geraubten Lebensmittel ausreichen, bleiben sie müßig, und verlassen diese träge Ruhe nur, um sich neue zu verschaffen.

Die Tschetschen beschäftigen sich wenig mit dem Landbau; sie bauen nur etwas Gerste, Korn, Tabak und Zwiebeln. Die Weiber treiben die Hauswirtschaft; die Männer kennen nur die Jagd, den Ran und die Trägheit. Sie sind von mittlerer Größe, aber sehr stark und verwegene. Dienstfertig aus Furcht oder Misstrauen, sind sie es vornehmlich gegen Reiche und Fremde, in der Hoffnung, etwas zu gewinnen. Ihre Waffen sind eine Flinte, ein Dolch, ein Säbel und zuweilen auch Lanze und Schild.

Niemals verlässt der Tschetsche unbewaffnet sein Haus, wenigstens trägt er einen Stab, dessen Ende mit einer eisernen Kugel, welche drei dreikantige Spitzen hat, beschlagen ist. Dieses Mordgewehr nennen sie Toppus.

Die A s s e t i n i e r (Osseten) unterscheiden sich wenig von den Tschetschen. Sie gebrauchen Pfeile und Bogen, aber die Flinte ist doch ihre gewöhnliche Waffe.

Sie sind geschwätzig und große Bänker. Sie drohen einander ohne Unterlass mit Flinte, Dolch oder Bogen, begnügen sich aber gewöhnlich mit Lärm machen, und versöhnen sich leicht, besonders wenn ein Dritter sie den Vergleich bei einem Glase Brantewein oder einer Art sehr starken Bieres, welches sie selbst bereiten, feiern hilft.

Ihre Häuser sind meistens mit einer Mauer oder mit Sturmpfählen umgeben, die mit Pferdeköpfen oder anderm Knochenwerk bekrönt sind.

Wenn ein Assetinier gestorben ist, erhebt seine Witwe ein Geschrei; rauft sich das Haar, und zerschlägt sich Gesicht und Brust, doch diese Verzweiflung wird oft nur durch die Unmöglichkeit sich wieder zu verheiraten erregt. Sie will sich jeden Augenblick mit einem Messer oder einem Stein töten, sich ertränken oder von der Höhe eines Felsens herabstürzen; aber sie wird immer von denen, welche sie umgeben, und die sie in den drei ersten Tagen der Trauer nicht verlassen, daran verhindert. Noch drei Tage vergehen, während sie die Witwe trösten, auf ihre Kosten essen und trinken, und sich bloß mit Lobeserhebungen des Verstorbenen unterhalten, der gewöhnlich bald nachher vergessen wird.

Auch bei den Assetiniern sieht man auf den Höhen Ruinen von Kirchen, welche die georgische Fürstin Tamar erbauen ließ, und die seit der Einführung des Muhamedanismus verlassen worden sind.

Der Geist der Rache ist den Assetiniern ebenso eigen, als den Völkern des Kaukasus. Der Ausbruch dieser grausamen Leidenschaft wird oft durch die Macht der Geschenke verzögert; aber man bleibt doch immer davon bedroht.

Oft trifft der, welcher von Rache glüht, mit seinem künftigen Opfer in Gesellschaft zusammen; er lauert den Augenblick ab, wo ihm den Dolch ins Herz senken kann. Der Gegner ist fortwährend auf seiner Hut; dennoch leben sie, dem Anschein nach, in dem besten Einverständnis.

Oft vergehen zwanzig Jahre, bevor die Rache befriedigt werden konnte; und wenn derjenige der unter den Stößen des Beleidigten fallen sollte, mittlerweile stirbt, so geht die Rache auf den Sohn oder den nächsten Verwandten des Beleidigers über.

Ein Assetinier tötete einen andern, der älteste Sohn tötete den Mörder seines Vaters. Nachdem er seine Rache gestillt hatte, nahm er den Sohn des von ihm Ermordeten bei sich auf, und erzog dies fünfjährige Kind wie seinen eignen Sohn; als nun dieser erwachsen war, erstickte er die Dankbarkeit, war nur auf Rache bedacht, was für Folgen für ihn auch daraus hervorgehen könnten.

In den Grabmälern dieser Völker findet man oft Münzen aus den Zeiten der Parther, auch kufische Münzen.

Die Berge Daghestans sind von Tawlinzis und Lesghiern bewohnt; ihre Wohnungen sind unzugänglich und sie leben in gänzlicher Unabhängigkeit, so wie auch die Tägaurzis und die Inguschen (K i s t e n ?).

36

Die K a b a r d i n e r, welche man in Bewohner der großen und kleinen Kabardei einteilt sind Muhamedaner, wie alle diese Völker; sie haben die Ufer mehrerer Flüsse in Besitz und werden von ihren eignen Häuptern beherrscht. Sie bedienen sich der Flinten, aber vornehmlich der Säbel, und viele unter ihnen tragen Panzerhemde. Es herrscht bei ihnen die Gewohnheit, nur einmal zu feuern, dann werfen sie sich, mit dem Säbel in der Faust, auf den Feind. Ihre Anführer sollen sich durch Unerschrockenheit auszeichnen und sich der Gefahr zuerst aussetzen. Von Kindheit an lernen sie die Waffen handhaben und ihre trefflichen Renner reiten.

Der im Jahre 1739 zwischen Russland und der osmanischen Pforte abgeschlossene Friede setzte fest, dass die Karbardiner ein freies Volk bleiben, aber innerhalb ihren Grenzen bleiben sollten; dass die Einfälle, die sie sich in das eine oder das andre Reich erlauben würden, strenge bestraft, und sie als Bürgschaft für ihr ruhiges Benehmen Geißel stellen sollten, welche Russland auch noch fortwährend von ihnen annimmt.

Alle diese Horden führen untereinander Krieg, leben vom Raube und greifen die Vorüberreisenden an, wo sie nur können; auch reist man nie in diesen Ländern ohne Bedeckung, und wenn man Geschütz erhalten kann, so ist es noch besser; denn dieses fürchten diese Völker sehr. Das Land der Tartaren des Kuban, die sehr zahlreich sind, liegt im Westen der Kabardei. Doch ich bemerke die außerordentliche Länge dieses Briefes; selbst die Geduld der Freundschaft könnte dadurch erschöpft werden. Leben Sie wohl! Morgen reisen wir.

Vierzehnter Brief

Kasibek, 25 Werste von Wladi-Kaukas, den 10. November 1811.
Welche ungeheure Bergmasse! Welch ehrfurchterweckender Anblick! Erstaunen, Schauder, Entzücken, alle diese Regungen folgen sich schnell in diesem alten Vaterlande der schwarzen Zaubereien, in diesen Orten, wo einst Medea vor Alters Stoff zu ihren Tränken und ihren Giften fand. Hier ist es, wo Prometheus den Lohn für seine gottlose Kühnheit empfing; es ist die Wiege der Magie; von diesen Gipfeln,

die bis in den Himmel ragen, begann der unermessliche V o g e l R a k seinen Flug, bevor er den Bewohnern der Erde die Sonne verhüllte. Zwischen diesen drohenden Felsen, die in den Lüften hängen, und diesen Abgründen, deren Tiefen das Auge nicht zu ergründen wagt, hat die von Schrecken gerührte Einbildungskraft Kräfte und eine Macht gelegt, die der Menschenkraft spottet, und ihre zahlreichen Kinder sind ebenso abwechselnd, ebenso riesenhaft, wie die Natur.

Vorgestern Mittag verließen wir Wladi-Kaukas, um den Weg ins Gebirge einzuschlagen, mit einer Bedeckung von 20 Mann zu Fuß und 30 Kosaken, aber ohne Geschütz, wegen der Schwierigkeiten des Weges.

Wir waren bald am Fuße der langen Kette von ungeheuren Bergen, welche man schon zu Stauropol sieht. Hier steht der hochberühmte Kaukasus, bewohnt von so vielen Völkern, wo jeder unersteigliche Berg ein Räuberschlupfwinkel ist; hier sieht die Mauer, so alt wie die Welt, von der Hand des Schöpfers zwischen Europa und Asien errichtet; dies unläugbare Denkmal einer schrecklichen Umwälzung des Erdballes, die Berg auf Berg, Fels auf Fels häufte; diese ewigen Gletscher, dies große naturhistorische Museum, dessen Schwelle die Wissenschaft kaum überschritten hat; diese geheimnisvolle Werkstatt der Natur, welche die Kindheit des Menschengeschlechts mit so vielen Fabeln zu verschönern versucht hat.

Die Geschichte dieser Länder verliert sich fast ganz in mythischer Finsternis, bis zu der Unternehmung der Griechen gegen das achte Jahrhundert vor unserer Zeitrechnung. Damals stifteten die kleinasiatischen Griechen und vornehmlich die Milesier dort Kolonien, setzten sich an den Ufern des schwarzen Meeres fest, baueten die Stadt Dioscuria, zu Ehren des Castor und Pollux, und machten durch ihren Handel diese Gegenden bekannter.

Die Macht des großen Cyrus scheint hierauf durch den Kaukasus aufgehalten worden zu sein und Alexanders Eroberungen verbreiteten wenig Licht über diesen Teil der Erde.

Der Hass des großen Mithridates gegen den römischen Namen verlieh diesem Lande neuen Ruhm. Dieser Fürst ward, nach mehreren unglücklichen Kriegen vom Pompejus gezwungen, sein Heil in der Flucht zu suchen und den Kaukasus (66 J. v. Chr. G.) zu überschreiten, und seinen Sohn Machares, der den Taurischen Chersones, die heutige Krimm, beherrschte, um eine Freistatt anzuflehen.

Der Römer eroberte im Vorübergehen Iberien und Albanien; indes verlängerte sich der Krieg ungefähr noch 200 Jahr, nachdem Corbulo zum ersten Mal eine Karte von diesen Provinzen nach Rom schickte; er dauerte also bis unter die Regierung Diocletians, indem er sich bis zu den Parthern und nach Armenien erstreckte.

Noch im 5ten Jahrhundert sieht man das orientalische Reich und die Perser dieses Land zum Schauplatze der langen Kriege machen, welche Iberien und Albanien trafen.

Vom 13ten bis zum Anfange des 15ten Jahrhunderts brachten Mongolen und Tartaren unter Dschingis-chan und Timur nach und nach Trauer und Verwüstung dorthin, bis endlich die Türken und Perser, nachdem sie lange um den Besitz gekämpft hatten, sich in diese Gegend teilten, so dass Mingrelien, Imeretien und Guriel unter das Joch der Erstern übergingen, während Karduel, Kahetien und ein Teil von Georgien die andern für ihre Herren erkannten, und nur die wilden Bewohner der hohen Bergkette blieben allein unabhängig.

Die erste Epoche einer an Veränderungen so fruchtbaren Geschichte beginnt mit dem 18ten Jahrhundert.

Ungeachtet der Ansprüche der Perser bis in die Zeit des Fürsten Heraklius, und georgischen die der Türken bis auf unsere Tage, haben die Russen seit Peter dem Großen einen immer merklicher werdenden Einfluss auf den ganzen Kaukasus erhalten, bis Fürst Georg von Georgien seine Staaten dem russischen Reiche unbedingt abtrat. So besitzt nun das russische Reich einen klassischen Boden und eine offene Gemeinschaft mit den reichsten und am längsten bekannten Gegenden Asiens. Ich hoffe, Sie werden Mir diese Abschweifung um ihrer Kürze willen verzeihen.

Wir hatten seit unserer Ankunft zu Wladi-Kaukas, welches fast am östlichen Ende des Kaukasus liegt, den Elborus aus dem Gesichte verloren, und durch jenen traurigen Ort sind wir in das Gebirge eingegangen. Man ist hier versucht auszurufen:

Uscite di speranza, ô voi, ch'entrate!

Man kann sich kaum eines geheimen Schauers erwehren, wenn man auf einer Straße fortschreitet, die, man weiß nicht wo? hinführt.

Balta, einige Werste von Wladi-Kaukas, ist das erste Dorf, und zugleich ein kleines Fort, wo man die militärische Bedeckung und Pferde wechselt.

Wir haben hier Halt gemacht, weil ich der Ruhe nach den Beschwerden einer Reife sehr bedurfte, wo man sich immer neben einem Abgrunde befindet, bald unter dem Gewölbe eines Felsens, der uns aufs Haupt zu stürzen droht, bald auf dem Gipfel eines hohen Berges, bald endlich an einem Gebüsch, wo vielleicht die Hand eines Mörders uns den Tod bereitet.

Nach einer Stunde Ruhe setzten wir unsere Reise auf einem Wege fort, der mit jedem Schritte mühevoller wurde. Indem wir uns Larsi näherten, einer auf einem sehr hohen Berge gelegenen Festung, verwandelte sich die Ansicht des Landes mit jedem Augenblick und ward immer wilder, finsterer und schrecklicher.

Oft hatten wir unter unsern Füßen den Sommer mit allen feinen Reizen und über unsern Häuptern den Winter in seinem ganzen Umfange. Von Zeit zu Zeit erscheinen die den höchsten Gipfeln angehängten Dörfer der Assetinier, den Schwalbennestern ähnlich. In den Tälern sieht man noch Türme, die als Festungen in den Kriegen dienten, welche diese Völker vormals untereinander führten.

Sie bekriegen sich noch jetzt einander; wäre dies nicht der Fall, und besäßen wir nicht einige Festungen am Übergange über den Kaukasus, so würden hundert dieser Bergbewohner hinreichen, uns die Thermopylen, auf die man bei jedem Schritte stößt, zu verschließen, und jede Verbindung mit Georgien könnte leicht unterbrochen werden. Vorzüglich sind die Assetinier unerschrocken, wie Spartaner. Zwietracht unter diesen Völkern zu erhalten, ist eine politische Notwendigkeit.

Kasibek, bei dem wir uns heute befinden, ist Obrist im russischen Dienste, Haupt einer zahlreichen Familie und so zu sagen, dieser ganzen Gegend. Durch sein Ansehen, und durch treue Anhänglichkeit an Russlands Interesse hat er die Ruhe unter den Assetiniern, seinen Landsleuten, zu erhalten und jeden Samen der Empörung zu ersticken gewusst. Er hat seinen Namen von dem ungeheuren Berge (Kasbeg) den wir vor uns haben, der immer mit Schnee bedeckt ist und dessen Haupt sich in den Wolken verliert. Kasibek ist der Nestor dieser Gegenden.

Die Religion dieser wilden Völker war, wie ich schon erwähnt habe, das Christentum, welches die georgische Prinzessin Tamar hier eingeführt hatte; aber die Türken und Perser wussten sie zur Annahme des Muhamedanismus zu bewegen. Es wäre zu wünschen, dass sich christliche Missionaren in diesem Lande niederließen, um mit Hilfe der Vorschriften eines sanften, wohltätigen Glaubens eine heilsame Umwandlung der Sitten zu bewirken. Die bei Georgiewsk angesiedelten schottischen Missionaren haben den Anfang dazu gemacht, aber wahrscheinlich liegt in ihrer kleinen Zahl ein Hindernis. Die Assetinier treiben bis auf den heutigen Tag einen gewissen Tribut von den dieses Land durchreisenden Kaufleuten ein, und wehe dem, der ohne militärische Bedeckung einen Schritt in dieses gefahrvolle Labyrinth hinein wagen würde. Wie viele Beispiele hat man von Unglücklichen, die, bloß weil sie sich nur ein wenig von der Bedeckung entfernten, getötet oder gefangen worden sind. Dem Geier ähnlich, der unvermutet auf seine Beute stößt, sie mit seinen grausamen Krallen umschlingt, und sie im Nu fortführt, springt der Assetinier voll roher Wut aus seinem Schlupfwinkel, wirst einen Strick um den Hals seines Schlachtopfers und schleppt es tot oder lebendig auf seine dürren Felsen.

Einige Assetinier leben hingegen von ihrem Vieh, welches größtenteils aus Schafen besteht. Diese Völker bauen Reis und etwas Korn. Ihre Mühlen, ich habe einige derselben am Terek gesehen, gleichen einem kleinen Behälter, sehr unbequem und schlecht gebaut. Weit vollkommener sind ihre Waffen, die sie selbst verfertigen; sie machen auch Schießpulver. Einen Säbel, eine Flinte, einen Harnisch vermacht der Vater seinem Sohn; mehrere unter ihnen sind in Panzerhemden gekleidet, unter welchen sie unüberwindlich zu sein glauben. Ihre Pferde steigen bergauf bergab mit bewundernswürdiger Leichtigkeit, und dies macht die Assetinier zu ihrer Menschenjagd noch besonders geschickt.

Obgleich unsere Truppen diesen Bewohnern Trotz bieten können, so verlässt doch niemand ohne Bedeckung die Schanze, selbst nicht einmal um Wasser zu schöpfen, und selten vergeht eine Woche ohne Blutvergießen. Wagt man es, sich ein wenig aus der Festung zu entfernen, so versieht man sich mit einer großen Glocke, welche, im Fall der Gefahr, zum Sturmläuten dient.

Sie wissen schon, geliebte Freundin! dass General Graf Tottleben der Erste war, welcher mit einem Truppen-Korps, auf Befehl der Kaiserin Katharina ll., bis in Georgien vordrang. Nachdem ich mit eignen Augen gesehen habe, wie unwegsam diese Straße damals gewesen sein muss, so begreife ich nicht, wie sich dieser General, ungeachtet seines Eifers und seiner Ausdauer, mit seinem Geschütz über diese zahllosen, durch die Natur und die Einwohner mit jedem Schritte erneuten Hindernisse einen Weg bahnen konnte. Die gegenwärtige Straße ist geräumig; man kann nicht genug die Ausdehnung dieses der alten Römer würdigen Werks bewundern.

Welches Staunen erregt Larsis Lage; aber wie viel Zeit und Mühe bedarf man, um dahin zu gelangen; hat man indes den Gipfel erreicht, so scheint der Berg, worauf die Zitadelle liegt, in Vergleich mit den ihn umgebenden Bergen, klein. Eine Bergreise hat vornehmlich das Interesse abwechselnder Ansichten, aber selten trifft man einen Gesichtspunkt, der dem zu Larsi ähnlich wäre. Auf einer großen Höhe gelegen, welche aber von den sie umgebenden Bergen beherrscht wird, scheint dieser Ort keine Ausgänge zu haben. Der Horizont bietet der Einbildungskraft kein Land über das hinaus dar, welches das Auge umfasst. Der Himmel selbst versagt sich unsern Blicken. Dieser Aufenthalt scheint für eine Menschenklasse bestimmt zu sein, die von Hass entbrannt und von Gewissensbissen verfolgt, Einsamkeit und einen verschleierten Himmel sucht.

Von L a r s i, wo wir die Nacht zubrachten, bis K a s i b e k, auch Stepan Sminde genannt, sind zwanzig Werste; das ist die Reise, die wir gestern gemacht haben. Auf halbem Wege kommt man durch D a r i e l, ein kleines Fort an Georgiens Grenze. Dariel bezeichnet in der tartarischen Sprache, was D e r b e n t in der persischen bedeutet: e i n e P f o r t e; deshalb ist dieser Weg über den Kaukasus: P o r t a C a u k a s u s oder P o r t a C u m a n a von den Römern benannt worden.

D a r i e l ist eine alte Feste, deren Bau sehr mühevoll gewesen sein muss; man bemerkt noch unter den Trümmern eine in den Felsen gearbeitete Wasserleitung, welche das Fort mit dem notwendigen Wasser versieht. Um sicherer zu sein, dass es nie daran fehle, ließ der Gründer des Platzes einen gewölbten Gang bis an die Ufer des Terek bauen, welcher am Fuße des Felsens, in einer Tiefe von 680 Fuß rollt. In den Mauern von Dariel befindet sich ein Acker, welcher angebaut werden und eine Besatzung von 1000 Mann ernähren kann. Mit dieser Kriegerzahl würde einem Heere der Übergang verwehrt werden können; so vorteilhaft ist die Lage dieses Forts.

Es gibt andre Wege, um sich über den Kaukasus aus Russland nach Georgien zu begeben, aber der längs dem Terek, obwohl beschwerlich und gefahrvoll, ist dennoch der beste, besonders für den Transport von Waren.

In dem Teile des Landes, den wir gestern durchzogen, kann sich der Reisende, obgleich allmählich auf die verschiedenen Gemälde dieser Gegend vorbereitet, doch nicht enthalten, zuweilen von Erstaunen und Bewunderung ergriffen, stille zu stehen. Bald bahnt sich der Terek, an dessen Gestade die Straße hinführt, einen Weg durch die Felsen; mit furchtbarem Getöse brüllend, stürzt er von Abhang zu Abhang, seine Wogen, oft in ein sehr enges Bett eingepresst, brechen sich mit Gewalt und spritzen ihre schäumenden Gewässer weit umher. Bald ragt der Berg K a s i b e k majestätisch über alle andern hervor, und verbirgt, fast bis zur Hälfte mit ewigem Schnee bedeckt, sich hinter den Wolken, die er beherrscht.

Endlich vollendet ein altes Kloster unser Erstaunen. Auf einer sehr bedeutenden Höhe gelegen, fragt man sich, wie Menschenhände es haben bauen können, und betrachtet man das Wunderbare dieses Werkes genauer, so ist man versucht zu glauben, Gott selbst habe diesen Tempelbau gefördert, um aus dem Schoße dieser wildesten Gegenden die Gedanken des Menschen bis zu ihm zu erheben.

Als wir nach dem Dorfe Kasibek gelangten, wurden wir von dem Obristen Kasibek, der diesen Namen nach dem Berge führt, an dessen Fuße der Ort liegt, sehr gut empfangen; er selbst will uns mit seinem Neffen, dem Major, über den hohen K a s c h a u r helfen, der, wie man sagt, leider schon ganz mit Schnee bedeckt ist. Vielleicht müssen wir länger als einen Tag zu Kobi bleiben, ein schrecklicher Aufenthalt, wie man uns versichert.

Schon heute haben wir ein morgenländisches Mittagsmahl gehalten. Man hat uns Pillau vollauf und Zuckerwerk über Zuckerwerk gereicht, aber kaum einen Bissen Brot. Der Wein dieser Berge ist nicht schlecht, er gleicht einigermaßen dem Madera. Unser Nachtisch bestand aus Quitten, Kastanien und Datteln.

Obgleich unser lieber Wirt ein wenig auf europäischem Fuße lebt, so behält er dennoch, so wie auch seine Familie, die georgische Tracht bei.

Morgen steht uns eine sehr beschwerliche Reise bevor; die nach K o b i , und dort werden wir unser Los erfahren. Von Kobi nach Kaschaur sind nur 17 Werste, aber diese kurze Entfernung ist die Charybdis und Scylla der Reise, vornehmlich in der gegenwärtigen Jahreszeit; der Schnee engt dann zuweilen den Weg so sehr ein, dass er auf der Gudgara kaum die Breite von fünf Fuß behält. Die Lawinen und Stürme vollenden die große Gefahr dieser Reise.

Fünfzehnter Brief

Kobi, 22 Werste von Kasibek, den 12ten November 1811.
Wir sind zu Kobi, meine Freundin! beklagen Sie uns. Es ist ein Ort des Elends; in diesem Augenblicke schneit es, ganz wie bei Ihnen um die Mitte des Winters.

Der Kaschaur, oder vielmehr der Kreuzberg und die Gudgara sind unwegsam; es ist keine Hoffnung vorhanden, dass auch nur meine kleine Kalesche könnte weiter fortgeschafft werden.

Wir sind hier in einer abscheulichen, kleinen, dunkeln, feuchten und kalten Cafematte, ohne Holz und mit sehr wenig Lebensmitteln. Welche Herzensangst! und auf wie lange? das weiß Gott!

Mein Mut fängt an zu schwinden. Ich fühle mich schwach, meine kleine Katharina ist krank; Unruhe martert mich. Oh meine Freundin! habe ich wirklich irgendein Unglück zu fürchten?

Sechtzehnter Brief

Kobi, den 13. November 1811.
Denken Sie sich alles, was die Natur Schreckliches und Wildes geschaffen hat; die höchsten, steilsten, wunderbar gestalteten, immer mit Schnee bedeckten Klippen; zwischen diesen ungeheuren Massen ein

unfruchtbares Tal, wo man nur ein kleines Fort bemerkt, wenn man erst darin ist, und welches außer der Schanze nur eine äußerst niedrige Kasematte hat: das ist Kobi, wo wir mit Seufzen unsere Befreiung erwarten, bis nämlich irgendein Transport vom Kaschaur ankommt, um uns den Weg zu bahnen; denn von hier aus ist keine Möglichkeit durchzudringen.

Der alte General, obwohl ein wahrer Spartaner, der seit seinem langen, mühseligen Aufenthalt bei den Tschetschen gewiss nicht durch die Bequemlichkeiten des Lebens verwöhnt ist, dieser selbst findet Kobi einen Höllenort. Obrist Kasibek, an diese grässliche Wohnung gewöhnt, versichert, ihn niemals bei so schrecklichem Wetter besucht zu haben, und sein Neffe, ein wahrhafter Athlete, der mir von einer andern Art als die unsrige zu sein scheint, fängt an, den Mut zu verlieren.

Schon erreicht der Schnee beinahe die Höhe unserer Kasematte; wir sind wie Lebendig-Begrabene, und kaum können wir aus unserm Grabe hervorgehen.

Es ist bei uns ein Rath gehalten, und entschieden worden, ein für mich und meine zwei Kinder ganz besonders zu der gefährlichen und mühevollen Reise von hier nach Kaschaur eingerichtetes Fuhrwerk zu verfertigen; es ist ein großer Korb, mit einem Felle bedeckt; dieser wird durch zwei hintereinander gespannte Ochsen gezogen und von vier Assetiniern und meinem Mann unterstützt. Unser Wagen ist zu Wladi-Kaukas geblieben, die Kalesche wird hier überwintern, und jenseits des Kaschaurs ist uns ein Fuhrwerk angekündigt, das der General Gouverneur von Georgien uns bei unserer Ankunft durch besondre Güte sendet.

Vielleicht hat der Kaschaur nie Pilgrimme über sich hinziehen sehen, wie uns. Auch wird uns eine siebzigjährige Dame begleiten, die sich nach Georgien begibt, um ihren Sohn dahin zu bringen. Ungeachtet ihres Alters und ihrer Schwäche gibt sie nur der mütterlichen Zärtlichkeit Gehör; sie will sich unserm Schicksale anschließen, und sich denselben Gefahren unterziehen. Auch ihr ist ein Korb als Fuhrwerk bestimmt.

Ich kann unsere Lage bloß mit der vergleichen, worin man sich auf einem Schiffe während eines Sturmes befindet; die Matrosen, von den Wogen hin und her geworfen, klimmen auf die Masten, und suchen irgendeine Zuflucht auszuspähen; hier steigt man jeden Augenblick auf die Schanze, um zu sehen, ob man nichts längs dem Tale, welches auf die Berge führt, bemerken kann. Jedes Mal wird die Hoffnung betrogen; man entdeckt Nichts; kein Transport kommt an.

Alle Verbindung mit dem Kaschaur ist unterbrochen; einige Asseti-nier, welche Obrist Kasibek abgeschickt hat, um die Gegend zu erfor-schen, haben nur bis zur Bigara, die nicht weiter als vier Werste von hier ist, gelangen können.

Der Übergang über den Kaschaur hat schon viel Unglück veran-lasst. Einige Reisende sind in die Abgründe gestürzt, andere sind von den Lawinen verschlungen, die zuweilen so ungeheuer sind, dass die ganze Dörfer begraben; andre sind von den Wirbelwinden, die an gewissen Stellen des Weges mit der fürchterlichsten Gewalt wehen, erstickt worden; noch andre endlich sind lebendig im Schnee begra-ben, indem sie nicht vor nicht rückwärts konnten. Kaum bietet die Schweiz wildre Gegenden dar.

Bei den schrecklichen Bildern, die fortwährend vor meine Seele treten, schaudert mich, und zuweilen erhebt sich in mir ein Gefühl, welches, ich fürchte es, Reue ist. Vielleicht hätte ich mich nicht in Gefahr setzen sollen; doch unnütze Kümmernisse sollten meinen Mut nicht in einem Augenblicke erschüttern, wo ich seiner so sehr bedarf.

Den 15ten November.

Noch immer sind wir an demselben Orte zurückgehalten. Ich will daher, wenn es möglich ist, ihn außer Acht lassen, und Sie von andern Dingen als von unserer traurigen Lage unterhalten.

Ich hatte oft von Einsiedlern reden hören, ohne je welche gesehen zu haben. Da ich erfuhr, dass ich meine Neugier befriedigen konnte, suchte ich einen solchen vermeinten frommen Müßiggänger auf. Ich erstaunte, in diesem Einsiedler einen noch jungen Mann in der vollen Blüte der Gesundheit zu finden. Seine Zelle ist in den Felsen gehauen, er lebt unweit Kasibek – Dank sei es dem Aberglauben des Volkes, das ihn als einen Heiligen verehrt! – im Überflüsse. Würde er je ein Heili-ger werden, so hätte ich mich seiner Fürbitte nicht zu erfreuen: Ich sah in ihm nur einen verschmitzten Schelm, und in seinem Betragen nur die Gewandtheit, der Einfalt das Futter für die Faulheit zu entlocken.

Es gibt andere Einsiedler, deren Zweck derselbe, allein deren Rolle in anderer Hinsicht weit schwieriger ist. Sie bewohnen die Umgebungen von Baku, wo sich die Naphta findet, die den Alten diente, ihr ewiges Feuer zu nähren; heutigen Tages wird es von den Indiern unterhalten. Diejenigen, die für dessen Bewahrung sorgen müssen, sind Leute, die auf den Namen eines Heiligen Anspruch machen; sie unterwerfen sich, während einer gewissen Reihe von Jahren, freiwillig den schrecklichsten Qualen. Nach Ablauf solcher Frist, werden diese Selbstquäler als Heilige anerkannt; jedoch von Hunderten überleben kaum Zehn ihre fürchterlichen Prüfungen. Einige bleiben ganz unbekleidet jahrelang in einer und derselben Stellung. Andere halten sich unverrückt, sitzend oder ausgestreckt, in einer beschwerlichen oder schmerzhaften Lage; noch andere beladen einen Teil ihres Körpers mit gewaltigen Lasten. Alle verurteilen sich selbst zu diesen langwierigen und anhaltenden Martern, bis ihr erstarrter, ausgedörrter, ja bisweilen zum Teil vermoderter Körper sie entweder dem Tode oder der öffentlichen Verehrung weiht.

Hat einer dieser Märtyrer das Glück, seine Qualen zu überleben, so nimmt man ihn von dem Pfahle ab, an welchen er angeheftet war, oder von dem Orte weg, an welchen er sich gebannt hatte, man wäscht seinen Leib, der seinem Leichnam ähnlich geworden, leicht wie eine Feder und dürr wie ein Scheit Holz ist, mit wohlriechenden Wassern und gibt ihm schmackhafte Speise; jedoch die kranken Teile seines Körpers bleiben erstarrt und ohne Bewegung. Dann ruft man ihn zum Heiligen aus; man bestrebt sich, ihm überall die tiefste Verehrung zu zollen; obgleich er gewöhnlich nichts als ein gefährlicher Heuchler ist.

Wie sehr ist die Unwissenheit der Wilden, die den Menschen lässt, wie er ist, dieser irrigen und höchst nachteiligen Aufklärung, die den Menschen entwürdigt, vorzuziehen! Wahrlich! besonders, wenn wir unsern Blick aus jene Völkerschaften richten, die entweder der Unwissenheit oder dem Irrtume preisgegeben sind, fühlen wir den Wert einer wohltätigen Frömmigkeit, ohne Betrug und Gaukelei. Wie erfreulich ist es, dank sei's der Religion, dass jenen elenden Heuchlern, die durch verzweiflungsvolles Geschrei, durch ihre lächerlichen Bußübungen, durch ihre lügenhaften Prüfungen betrügen, jene reinen

Gemüter entgegengesetzt werden können, die dort, wo Schmerz und Leiden weilen, die Sorge ihres ganzen Lebens der Erquickung der Menschheit widmen. Der Anblick der Leidenden gibt nur ihrem Mute neue Kraft; wechselweise weinen und beten sie mit den Kranken.

Diese vom Himmel herabgesandten Engel scheinen, nach dem Beispiele des Herrn, einen menschlichen Körper angenommen zu haben, um den Schwachheiten der Menschheit hilfreich entgegenzukommen. Sie nehmen ihr voriges Wesen wieder an, um die ermattete Seele des Unglücklichen zu erheben, ihm Ergebung einzuflößen, ihn zu erquicken.

Ach, meine Freundin! wenn ich so mit Ihnen rede, sehne ich mich selbst nach jener Ergebung, die die Sorge lindert. Niemals habe ich derselben so sehr bedurft!

Siebenzehnter Brief

Kobi, den 21. November 1811.

Nun sind es schon acht Tage, dass wir hier sind; acht Tage! in Kobi sind es so viele Jahrhunderte.

Das schreckliche Wetter dauert fort; Schnee, Frost, Wind und feuchte Luft, alles verschwört sich, um uns dulden zu lassen; aber unsere Qualen haben, trotz dem, was wir leiden, noch nicht den höchsten Grad erreich; Hungersnot, die uns gerade jetzt droht, wird unser Unglück vollenden. Unsere Lebensmittel sind aufgezehrt, und schon spüren wir Mangel an Brot, so wie an Brennholz.

Der alte General und der Obrist Kasibek verließen uns, als unsere Not höher stieg, um uns von Kasibek aus, das zu senden, was wir so dringend bedürfen. Wir bleiben unter der Hut des Majors, der die erste günstige Gelegenheit benutzen wird, uns über den Kaschaur zu geleiten.

Wie schwer ist es mir geworden, unsern beiden Führern Lebewohl zu sagen, und besonders dem guten, dem edlen General, der eine ganze Woche lang, so viel Elend mit uns teilen mochte, und der jetzt bei einem schrecklichen Wetter fort reist, um uns von Hungersnot zu retten.

Dieser biedre Greis umarmte uns alle, segnete meine Kinder, die alte

Dame und mich, warf sich, um nicht selbst bewegt zu werden, schnell aufs Pferd und reiste, von unsern aufrichtigsten Wünschen begleitet, ab.

Nach seiner Abreise ist unser Mut gesunken, ungeachtet der Hoffnungen, die der Major Kasibek uns einzuflößen suchte; wir betrachten uns wie verlassene Waisen, in einer Lage, wo auch die schwächste Hilfe notwendig ist.

Das Gemälde unseres Elends ist wirklich schauerlich. Krank und leidend seufzen wir alle über ein gegenwärtiges Schrecknis und ängstigen uns über ein zukünftiges, welches vielleicht noch schrecklicher werden wird. Alles versetzt mich in Trauer und Betrübnis, das Äußere meines Mannes, die Tränen meiner Kinder, das Seufzen unserer alten Gesellschafterin, ihres Sohnes und unserer Leute, alles verleiht unserer Lage die dunkelsten Farben der Besorgnis.

Achtzehnter Brief

Kobi, den 22. November 1811. Um 5 Uhr morgens.

Die versprochenen Lebensmittel sind noch nicht angekommen. Uns fehlt es gänzlich an Brot; aber der Himmel hat endlich unser Gebet erhört; Schnee und Wind haben sich gelegt, das Wetter hat sich aufgeklärt und unsere Abreise ist beschlossen. Ein Gott der Güte und des Erbarmens hat sich gnädig unserer angenommen; er befreit uns aus Kobi, welches, wie ich Ihnen gesagt habe, eine wahre Hölle ist. Bis zum geringsten Diener unserer Karawane, dankt jeder dem Himmel und überlässt sich der Freude; aber dürfen wir vergessen, dass wir noch die schreckliche Gudgara zu übersteigen haben?

Obgleich der Schnee sehr hoch ist, so will doch der mitleidige Major Kasibek durchaus diesen günstigen Augenblick benutzen, um uns aus Kobi wegzuführen; er ist entschlossen, den Übergang zu versuchen. Soeben hat er einige gewandte und mutige Assetinier voran geschickt, um den Weg auszuforschen, dann sollen unsre Packpferde und unsre Bedeckung abgehen, um den Schnee zu durchwaten, und so uns den Weg zu bahnen.

Alles ist in Bewegung; jeder bietet alle seine Kräfte auf, um sobald als möglich. diesem Leidensort zu entfliehen. Wenn der Übergang über die Gebirge wirklich so beschwerlich ist, als man es sagt, so hat unser Aufenthalt in Kobi uns hinreichend dazu vorbereitet.

Um 6 Uhr morgens.

Der Bericht der beiden Assetinier, die einige Werste vorangeschickt worden sind, ist ziemlich beruhigend, doch bleibt uns, auf einer Strecke von 17 Wersten, noch manches zu fürchten übrig, die Windstöße auf der Bigara, die Lawinen und Räuber auf dem Krenzberge, und die Abgründe der Gudgara und des Kaschaurs. Gott wird über uns wachen!

Neunzehnter Brief

Kaschaur, 17 Werste von Kobi, den 25. November 1811.

Ihnen schreiben, heißt Ihnen sagen, dass Gott uns erhalten hat. Doch, großer Gott! welchen Weg haben wir gemacht. Er ist tausendmal gefährlicher, als man mir gesagt hat; tausendmal schlimmer, als die Vorstellung, die sich die Phantasie davon bilden kann. Wer durch einen Schnee, wie wir ihn auf dem ganzen Wege fanden, gesund und sicher nach Kaschaur gelangt ist, darf an Wunder glauben, denn ein Wunder ist's, das Gott durch seine Gnade an uns getan hat. Ich fühle die ganze Größe dieser Wohltat, und niemals war ich von einem lebhaftern Dankgefühle durchdrungen. Bald umarme ich meine Kinder und mein Glück würde vollkommen sein, wenn wir das Herabsteigen vom Kaschaur nicht noch vor uns hätten.

Ich bin von Beschwerden, Angst, Schrecken, Bewunderung, Dankbarkeit und Besorgnis, die mich im Laufe des Tages wechselweise umstürmten, so ermüdet, dass ich die Erzählung der heutigen Reise bis Morgen verschieben muss.

Zwanzigster Brief

Kaschaur, den 24. November 1811.

Heute Morgen mit dem Schlage sieben Uhr, setzte ich mich in meinen Korb, mit meinen Kindern auf dem Schoße. Wohl war es das unbequemste Fuhrwerk, dessen man sich jemals bediente; ich konnte nur mit gebeugtem Haupte und gebogenen Knien darin sitzen, und kaum meine Kinder halten. Überdies musste ich sie vor der Kälte schützen. Um die Unbequemlichkeiten vollständig zu machen, verlor der Korb, obgleich er auf einem Schlitten stand, fast jeden Augenblick das Gleichgewicht. Man musste ihn fortwährend unterstützen; mein Mann und vier Assetinier, denen dieses beschwerliche Geschäft anvertraut ward, waren zuweilen bis an die Schultern im Schnee; unser Marsch ging langsam; auch unsere Pferde und Ochsen versanken fortwährend im Schnee; der Weg war nicht breiter als unsre Packpferde ihn gebahnt hatten.

In dumpfer Stille schritten wir vorwärts; nur das Pfeifen des Windes und das Geschrei meiner Kinder unterbrach die Ruhe.

Hinter Kobi befanden wir uns in einem ziemlich breiten Tale; je weiter wir fortrückten, desto mehr verengerte es sich, und bald führte uns der Weg in eine Schlucht, wo ungeheure Schneemassen, die kaum an den hohen Berggipfeln hafteten, nur auf einen leichten Windstoß zu warten schienen, um auf uns herabzustürzen und uns zu begraben. Es geschieht zuweilen, dass eine Lawine, die in den Terek stürzt, dessen Lauf aufhält, und seine Gewässer über das Land verbreitet, so dass es einige Zeit überschwemmt bleibt.

Da sich auf dem Wege eisenhaltige Quellen fanden, machten wir dabei einen Augenblick Halt. Die Assetinier tauchten, um sich zu stärken, die Kopfe in das Wasser und tranken begierig davon; wir erfrischten uns auch, und setzten dann unsere Fahrt fort.

Jetzt ging es bergan; wir näherten uns der B i g a r a , wo im Winter selten Ruhe herrscht. Eine assetinische Familie hat sich der Hilfe armer Reisenden gewidmet und eine Hütte auf diesem Berge erbaut, um diejenigen auszunehmen, die sonst den Gefahren der Reise nicht entgehen konnten. Wir fanden dort einige solche Reisende, die seit zehn Tagen dahin geflüchtet waren, und es noch nicht wagten, ihre Reise fortzusetzen.

Als wir bei der Bigara anlangten, war Major Kasibek nicht ohne Besorgnis; der Wind blies von alten Seiten, er schien an diesem Orte losgelassen, um uns den Übergang streitig zu machen; ein schreckliches Schneegestöber erhob sich, es verdunkelte plötzlich die Luft und machte das Atmen schwer. Sogleich bemächtigte sich unser ein panischer Schrecken; Major Kasibek, selbst höchst beunruhigt, wollte uns in aller Eile zur Hütte des Assetiniers führen, aber es war nur ein, den Schrecknissen dieser Gegend bezahlter Tribut; der Wind und das Gestöber hörten auf; wir langten an.

Der Mittag war vorüber, und doch dachten wir weder an Essen noch an trinken; jede Minute war kostbar für uns, jeder Schritt vorwärts, war so gut als über tausend Gefahren siegen.

Dennoch atmete ich kaum, so übel befand ich mich in meinem Korbe. Mein Mann, von den Beschwerden ermüdet und bis auf die Haut durchnässt, war mehrere Male nahe daran, entkräftet hinzusinken.

Nachdem wir lange bergan gestiegen waren, hatten wir endlich das Glück, den Gipfel des Kristowaja-Gara (Kreuzberg) und das Kreuz zu erblicken, das dort zu Ehren Gottes, des Erlösers, aufgerichtet ward. Man pflegt am Fuße dieses Kreuzes etwas Geld hinzulegen, welches selbst die Räuber achten. Dort danken die Reisenden dem Himmel, durch dessen Hilfe sie den Gipfel dieses Berges glücklich erreicht haben. Meine Dankgebete waren recht innig.

Das Gemälde, welches sich von dieser Höhe an darbietet, ist hinreißend; aber der Anblick des langen, vom Kreuzberge herabführenden und die Gudgara ansteigenden Weges erweckt bald wieder peinliche Eindrücke. Schon bewundere ich nicht mehr den Terek, der wie ein silbernes Band unten in den Abgründen erscheint; mich beschäftigen nicht mehr die Dörfer, die in Gruppen die Ufer des Flusses beleben. Meine Augen sind auf unsern Vortrab gerichtet, der schon unten an der Kristowaja angelangt, – die gefahrvolle Ersteigung des Gudgara beginnt ... Und wir selbst sollen ihm dorthin folgen.

Wir fuhren den Kreuzberg mit größter Vorsicht hinab. Zu unserer Linken, nur ein Fußbreit von uns, ist ein Abgrund.

Ich sehe mit Schaudern unsern Vortrab weder zum Vorschein kommen; er war wie angehängt an der Gudgara und schien jeden Augenblick bereit, in die schrecklichsten Klüfte hinabzustürzen.

Doch auch wir gelangten auf diese in den Berg gehauene Straße, ziemlich breit im Sommer, aber durch den Schnee bis auf höchstens fünf Fuß verengt. Zur Rechten ist man am Rande des scheußlichsten Abgrundes, zur Linken hängen ungeheure Schneemassen an der hohen Bergwand, die jeden Augenblick herabzustürzen drohen.

Einige von uns machten das Zeichen des Kreuzes, andre stießen ein Geschrei des Entsetzen aus, andre waren sprachlos und erbebten vor Furcht; mit geschlossenen Augen stärkte ich mich durch Gebet.

Major Kasibek befahl das tiefste Schweigen; durch den geringsten Schall kann sich eine Lawine losreißen.

Schon waren wir auf der Hälfte des Weges, schon durften wir uns ein Gefühl der Freude gestatten, da wir fast des Berges Gipfel erreicht hatten, als eine drohende Gefahr unser Schrecken erneuerte. Eine Infanterie-Abteilung stieg von der Gudgara herab und wir entdeckten sie erst, als sie kaum noch einige Schritte von uns entfernt war. Kaum kann ich begreifen, wie diese Truppen vorbei konnten, ohne in den Abgrund zu stürzen. Sie waren genötigt, sich einen neuen Fußsteig zu bahnen, der wenige Schritte breit an dem Abhange des Berges hinläuft, wo klaftertiefer Schnee lag. Not und Gefahr bewirkten, was unmöglich schien.

Man entrinnt einer Gefahr, um einer neuen entgegen zu gehen.

Ein scheues Pferd, welches dem Regimente folgte, gab meinem Korbe einen Stoß, dass er das Gleichgewicht verlor und sich gegen den Abgrund hinneigte … Noch zittere ich, wenn ich mir die Gefahr denke … Ich danke meiner und meiner Kinder Rettung meinem Manne, welcher, nahe beim Fuhrwerk, dasselbe mit der ganzen vereinten Kraft der Verzweiflung unterstützte.

Endlich auf den Gipfel der Gudgara gelangt, fühlte mein Herz sich von der drückenden Last erleichtert. Auf die Angst und Furcht folgte freudiges Entzücken und das Jauchzen der Dankbarkeit. Ich stieg aus dem Korbe, um einen Augenblick frei zu atmen. Ich warf einen Blick rückwärts, und fast wandelte mich eine Ohnmacht an, bei dem Gedanken an die Gefahren, denen wir ausgesetzt gewesen.

Es blieben uns nur noch vier Werste bis zur Station, auf einem, überall wegen des tiefen Schnees sehr engen, doch übrigens gefahrlosen Fußsteige. Wir langten hier um acht Uhr abends, von Beschwerden und Hunger erschöpft, und von Nässe und Frost durchdrungen, an.

Die Kälte ist auf dem Kaschaur, der Höhe dieses Berges, und der vorgerückten Jahreszeit wegen, ausnehmend stark. Unsere Wohnung ist abscheulich, die Fenster ohne Glasscheiben, die Kammer ohne Ofen. Doch wer zu Kobi zehn Tage verweilte, und nicht umgekommen ist, kann wohl, ohne viel zu murren, eine Nacht in Kaschaur zubringen.

Dies ist die getreue Erzählung unserer gestrigen Reise. Auf 17 Werste haben wir 13 Stunden zugebracht, und Sie mögen sich selbst denken, was das, unter so großen Gefahren und Erduldungen, für Stunden waren.

Die alte Dame, unsere Unglücksgefährtin, warf sich, als sie ihren Korb verließ, zu Boden, und blieb länger als eine Viertelstunde in Dankgebeten zu Gott, der sie errettet, liegen. Ihr Sohn, der an ihrer Seite niederkniete, machte diese fromme Szene vollständig.

Wir werden nun den Kaschaur hinabfahren und uns nach Passananur begeben; dieser Weg von 20 Wersten ist nicht ohne Gefahr. Wir hoffen, die uns versprochene Kalesche anzutreffen. Meine armen Kleinen und ich sehnen uns nicht wenig aus dem unerträglichen Korbe herauszukommen. Das Signal ist gegeben, wir reisen ab; bald sind wir am Ziele unserer Leiden.

Einundzwanzigster Brief

Passanauur, 20 Werste von Kaschaur, den 23. November 1811.

Gott hat Ihre Freundin in dem Unglück, was uns traf, seines erhaltenden Schutzes gewürdigt. Ich fühle mich noch so bewegt, dass es mir unmöglich ist, meine Gedanken zu sammeln. Morgen hoffe ich es Ihnen erzählen zu können. Sie werden finden, dass meine Erhaltung wie ein Wunder zu betrachten ist.

Zweiundzwanzigster Brief

Ananur, 19 Werste von Passananur, den 24. November 1811.

Ich bin krank – aber ich schreibe Ihnen; ich bedarf dieses Trostes. Ich bin Ihnen außerdem die Erzählung von dem schuldig, was uns nahe bei Passananur begegnet ist.

Um 9 Uhr morgens, nachdem ich aus Kaschaur geschrieben hatte, setzte ich mich, in Ermangelung eines andern Fuhrwerks, in meinen Korb und wir reisten nach Passananur ab. Unsere Kräfte waren erschöpft, die Reise des vorigen Tages hatte uns ermattet.

Die Abfahrt vom Kaschaur ist lang und steil; es ist einer der beschwerlichsten Wege des Kaukasus. Wenn er indes viele Beschwerden und einige Gefahren hat, so gewährt er auch das prachtvollste Gemälde. Von der Höhe des Kaschaur sieht man nur einen schauerlichen Abgrund; je weiter man aber herabsteigt, desto mehr enthüllt sich die Landschaft, und das Auge umfasst entzückt die von der Aragua durchstossene Gegend.

Als wir den Fuß des Kaschaur erreicht hatten, ging unsere Reise durch ein angenehmeres und wärmeres Land fort. Es war schon das eigentlich sogenannte Georgien, wo statt der rauen, kahlen Berge, die wir hinter uns zurückließen, reizende Gefilde sich unsern Blicken darboten. Eine milde Luft, ein reiner, heiterer Himmel, Pflanzen und Bäume, die noch grünten, der entzückende Lustgesang der Vögel, alles kündigte eine andre Welt an. Doch nichts war im Stande, uns unsere gänzliche Ermattung aus dem Sinne zu bringen; ich gestehe, dass diese Reise mir fast ebenso beschwerlich schien, als die des vorigen Tages, und mit unaussprechlicher Ungeduld wartete ich auf die Ankunft der Kalesche des General-Gouverneurs. Endlich fanden wir sie fast fünf Werste von Passananur. Meine Freude war außerordentlich, als ich mich aus meinem engen, beschwerlichen Korbe befreit sah und bequem in einem guten Wagen Platz nehmen konnte. Ich glaubte nun aller Gefahr entgangen zu sein.

Da meine Kinder und ich durch das Sitzen im Korbe ebenso ermüdet waren, als mein Mann durch seine Fußreise, so freuten wir uns sehr, in demselben Wagen vereinigt, uns auf einem weniger gefährlichen Weges zu befinden. Welche Täuschung! – Wir überlassen uns, oft süßen Hoffnungen, glauben schon glücklich den Hafen erreicht zu haben; und sind dem Schiffbruche nahe.

Kaum hatten wir einige hundert Schritte gemacht, als wir einen kleinen Berg hinab mussten, der zur Linken ziemlich tief und abhängig war, und an dessen Fuße die A r a g u a , ein sehr reißender Strom, fließt. Unsere Fuhrleute, die es uns hätten gestatten sollen auszusteigen, begnügten sich die Hemmschuhe anzulegen und Schritt gehen zu lassen. Unglücklicherweise geriet eins unserer Räder auf ein Felsenstück, der Wagen neigt sich, stürzt und rollt in den Abgrund. Vom ersten Stoße ward mein Mann auf die Steine geschleudert, wo er ohne

Bewusstsein liegen blieb. Die andern Stöße warfen die Kinderfrau und meinen Sohn heraus, und zerbrechen das Fuhrwerk; der letzte Fall schleuderte die Kalesche in das Bett des Flusses. Ich war noch mit meinem Kinde darin, das ich mit Gewalt an meinen Busen drückte, um es vor den Stößen zu schützen.

Große Felsenstücke, von unserm Falle losgerissen, rollten mit Geräusch in den Strom. Denken Sie sich dazu das Angstgeschrei der Menschen, die auf dem Berge zurückgeblieben waren, das Schäumen der Aragua, deren Wellen sich gegen die Kalesche brachen, das Jammern des Kutschers, der mit dem Fuhrwerke fortgeschleppt ward und mit verwundetem Körper dalag – und Sie können sich einigermaßen einen Begriff von meinem Schrecken machen, als ich wieder zur Besinnung kam und mir das Unglück dachte, was uns soeben begegnet war. Nein, die grausamsten, physischen Schmerzen sind nichts in Vergleichung der Angst, des Kummers und der Verzweiflung, die in solchen Augenblicken die Seele belasten.

Ich will Ihnen weder meinen Zustand schildern, noch den meines Gatten darzustellen suchen, bis wir nach unserer Wiedervereinigung uns überzeugt hatten, dass wir noch lebten. Bis zu diesem Momente habe ich alles, was das Leben Schmerzliches und Peinliches darbieten kann, empfunden; ja, der Eindruck dieses Unglücksfalls war selbst so tief, dass es langer Zeit bedurfte, ehe ich in den entgegengesetzten Zustand übergehen konnte. Nachdem ich sie für immer verloren geglaubt, sah ich, hörte ich meinen Gatten, meine Kinder – aber meine Seele war noch nicht für dieses Glück empfänglich.

Mein Mann, aus seiner Ohnmacht erwacht, blieb noch einige Zeit in einer Art von Betäubung; plötzlich erinnerte ihn das schmerzliche Erwachen seiner Vernunft an das Vergangene. Er sieht die Kalesche auf dem Gesteine des Flusses liegen. Seiner eignen Schmerzen vergessend, rennt er ans Gestade, stürzt sich in die Aragua, und es gelingt ihm, zu mir zu kommen.

Währenddessen waren die Leute auf Bergen herab, auf Umwegen in den Abgrund gestiegen. Ich ward aus dem Bette des Flusses herausgebracht; nun erst sah ich, dass mein Mann an seinem rechten Arme litt. Meine Tochter und ich hatten durch ein unbegreifliches Glück, keine Verletzung. Die Kinderfrau, die sich aufgeopfert hatte; um meinen Sohn zu retten, war am Kopfe verwundet; den Augenblick, wo ich sie, so wie meinen Sohn, mit Blut bedeckt sah, rechne ich zu den schrecklichen, die mir dieser verhängnisvolle Tag aufbehalten hatte.

Es war gelungen, die Kalesche aus dem Flusse zu ziehen; glücklicherweise war sie, obwohl sehr beschädigt, noch im brauchbaren Stande. Das Schwerste war, sie wieder auf die Landstraße zu bringen. Der Berg war über zwanzig Klafter hoch, und so steil, dass wir sogar genötigt waren, uns selbst mit Stricken auf den Weg ziehen zu lassen. Durch die Anstrengung vieler Arme gelang es endlich, die Kalesche wieder emporzubringen; sie langte indes sehr spät zu Passananur an. Wir schleppten uns indes die fünf noch übrigen Werste fort, nicht ohne viele Leiden; besondere litt mein Mann, dessen Arm schrecklich anschwoll und ihm starken Schmerz verursachte.

Urteilen Sie selbst in welchem jammervollen Zustande wir das Nachtlager erreichten. Nachdem wir eine der peinlichsten Nächte zu P a s s a n a n u r zugebracht hatten, langten wir heute hier an, um desto schneller nach T i f l i s zu kommen, von wo wir nur 54 Werste entfernt sind. Ich hoffe, dies wird der Hafen sein, wo wir, nach so vielen Leiden, endlich allen Stürmen entgangen sind. Gott gebe es; – er weiß es allein!

Ich ergreife die Feder wieder, um Ihnen zu sagen, dass Georgien, soviel ich es habe bemerken können ein reizendes Land ist, bergig, aber ziemlich angebaut, sehr fruchtbar und unter einem schönen Himmel gelegen. Die A r a g u a durchströmt ein herrliches Tal; in gewissen Entfernungen voneinander erblickt man alte Türme, welche vormals in Kriegszeiten den Georgiern als Festungen gedient haben.

Das Klima ist so schön, dass wir im Monate November noch die Felder bestellen sehn. Man ist überrascht, hier Pflüge von sechs bis acht Ochsen gezogen zu sehen; der Boden soll sehr steinig sein, aber fast glaube ich, dass Trägheit großen Teil daran habe; sie scheint in Asien das Erbteil der Menschen wie der Tiere zu sein.

Mein Mut, geliebte Freundin, ist seit dem gestrigen schrecklichen Sturze verschwunden. Der kleinste Hügel setzt mich in Furcht, und unglücklicherweise sind wir noch nicht gänzlich vor Abgründen sicher.

Leider, meine Freundin! hat die Erzählung meiner Reise bis jetzt eine finstre, sehr einförmige Farbe. Missdeuten Sie es nicht; ich versichere Sie, gerne hätte ich heitern und abwechselnden Farben den Vorzug gegeben; ich wollte nicht den Spuren englischer Romanschreiber folgen, die von Gefahr zu Gefahr, von Sturz zu Sturz wandeln.

Dreiundzwanzigster Brief

Duschet, 18 Werste von Ananur, den 25. November 1811.

Wir haben diesen Morgen Ananur verlassen; es ist eine auf einem Berge gelegene Festung, gerade wie Duschet, wo wir jetzt sind. Der letzte Ort umschließt ein großes Schloss, welches vormals Zar Heraklius bewohnte. Hier sind wir eingekehrt.

Das Schloss ist ein vollkommenes Viereck, mit einer Galerie umgeben, einem großen Saal in der Mitte, und einer Anzahl kleiner Gemächer; die Fenster sind ohne Glasscheiben, aber sehr kunstreich ausgehauen; der Fußboden ist von Stein; man findet keine Mobilien als Teppiche und große Kissen, nach asiatischer Weise. Das Dach ist platt.

Sie werden die Vergleichung wohl entschuldigen, wenn ich Ihnen sage, dass man hier in der Baukunst, wie in der Küche, Rücksicht auf die Wärme des Klimas genommen hat. Die Kost besteht aus leichten Nahrungsmitteln und Erfrischungen, als Pillaus jeder Art, aus Früchten, Zuckerwerk, B o s b a s c h (eine Art Suppe) S c h i c h l i k (Hammelfleisch, am Spieß gebraten) geronnene Milch mit Wasser (Airan) und endlich aus verschiedenen Arten von Sorbet (Zucker-Wasser mit dem Safte aller Arten von Früchten.)

Zu Duschet bedient uns ein vom verstorbenen Zar Heraklius pensionierter Koch. Nicht ohne Rührung sehe ich den Audienzsaal dieses großen Fürsten und die Gerichtsstube, wo die Todesurteile ausgesprochen und oft auf der Stelle vollzogen wurden.

Die Aussicht von der Galerie ist sehr schön, und der Sommeraufenthalt zu Duschet muss, als noch der Hof hier war, höchst angenehm gewesen sein.

Unsere Reise ging heute über Berg und Tal, durch Wälder und Wiesen. Wir haben zauberische Gefilde erblickt; Georgien scheint mir ein schönes Land, dessen Bewohner den Müßiggang der Arbeit und die Dürftigkeit einem bequemen, aber tätigen Leben vorziehen.

Dies alte, geräumige, einsame Schloss erinnert an diejenigen, welche man uns in Romanen beschreibt. Die Wohnung des alten Heraklius versetzt mich in ernste Betrachtung. Einst wohnte hier ein mächtiger, berühmter Fürst. Jetzt mischt die Luft, die sein Grab durchdringt, seine Asche mit gemeinem Staube. Hier versammelte sich einst der Gerichtshof; hier, wo so viele Leidenschaften richteten und gerichtet wurden, herrscht nunmehr Schweigen und Ruhe; und dieses große Gebäude, der Aufenthalt eines glänzenden, zahlreichen Hofes, das ehrfuchteinflößende Denkmal vergangener Herrlichkeit ist bloß noch die Zuflucht des ermüdeten Reisenden, so wie Felsenstücke, die lange über des Wanderers Haupt schwebten, zuletzt herabfallen, und ihm zum Ruhesitze dienen.

Vierundzwanzigster Brief

Mschet, 16 Werste von Duschet, den 26. November 1811.

Unsere Fahrt war heute sehr angenehm. Eine schöne Natur, herrliches Wetter und die Hoffnung, heute unsere lange Reise zu endigen, alles belebte unsere Kräfte und unsern Mut.

Wir sind zu dem alten Kloster von Mschet hinabgestiegen, welches gegenwärtig zur Quarantäne dient. Ich sehe unter unsern Fenstern den Kur, den alten Cyrus, rollen, in welchen die Aragua sich ergießt, und an dessen Ufern Mschet und Tiflis liegen.

Der Kur ist ein majestätischer, breiter, reißender Strom.

Mschet war, ursprünglich und mehr als zweitausend Jahre hindurch, Georgiens Hauptstadt. Gegen die Mitte des fünften Jahrhunderts entdeckte Wachtang Gurgaslaw, Zar von Georgien, als er Jagd-Partie, 20 Werste weit von seiner Hauptstadt, gemacht hatte, die warmen Quellen, welche noch heutzutage Tiflis Bäder so heilsam machen. Da die Stelle ihm gefiel, so ließ er dort eine Stadt bauen, welche die Hauptstadt seiner Staaten wurde. Man nannte sie T i f l i s , welches w a r m e B ä d e r bedeutet; davon stammt durch eine Verstümmelung der Name T i f l i s ab.

Wenn man Mschet sieht, welches jetzt kaum hundert Häuser zählt, die von armen Georgiern und Armeniern bewohnt werden, so sollte

man kaum glauben, dass diese Stadt, als sie die Hauptstadt des Königreichs war, dreißig Werste im Umfange und mehr als 80000 Krieger zu
ihrer Verteidigung hatte.

Die Lage dieser alten Stadt, in einem von Bergen umgebenen und
von zwei Flüssen, den Kur und der Aragua, durchströmten Tale, ist
sehr schön. Die Aragua ergießt sich hier in den Kur, welcher ins kaspische Meer fließt.

Das an den Ufern dieser beiden Flüsse gelegene Schloss der Zare
ist aus Granit erbaut, und diente zugleich als Festung; man erkennt es
noch an den großen Mauern, welche die Zeit verschonte, mitten unter
den sie umgebenden Trümmern.

Den ältesten Sagen zufolge wählten Noahs nächste Nachkommen,
nämlich Sim, Parsis, Targamos, Kartlos und Mschet, der Gründer der
Stadt dieses Namens, hier ihren Wohnsitz, wegen der köstlichen Lage
und der Festigkeit derselben. Sie lebten dort im goldenen Zeitalter. Sie
sehen also, geliebte Freundin! dass der Ort, wo ich mich jetzt befinde,
eine der ältesten Städte der Welt ist, wenn Sie anders den Sagen Glauben beimessen wollen.

Im Anfange des vierten Jahrhunderts war zu Mschet ein Mönchskloster erbaut, welches nachmals unter dem Namen Samtawriisky, die
Mutterkirche von ganz Georgien ward. Man sieht noch heutzutage eine
sehr schöne Kirche von griechischer Bauart, ganz von Stein, ohne irgend
ein Stück Eisen oder Holz, die bis jetzt noch unbeschädigt geblieben ist;
die Mauern tragen die Merkmale hohen Altertums; man unterscheidet
noch Sinnbilder in erhabener Arbeit, und von verschiedenen Farben.

Unfern der Kirche sieht man die Trümmer der Wohnung des
Metropolitans und die Mauern der Mönchszellen. Was aber am merk-
würdigsten bleibt, ist eine drei Klafter lange und ein Klafter breite
Kapelle, die sich im Hintergrunde an der Ecke der Mauer der Festung
befindet. In dieser Kapelle pflegte Nonon zu beten, dies zu Anfange
des 4ten Jahrhunderts, zur Zeit des Zars Mirian von Georgien, die
christliche Religion daselbst einführte.

Einigen zufolge, wurde Nonon, welche zur Zeit Constantins des
Großen lebte, als Gefangene nach Georgien geführt; hier gelang es
ihr, durch Wunder-Kuren, die sie zu verrichten Gelegenheit fand, und
die, wie sie sagte, eine Wirkung ihres Glaubens waren, die christliche

Religion einzuführen. Dies bewog endlich auch den Zar Mirian, dieselbe anzunehmen, und seine Untertanen zur Nachahmung seines Beispiels zu nötigen. Nach andern, begab sie sich aus eignem Antriebe, von Rom nach Jerusalem, und von dort in das alte Iberien, um die christliche Religion zu verbreiten. Sie brachte ein Kreuz aus Weintrauben, mit ihrem eignen Haupthaar zusammengebunden, dahin, und mit diesem Kreuze in den Händen, machte sie Proselyten. Seit der Zeit ward dieses Kreuz fortwährend von den georgischen Zaren aufbewahrt, und während ihrer Abwesenheit in der Kathedralkirche zu Mschet aufbehalten.

Als im Jahr 1720 Georgien von den Persern und Türken überfallen ward, wurde es in die Gebirge gebracht, und blieb einige Zeit in der Kirche zu Ananur; der Zarewitsch Wachtang sandte es endlich nach Moskwa. Zar Heraklius erbat dieses so hochverehrte Heiligtum oft zurück, ohne es von den Nachkommen des Wachtang erhalten zu können, bis zuletzt ein Neffe desselben, Fürst Bakarew, das Kreuz zu den Füßen Sr. Majestät des Kaisers Alexander niederlegte, und dieser Monarch hatte die Gnade, dieses kostbare Kleinod nach Georgien zurückzusenden.

In dem Mönchskloster, dessen ich soeben erwähnte, ist die Quarantäne-Anstalt angelegt; ein andres Kloster wurde vor ungefähr 800 Jahren erbaut; es war von dem Patriarchen oder Katholikos bewohnt; es ist sehr groß und ziemlich gut erhalten. An dem Ufer des Kurs gelegen, gewährt es von weitem einen erhabenen Anblick. Die Kuppel dieses großen Gebäudes ist mit einer goldenen Kugel geziert, welche die Perser, die darnach gierig waren, vergebens mit Kanonenkugeln durchlöchert haben. Die an den Mauern im Innern des Klosters dargestellten Heiligenbilder sind von den Persern verstümmelt. Um ihre Wut zu befriedigen, weil es ihnen nicht gelang, das Gebäude in Brand zu stecken, zerschlugen sie die Mauern mit ihren Lanzen und Säbeln.

Die Krönung der Zare geschah in diesem Kloster; und sie wurden hier nach ihrem Absterben beigesetzt; die Vornehmsten des Landes wurden innerhalb des Gebäudes begraben.[8]

Übrigens zeigt Mschet überall Spuren der Verwüstung.

---

8   A n m e r k . Der General-Gouverneur, Marquis von Paulucci, hat in diesem Kloster, auf Befehl Sr. Majestät des Kaisers Alexander, Denkmäler auf den Gräbern der beiden letzten Zare von Georgien, Heraklius und dessen Sohn Georg, der seine Staaten an Russland abtrat, errichtet.

Im Norden auf einer Höhe erheben sich die Trümmer einer von dem Fürsten Amilachworow vor 200 Jahren erbauten Feste; wovon einige zwölf Klafter hohe Mauern unverletzt geblieben sind. Von diesem Gemäuer herab genießt man einer herrlichen Aussicht. Das Land erstreckt sich über 30 Werste weit, längs dem reichen Tale der Aragua, das mit Dörfern und Türmen wie besäet ist.

Es gibt hier nicht leicht eine alte zerstörte Burg, von der nicht Mord- oder Geistergeschichten erzählt wurden. Auch von der Feste, der ich soeben erwähnte, meldet die Chronik, dass sie lange von einer Prinzessin von lebhaften Leidenschaften bewohnt worden sei, die, nachdem sie junge Reisende in ihre Burg gelockt, sie von der Höhe eines Turms in die Aragua herabstürzen ließ, ins der Hoffnung, ihre Verbrechen und ihre Schande zu verbergen.

Mehrere Jahrhunderte vor der christlichen Zeitrechnung, baute K a r t l o s , Fürst von Kartalinien, sich auf den Höhen an, die man drei Werste von Mschet erblickt. Die Zare, die dort nach ihm ihren Aufenthalt nahmen, waren Götzendiener, und errichteten in einem Tale das Götzenbild Armafa, welchem die Erstgeborenen ihrer Untertanen geopfert wurden. Der noch dort befindliche Wasserfall, der sich in den Kur ergießt, erhielt den Namen dieses Götzenbildes, und heißt noch heutzutage Armafm Zkala (das Wasser des Armafa). Als der Götzendienst der christlichen Religion wich, ward das Bild umgeworfen; aber an dessen Stelle traten Räuber, Lesghier und andere Bewohner des Kaukasus. Lange Zeit hindurch verwüsteten sie Georgien; sie entführten die Reisenden aus Kartalinien nach Tiflis, und verkauften sie nach Klein-Asien und Ägypten.

Die Bergkette, die zu Mschet anfängt, dehnt sich, immer ansteigend, bis über die türkische Festung Akalzik aus, und bildet die Gestade des Kurs; sie berührt dann die Grenzen von Imiretien, Guriel und erstreckt sich bis ans Schwarze Meer.

Sehr überraschte mich der Anblick der Grotten, welche in den obern Teil der Felsen gehauen sind, Mschet gegenüber, jenseits des Kurs. Diese Grotten dienten den Bewohnern der Stadt zur Zuflucht, bei den Angriffen feindlicher Völker, deren wiederholte Einfälle endlich Georgiens alte Hauptstadt in den bedauernswerten Zustand versetzte, worin sie sich gegenwärtig befindet.

Da die Lesghier jede Verbindung zwischen Mschet und Tiflis unterbrochen hatten, konnten die Einwohner mehrerer georgischen Landschaften weder Brot, noch Wein, noch andre Lebensmittel nach Tiftis bringen, der Gefahren wegen, deren sie in den Bergschluchten bei Mschet ausgesetzt waren.

Zar Heraklius lud endlich, vor fünf und zwanzig Jahren, alle diejenigen aus verschiedenen Provinzen seiner Staaten, die Lust hatten, sich anderswohin zu begeben, ein, nach Mschet zu kommen, um die Landstraße zu bewachen, und bevollmächtigte sie, als Belohnung, den Ertrag der kleinen Auflage zu empfangen, die auf die Lebensmittel gelegt war, welche man nach Tiflis brachte. Mschet erhielt, in Folge dieser weisen Maßregel, bald einen Zuwachs an Einwohnern, und, als endlich die russischen Truppen Befehl erhielten, die Lesghier zu verfolgen, stellten sie ihre Anfälle ein, und der Weg von Mschet nach Tiflis wurde sicher. Nun wurde die kleine Auflage nicht mehr von Mschets Einwohnern, die sich seitdem dem Landbau widmeten, erhoben, und was die Kaufleute, bei ihrer Durchreise, heutzutage noch zahlen, kommt der Kasse der Kathedralskirche zu Gute.

Die Brücke über den Kur ist eine Werste von Mschet; zu ihren Seiten stehen zwei alte Wachttürme, die vormals zu ihrer Verteidigung gedient haben. Diese Brücke soll von Pompejus erbaut sein, als er dieses Land mit seinem Heere durchzog; wahrscheinlicher ists aber, dass die Fürsten Gedewanow, die ihre Besitzungen in dieser Gegend hatten, sie vor Ankunft des Pompejus erbaut haben.

Fünfundzwanzigster Brief

Tiflis, 23 Werste von Mschet, den 28. November 1811.

Wenn man Mschet verlassen und die alte Brücke über den Kur passiert hat, ist der Weg längs dem Flusse hin, ein wahrer Spaziergang, der uns bald in eine Ebene führte, wo wir den Kur rechts ließen, zu unserer Linken aber eine ziemlich hohe Bergkette, und T i f l i s vor uns im Hintergrunde hatten.

Die Ebene verwandelt sich nach und nach in ein enges Tal, an dessen äußersten Ende sich Tiflis an den Ufern des Kurs zeigte. Dieser

63

Anblick ist herrlich, besonders wenn die Sonne die Stadt bestrahlt, und die große Menge von Türmen und bunten Kirchen erleuchtet.

Je mehr man sich nähert, desto mehr unterscheidet man die terrassenförmigen Dächer der georgischen Häuser, und die auf den Abhängen der Berge, auf deren Gipfel die alte Feste Tiflis prangt, liegenden Gärten.

Das Haus des General-Gouverneurs, groß und schön, in einem halbeuropäischen Geschmacke gebaut, liegt vor der Stadt, eine halbe Werste von Tiflis auf einem Hügel. Nicht weit davon liegt das Hospital, ein neues steinernes Gebäude, ebenfalls am rechten Ufer des Kurs. Diese Lage hat den großen Vorteil der gesunden Luft, welche hingegen in Tiflis selbst gewöhnlich ungesund ist. Hier ist man auch in Pestzeiten weniger in Gefahr, während dieses Übel in Georgien oft große Verwüstungen angerichtet hat. Diese schreckliche Seuche zeigte sich im Jahre 1810 zum letzten Male; damals wurde die russische Armee bei ihrer Unternehmung gegen die türkische Festung Akalzik davon befallen.

Die Teppiche, die man so schön in Georgien verfertigt, geben einen vorteilhaften Begriff von dem Kunstfleiße des Volks; aber in keiner andern Sache zeigen die Georgier Fähigkeit oder Geschick. Das Hausgeräte selbst wird mit großen Kosten aus Russland herbeigeschafft, und statt der Fensterscheiben bediente man sich gemeiniglich des geölten Papiers. Solche Kleinigkeiten machen einen traurigen Eindruck und scheinen überdies gleich von außen das innen herrschende Elend zu bezeugen. Indes gewahrt man bald, dass nicht dem Elende, sondern dem geringen Kunstfleiße dieser Anschein der Armut zugeschrieben werden müsse. Da die Einwohner nur mit großen Kosten nützliche Gegenstände kommen lassen können, so entbehren sie dieselben lieber, als dass sie sich mit der Verfertigung derselben abgeben.

Das eigentliche Georgien oder Kurtschistan umfasst die Provinz Kachetien (das alte Albanien) Imiretien (vor Zeiten Iberien) und Kartalinien.

Man sagt, dass nachdem Nonon im 4ten Jahrhundert die christliche Religion eingeführt hatte, der heilige Georgius der Schutzpatron der Bewohner dieses Landes geworden sei, und dass sie sich seitdem Georgier genannt hätten. Sie heißen auch Kurtschi, welches der gemeinschaftliche Name aller Asiaten ist, welche die Sekte Muhamets verlassen, und die christliche Religion annehmen.

Augenscheinlich aber ist die Sage, welche den Namen Georgien vom heiligen Georg ableitet, falsch, weil der Name Georgien schon vor der christlichen Zeitrechnung bekannt war. Weit natürlicher ist es mit einigen Schriftstellern anzunehmen, dass er von dem griechischen Worte, welches Ackerbau bedeutet, abzuleiten sei. Die Beschaffenheit des Landes scheint dieses zu bestätigen.

Mingrelien macht heutzutage einen Teil von Georgien aus. Es ist das alte Kolchis.

Ist das Land der Amazonen wirklich vorhanden gewesen, und hat unser Geschlecht daselbst diese durch ihre Tapferkeit furchtbaren Scharen gebildet? Wie dem auch sei; man glaubt, dieses chimärische oder nicht chimärische Land habe jenseits des Kaukasus am schwarzen Meere gelegen.

Alexander, Pompejus und Mithridates haben Georgien berühmt gemacht. Das Land bietet davon noch merkwürdige Beweise dar. Man hat Gefäße voll Medaillen aus jenen Zeiten, oder voll griechischer Münzen, aus einem noch entfernteren Altertume, aus der Erde gegraben; aber diese Gegenstände finden so viele Liebhaber, dass sie ebenso selten als teuer geworden sind.

Die Alten teilten Georgien in Albanien und Kolchis. Das erste Land bevölkerte das griechische Albanien; das zweite ward von einer aus dem alten Ägypten herbeigekommenen Kolonie bewohnt.

Die Bewohner beider Provinzen waren damals die Iberier, von welchen eine Kolonie nach Spanien ging, und sich daselbst, niederließ, ehe noch die Römer dieses Land kennen lernten.

Die Iberier, die Voreltern der heutigen Georgier, machten sich durch ihre Tapferkeit und durch ihre Eroberungen berühmt, und haben mit Erfolg gegen die Meder und Perser gekämpft. Die Römer, die nach Kolchis und bis in das Land, welches heutzutage Klein-Armenien heißt, vorgedrungen waren, konnten zu keiner Zeit bis in den Kaukasus oder in das eigentliche Iberien gelangen, welches alles dasjenige Land begreift, das zwischen dem schwarzen und kaspischen Meere, von Tauris und Erzerum bis zur Mündung des Dons liegt.

Jedes Volk setzt einen Ehrgeiz darein, seinen Ursprung so alt wie möglich zu machen. Die Georgier rechnen den ihrigen bis zu Noah hinauf, der, wie sie meinen, Georgien seinem Sohne, Namens Sim, verlieh. Von Farsis und dann von Targamos leiten die Armenier, Lesghier, die Bewohner von Kolchis, von Mingrelien und des ganzen Kaukasus ihren Ursprung ab.

In der Folgezeit nahmen die Perser Georgien ein, und behielten es bis auf Alexander den Großen, der, nachdem er Persien erobert hatte, auch Georgien besaß, und die Regierung desselben dem Ason vertraute; dieser ward nach Alexanders Tode von Pharnabazes, einem Verwandten des Darius, getötet, der sich dann zum Beherrscher von Georgien machte und dessen erster König wurde, ums Jahr 300 vor unserer Zeitrechnung. Er hatte 90 Nachfolger bis auf unsere Tage, zu welchen man assyrische, armenische und persische Fürsten zählt.

Georgiens Thron hatten auch Frauen inne; unter andern T a m a r, die von 1171 bis 1198 herrschte. Sie machte sich durch ihre Eroberungen gegen die Perser und Türken berühmt. Sie vermählte sich mit einem russischen Fürsten Bogolubsky. Russ-Udan, ihre Tochter, folgte ihr in der unglücklichen Zeit, als Dschingis-chan dreimal Gorgien verwüstete. Der berüchtigte Tamerlan richtete sodann schreckliche Verheerungen an, um den Muhamedanismus einzuführen.

Was das Land am meisten schwächte, war die Teilung, welche mehrere Könige unvorsichtigerweise vornahmen; sie bot den Persern fortwährend die Mittel dar, es zu beunruhigen.

Alexander der Erste teilte es im Jahre 1424 in drei Fürstentümer, Kartalinien, Kahetien und Imiretien, die er seinen drei Söhnen verlieh. Diese Provinzen gerieten bald unter die Gewalt einer Anzahl von Fürsten, deren Geschlechtsfolge, wie die aller Georgischen Herrscher, bis zu den drei Söhnen des Zars Alexanders hinausreicht.

Diese Zerstücklung war die verhängnisvolle Ursache, weshalb Perser und Türken Georgien zum Schauplatze ihrer Fehden wählten.

In dem Kriege endlich, den der türkische Sultan Amurath der Dritte gegen die persischen Schahs Ismail, Muhamed und Abaz den Großen führten, ward Georgiens Schicksal entschieden. Die beiden streitenden Mächte teilten sich darein; Mingrelien, Ghouriel und Imeretien unterlagen dem Joche der Türken; das übrige, nämlich Kahetien, Somhetien und Gardaban fiel der Macht der Perser zu. Diese Teilung fand im Jahre 1576, unter der Regierung des Zars von Kartalinien, Simon des Ersten, statt.

Die Türken, um eine Grenzscheide zwischen ihrem und dem persischen Reiche festzustellen, luden die Tartaten, welche die Gebirge bewohnen, und ihres Glaubens sind, ein, sich nach Georgien zu begeben, und das Land nach Persien zu verwüsten. Diese Angriffe worunter ganz Georgien seufzte, bestimmten endlich den Zar von Kahetien, Alexander den Zweiten, um Russlands Hilfe nachzusuchen; in dieser Absicht sandte er einen Abgesandten an den russischen Zar Johann Theodor, und ersuchte ihn, am Terek eine russische Stadt, zur Verteidigung von Georgien, bauen zu lassen. Dieser Vertrag setzte Georgien unter den Schuh von Russland, welches Abaz dem Großen davon Nachricht gab. Dieser Fürst, damals mit der Türkei im Kriege, ging in die Absichten des Zars ein, aus Furcht ihn zu reizen. Kartaliniens Zar, Georg, begab sich ebenfalls unter den Schutz von Russland, wo damals Boris Theodor Godunow regierte. Seit dieser Zeit genießt Georgien des Schutzes der russischen Beherrscher, welche es oft vom Verderben retteten.

Es verdient bemerkt zu werden, dass im Jahre 1678, als Georgien von neuem Russlands Beistand erbat, in einer darüber von Zarewitsch Nicolaus erlassenen Akte gesagt ist, dass Georgien sich von Russland abhängig gemacht habe.

Mehrere georgische Zarewitsche ließen sich sogar in Russland nieder.

Unter Peter des Ersten Regierung, ließ dieser Kaiser, als die Perser und Türken neue Verwüstungen in Georgien angerichtet hatten, Derbent, Baku, Ghilan und Mazanderan in Besitz nehmen.

Georgien erholte sich nicht eher, als bis Russland im Jahre 1729 mit Persern einen Vertrag abschloss. Sieben Jahre darauf, als Shah Nadir, Tamas-Kuli-Khan genannt, Persiens Thron bestieg, befreite er Kartalinien und Kahetien vom türkischen Joche.

Russland trat seinerseits durch einen Vertrag im Jahre 1735 seine Besetzungen in diesen Gegenden, vom Terek bis zum Kur-Strome ab. Im Jahre 1735 willigte die Türkei in die Besitznahme Georgiens durch die Perser, indem es jedem Anspruch auf dieses Land entsagte.

Seitdem trugen die Georgier viel zu den Waffentaten des Nadir Shah bei.

Endlich hinterließ Heraklius, Teimuras Sohn, Zar von Kartalinien und Kahetien, nach einer 52jährigen Regierung, worin er eine furchtbare Macht entwickelte, seinem Sohne Georg seine Staaten, der sie 1800 gänzlich an Russland überließ.

Sechsundzwanzigster Brief

Tiflis, den 29. November 1811.

Seit sich Georgien zur christlichen Religion bekannte, hat es den griechischen Ritus angenommen, und sich stets dazu bekannt.

Anfangs war das Land abhängig von dem Patriarchen von Constantinopel; es hatte in der Folge selbst Patriarchen, unter der Benennung Katholikos, die von dem 11ten Jahrhundert an, alle kirchlichen Angelegenheiten leiteten.

Kartalinien und Kahetien haben beinahe 3000 Kirchen, die aber meistens im großen Verfall sind, der langwierigen Verwüstungen wegen, die dies Land trafen.

Außerhalb seiner Grenzen hat Georgien zwei Mönchsklöster, eins in Jerusalem, im fünften Jahrhundert gegründet, das andre auf einem Berge bei Athen, im 10ten Jahrhundert erbaut.

Die armenische Sekte ist seit langer Zeit in Georgien bekannt, da die Armenier sich oft genötigt sahen, nach Georgien zu fliehen, um gegen die Verfolgungen der Türken und Perser gesichert zu sein. Sie machen heutzutage fast den vierten Teil der Bewohner dieses Landes aus, und haben sich vor allen des Handels dieser Gegenden bemächtigt.

Auch Juden finden sich in Georgien, doch nur in geringer Zahl.

Seit 1625 sind katholische Mission in Georgien verbreitet; man findet auch zu Tiflis einige derselben vom Orden des heil. Franziskus. Außer ihrer religiösen Bemühung machen sie sich durch ihre medizinischen Kenntnisse verdient.

Die Georgier sprechen ursprünglich die armenische Sprache. Als die Perser Georgien, Armenien, Syrien, und andre morgenländische Provinzen erobert hatten, sprach man in Georgien Armenisch, Syrisch, Hebräisch und Griechisch.

Heutzutage teilt sich die georgische Sprache in die Kirchen- und bürgerliche Sprache. Sie verhalten sich zueinander wie die slavonische zu der russischen Sprache.

Die Kirchen-Sprache stammt von der griechischen und armenischen Sprache ab, die bürgerliche aber von der persischen und türkischen.

Je mehr sich übrigens eine Provinz der Türkei, Persien oder Armenien nähert, desto mehr borgt sie von ihren Nachbaren.

Die persische Sprache ist in Georgien sehr gebräuchlich, besonders unter den Vornehmen; es gehört sogar zum guten Ton, sie zu kennen, so wie überhaupt persische Sitten anzunehmen.

Man schreibt in Georgien wie in Europa, von der Linken zur Rechten.

Im 12. Jahrhundert fing Georgien an, sich mit den Wissenschaften zu beschäftigen. Zar David schickte sogar zwanzig junge Georgier nach Athen, um dort zu studieren. Einer von ihnen, der Philosoph Johann Petrizi, übersetzte, bei seiner Rückkehr ins Vaterland, viele griechische Bücher ins Georgische. Seitdem wurden die Wissenschaften immer mehr in Georgien kultiviert; es erschienen klassische Werke und es wurden Schulen errichtet.

Die schönste Zeit der georgischen Literatur war die Regierung der Prinzessin Tamar. Doch bald traten die Unruhen ein, welche lange Zeit die Fortschritte der Wissenschaften störten, bis zur glücklichen Epoche der Regierung des Heraklius, der Kriegstalent mit dem Geschmack für Kenntnisse zu vereinen wusste. In dieser Zeit entwarf der Katholikos Antonius eine neue Sprachlehre der georgischen Mundart, übersetzte mehrere Werke und errichtete, unter Obhut dieses Fürsten, mehrere Schulen.

In einem Lande, wo die Natur sich in ihrer ganzen Schönheit zeigt, und wo der Krieg Helden erzieht, kann man erwarten, Dichter zu finden. Georgien hatte die Seinigen, die wechselweise durch Ruhm und Dankbarkeit beseelt, den Mut der Krieger weckten, und ihre Siege und die Regierung ihrer Fürsten verherrlichten. Unter allen diesen Werken zeichnet sich besonders ein Gedicht zum Lobe der Fürstin Tamar aus.

Die ältesten musikalischen Instrumente der Georgier sind die Harfe und Trompete. In der Folge erlernten sie von den Persern den Gebrauch der Handtrommel, so wie von den Russen die Cymbel und die Flöte.

Hier enden, meine Freundin! meine allgemeinen Betrachtungen über dieses Land. Morgen, nach meiner Rückkehr von einem Spaziergange in die Stadt, werde ich Sie von Tiflis unterhalten.

Siebenundzwanzigster Brief

Tiflis, den 3. Dezember 1811.

Ich habe es Ihnen schon gesagt, meine Freundin! Tiflis bietet nur Trümmer und Gemäuer dar; es ist ein trauriges Denkmal der letzten Verwüstungen des Aga Mehemet und seiner Perser. Die Stadt ist am Fuße eines Berges gelegen, den der Kur ostwärts bespült.

Die meisten Häuser, an der Seite des Flusses gebaut, haben keinen andern Grund, als den nackten Felsen. Die Stadt ist von Mauern umgeben, ausgenommen an der Flussseite. Sie erstreckt sich, der Länge nach, von Süden nach Norden; gegen Mittag, am Abhange des Berges, liegt eine große Festung.

Diese Festung war vormals ein Aufenthalt für alle Verbrecher; sie ward 1576 von den Türken erbaut, nachdem sie sich unter dem Befehle des berüchtigten Mustapha Pascha, Oberheerführers, dem der damalig König des Landes, Simon-Khan, nicht hatte widerstehen können, der Stadt bemeistert hatte. Mustapha gab seinem Herrn, dem Solyman, den Rat, verschiedene Festungen in Georgien anlegen zu lassen, als das einzige Mittel, das Land unter dem Joche zu erhalten.

Weniger um meine Neugierde zu befriedigen, als um die Pflicht der Religion zu erfüllen, begab ich mich sogleich in die katholische Kirche. Der Beistand des Allmächtigen hatte sich zu augenscheinlich während unserer langen und gefahrvollen Reise erwiesen, als dass ich mich nicht hätte beeilen sollen, meinen Dank dafür zu bezeugen. Ganz mit dieser Andacht beschäftigt, bemerkte ich anfangs nichts von dem, was mich umgab. Beruhigt nach dieser gottesdienstlichen Handlung, konnte ich mich der Beobachtung überlassen.

Die katholische Kirche ist schön und geräumig, hat aber außerdem nichts Merkwürdiges. Die griechische Kathedralkirche, Sion genannt, ist weit größer und schöner. Dort werden alle große Feierlichkeiten begangen. Außer den beiden Gotteshäusern, wovon ich sprach, hat Tiflis noch eine große Menge derselben, aber sie sind alle dem griechischen Ritus gewidmet.

Der Bazar und besonders die Karavanserais reizten meine Neugierde; ich eilte, sie zu besuchen.

Denken Sie sich eilte lange, etwas gekrümmte, nicht gar breite Straße, an deren beiden Seiten Buden stehen, mit einer Art von Dach, welches die Straße deckt; das ist der Bazar. Dort findet man alle Arten von Lebensmitteln und jede Sorte Kaufmannsware; besonders bemerkt man georgische und persische Stoffe, Teppiche, Schals, Seidenwaren, Türkise etc.

Der Bazar bietet ein ziemlich lebendiges Gemälde dar, aber der Ort selbst ist so finster, enge und unrein, dass man kaum den Mut hat, etwas zu kaufen, Obst, Trauben, Granatäpfel, Quitten etc. sind längs den Buben hin aufgehängt. Die Karavanserais sind noch andre Kramläden unter großen Gewölben, überall von sehr geräumigen Höfen umgeben, zu denen man durch den Bazar gelangt. Hier haben die persischen, türkischen und armenischen Kaufleute ihre Waren-Niederlagen, wo sie ihre Schals, persische Stoffe, Goldstoffe, ihre Diamanten, Türkise, Perlen u. dergl. ausstellen. Der Anblick ist wirklich schön, besonders für Liebhaber von Schals; wenn man sie in so großer Menge ausgestellt sieht, muss man über die hohen Preise, die man dafür fordert, erstaunen.

Es ist sonderbar, alle diese Orientalen, mit untergeschlagenen Beinen sitzen, und ruhig den Kaliun rauchend, auf Kundschaft warten zu sehen. Sobald sich aber jemand zeigt, verlassen sie diese träge Ruhe, um die lebendigste Beredsamkeit laut werden zu lassen.

Der Kaliun ist ein Gefäß von Glas, von Porzellan, oder emailliertem Golde, mit Wasser angefüllt, durch welches der Rauch geht, den man durch ein oft mehrere Klafter langes Rohr an sich zieht; dieses Rohr endigt in einem Gefäße, worauf ein kleines Becken von Metall steht, wo der Tabak auf glühenden Kohlen brennt.

In Georgien sind bloß Gold und Silber in Umlauf; die Landesmünze besteht aus Abazen und doppelten Abazen; die Abaze hat den Wert von 8 bis 10 Groschen Sächsisch. Ich habe noch keine Münze von geringerem Werte gesehen, selbst Almosen kann man nicht weniger als eine Abaze geben.

Glauben Sie deshalb nicht, Georgien sei ein Eldorado, wo edles Metall im Überfluss vorhanden ist; es ist im Gegenteil sehr selten, und größtenteils von Sr. Majestät dem Kaiser von Russland dahin gesandt; die Freigebigkeit dieses Monarchen verwandte beträchtliche Summen an diese neue Provinz, ohne davon bis jetzt Zinsen zu ziehen, die indes der fruchtbare Boden und der Handel des Landes zu sichern scheinen.

Sie wissen, dass der größte Teil der Stadt am rechten Ufer des Kur-Stroms erbaut ist. Dieser Fluss ist breit, und strömt mit so erstaunlicher Schnelligkeit, dass er deswegen nicht schiffbar ist; sein Wasser ist grün und von schlechtestem Geschmack.

Eine steinerne Brücke führt aus der Stadt, nach einer Art von Vorstadt am linken Ufer des Kurs, nach einem sehr malerischen Berge, der Labar genannt. Von dieser Brücke genießt man einer mannigfaltigen Übersicht; an der einen Seite sieht man den Kur, das Haus des General-Gouverneurs, und das Arsenal, auf einer Anhöhe gelegen; tiefer liegt das Hospital, der botanische Garten, das Artillerie-Gebäude, und im Hintergrunde das Gebirge des Kaukasus in seiner ganzen Majestät; auf der andern Seite, die Stadt, die Festung, und die auf den verschiedenen Flächen der Berge, die das Tal von Tiflis einschließen, gelegenen Häuser und Gärten. Dieser bezaubernde Anblick wäre eines geschickten Pinsels würdig.

Zur Zeit des Zares Heraklius zählte Tiflis 4000 Häuser und 20000 Einwohner. Heutzutage, wo so viele Häuser in Trümmern liegen, und die Pest kürzlich noch durch ihre großen Verwüstungen die Entweichung vieler Einwohner veranlasst hat, habe ich, weder die Zahl der Häuser, noch der zu ihren Wohnsitzen zurückgekehrten Einwohner, mit Genauigkeit erfahren können.

Achtundzwanzigster Brief

Tiflis, den 7 November 1811.

Die Bäder von Tiflis sind trefflich; das Wasser sprudelt kochend heiß aus den Felsen bei den Bädern selbst; es ist sehr schwefelhaltig, und sehr gut gegen gichtische Zufälle, Flechten, und die Folgen von Verwundungen.

Es sind etwa außerhalb der Stadt zehn Bäder, die eine Art von Vorstadt bilden; sie sind von verschiedener Wärme, von 20 bis 30 Grad Reaumur. Man hat nur ein Bad von 15 Grad; und dieses letztere habe ich gewählt, und fühle mich von den Beschwerden der Reise hergestellt. Die Bäder von größerer Wärme haben eine stärkere Wirkung;

ich wollte ein Bad von 30 Grad gegen einen Rheumatismus versuchen, aber die Hitze schien mir zu stark, und der Schwefelgeruch unerträglich. Dennoch kann man sich nach und nach so daran gewöhnen, dass man das kochende Wasser, so wie es dampfend aus den Felsen sprudelt, anzuwenden vermag.

Diese Bäder sind in Grotten angebracht. Man geht anfangs durch ein dunkles Gewölbe, von einigen Lampen, die nur einen schwachen Schimmer verbreiten erhellt; dort findet man zwei mit Teppichen bedeckte Bänke, woraus man sich sein Bett ausbreiten lässt, und eine Zeitlang ruht, um sich auf das Bad vorzubereiten. Durch zwei oder drei Gewölbe gelangt man zu den Wasserbehältern, die man augenblicklich, mittels eines Hahns, mit kochend heißem Wasser füllen kann. Der Wasserbehälter mit dem heißesten Wasser befindet sich im letzten Gewölbe.

Diese Behälter, so wie auch die Treppe, die man hinabsteigt, um zu ihnen zu gelangen, sind in Felsen gehauen; man kann nach Gefallen bis zu der Höhe, die man bezeichnet, immer frisches Wasser haben.

Man badet nie, selbst nicht bei hellem Tage, ohne Fackeln, und man kann sich in diesen finstern geheimnisvollen Höhlen eines Gefühls des Schauers nichts erwehren.

Es ist der Gesundheit nicht zuträglich, länger als einige Minuten im Wasser zu bleiben; es würde auch, besonders für zarte Körper, kaum möglich sein, es auszuhalten.

Nach genommenem Bade lässt man sich hier, so wie in Persien, der Türkei, Moldau und Wallachey den ganzen Körper reiben und unterwirft sich einer ziemlich seltsamen Operation, die man für heilsam hält und darin besteht, dass man sich den Leib drücken und gleichsam kneten lässt, so lange er noch biegsam ist und ausdünstet. Dieses Drücken geschieht so gewaltsam, dass man glauben sollte, die Glieder würden davon ausgereckt. Reiseberichte aus Ägypten, wo in warmen Bädern ein ähnlicher Gebrauch herrscht, nennen es, wenn ich nicht irre, massieren, (*masser*).

Die Georgier, und besonders die Georgierinnen von hoher Abkunft, bringen jede Woche einen ganzen Tag in den Bädern zu; oft auch die Nacht; in dem ersten Gewölbe, dessen ich erwähnt habe, strecken sie sich in träger Weichlichkeit auf ihren Lagern aus, und färben sich Haare und Nägel; selbst die älteste Georgierin hat noch, des immerwährenden Färbens wegen, Haare schwarz wie Ebenholz. Hier bekleistern sie sich ihr Gesicht mit Rot und Weiß; hier quälen sie sich, ihre Augenbrauen einander näher zu bringen, sie zu färben und dergl.; ohne diese Züge gibt es keine Schönheit; es ist ein großer Tag für sie, ein Tag des Schmerzes und der Freude.

Nach einem Aufenthalte in diesen Gewölben und einer Stunde Schlaf, sind eine Schale Früchte sehr angenehm, selbst für uns Europäerinnen; und obgleich die Badeplätze nicht einladend sind, finde ich doch Geschmack daran, auf die Gefahr eine halbe Georgierin zu werden.

Neunundzwanzigster Brief

Tiflis, den 25. Dezember 1811.

Von der Anhöhe, worauf des General-Gouverneurs Haus, wo wir wohnen, steht, erstreckt sich die Aussicht über die ganze Landschaft; man genießt eines herrlichen Anblicks.

Der Kur fließt vor uns; jenseits desselben ist ein reizendes Gefilde, durch Hügel, welche sich amphitheatralisch erheben, verschönert. Auf einer Seite steht Tiflis mit seinen Gebäuden, Kirchen, Bergen, Terrassen, Gärten und seiner Festung; auf der andern ein ausgedehntes Tal, vom Kur bewässert, und diese Bergkette, die das Tal einschließt, erhebt sich, je mehr sie sich entfernt, und lehnt sich an den Kaukasus, der den Hintergrund dieses Gemäldes bildet.

Hinter unserm Hause ist die Aussicht nicht weniger anziehend. Es ist ein hoher Berg, auf dessen Abhang eine Kirche mit einem Garten und einem Wasserfalle liegt.

Das sind die vier Teile dieses schönen Panorama der Natur; vornehmlich aber nimmt sich der Kaukasus prachtvoll aus; auf einer Strecke von 150 Wersten bildet er einen unermesslichen Vorhang, der Asien und Europa voneinander scheidet. Der Berg Kasibek erhebt sein hohes, von ewigem Schnee weißes Haupt über alle anderen Gipfel. Doch die Berggruppe, welche diese Riesengestalt umgibt, verändert sich oft, so wie auch der Kasibek selbst. Bald stellt die ganze Kette sich deutlich und mit Majestät dar, bald verbirgt sie sich hinter Wolken und Nebel und schwindet gänzlich vor dem erstaunten Blicke, der nur bloß noch den Koloss Kasibek bemerkt, dessen Haupt sich selbst über die Schneeregion erhebt und in den Lüften zu hängen scheint. Zuweilen sind alle diese Berge weiß; zuweilen beim Tauwetter schwärzen sie sich, ausgenommen der Kasibek, und einige andere Berge, die selbst im heißesten Sommer mit Schnee bedeckt bleiben. Wenn die Sonne von diesen ungeheuren Massen wiederscheint, und den übrigen Teil des Gemäldes beleuchtet, ist der Anblick bezaubernd; man kann ihn nicht beschreiben. Täglich, ja stündlich verwandelt sich das Gemälde; die Natur ist prächtig, aber zuweilen auch, wenn der Himmel sich plötzlich verfinstert, sollte man glauben, sie habe den Kaukasus erwählt, um sich den Augen der Sterblichen zu verhüllen, und ihre Wunder in Schweigen und Geheimnis zu schaffen.

Während rund am Horizonte der Winter seinen Teppich über den Kaukasus ausbreitet, glaubt man hier schon die Rückkehr der schönen Jahreszeit zu empfinden. Obgleich der Dezember zu Ende geht, haben wir doch erst ein einziges Mal Schnee gehabt; aber er schmolz fast augenblicklich, und man versichert mir, dass der Lenz uns bald werde fühlbar werden.

Dreißigster Brief

Tiflis, den 10. Januar 1812.

Noch bin ich von Bewunderung ergriffen, über die Nachrichten, die man mir über Peter den Ersten, mit Recht den Großen genannt, den, ich weiß nicht wer, als den Shakespeare der Staatskunst bezeichnete, mitgeteilt hat; man erzählte mir, was er in diesem Lande, wo er ebenso tiefe und große Ansichten als anderswo offenbarte, geleistet hat. Eine solche Abschweifung hat zu viel Anziehendes, als dass Sie sie mir nicht verzeihen sollten.

Dieser Fürst machte den Entwurf, das kaspische Meer mit dem schwarzen, und diese beiden Meere mit dem nördlichen Ozean zu vereinen, indem er die Wolga, den Don und die Dwina, mittels Kanälen, in Verbindung setzte. Der Kaiser hatte bereits einen Kanal bezeichnen lassen, der die Wolga mit der Nema, und folglich mit der Ostsee vereinigen sollte. Der ungeheure Plan dieses Monarchen beabsichtigte nichts geringeres, als mitten durch sein Reich drei Meere in Verbindung zu setzen, und Petersburg auf Europas Seite, so wie Astrachan auf Asiens Seite, zum Stapelplatze des reichen Handels beider Weltteile zu machen.

Das kaspische Meer schien der vorteilhafteste Weg für den Handel mit Asien; aber man kannte nur noch sehr unvollkommen die Ankerplätze, die Küsten und selbst die Ausdehnung dieses Meers; man musste also zuvörderst in allen diesen Hinsichten genaue Kenntnisse einziehen. Hätte man davon aber einen Plan aufnehmen lassen, so fürchtete der Kaiser, dadurch Misstrauen zu erregen. Um dies zu vermeiden, verbarg er diese Unternehmung unter dem Vorwande, die Mündung des Doria, auch Gorr genannt, der in seinen Gewässern Goldstaub mit sich führt, aufzusuchen, und von dort zu den Metallgängen zu gelangen, von denen sich die Goldkörner ablösen. Alexander Bekewitsch, Fürst von Tscherkassien, erhielt diesen Auftrag. Er kehrte im folgenden Jahre mit der verlangten Karte zurück.

Der Erfolg dieser Reise veranlasste den Kaiser, eine zweite anzuordnen, welche die Ursache zu dem Kriege ward, den er in der Folge Persien erklärte. Der Hauptzweck dieser Expedition war, zwei Forts an den Ufern des kaspischen Meers zu erbauen, um die Ankerplätze der Galeeren zu beschützen, die dem beabsichtigten Handel beförderlich sein sollten. Fürst Bekewitsch ging im Jahre 1716 an der Spitze von 3000 Mann regelmäßiger Truppen dahin ab. Die Tartaren nötigten ihn, seine Macht zu teilen, fielen dann unvermutet über die Russen her, metzelten sie nieder, und ließen den Fürsten unter schrecklichen Martern sterben.

Bald darauf nahm der Kaiser aus dieser grausamen Tat die Veranlassung, nicht nur das westliche Ufer des kaspischen Meers, sondern selbst ganz Georgien zu besetzen. Dieses Land sollte sich, durch Einverständnisse, welche es mit Wachtang, damaligen Vicekönige des Landes, unterhalten hatte, seiner Herrschaft unterwerfen. Der osmanischen Pforte hatte er kundtun lassen, sein einziger Zweck sei, sich an den Lesghiern zu rächen. Auf diese Weise von Seiten der Türkei, mit welcher er soeben einen Frieden abgeschlossen hatte, gesichert, so wie vor Schweden, durch den Niestädter Frieden, reiste dieser Monarch am 24. Mai 1722 mit seiner Gemahlin nach Moskwa ab.

Er fand zu Astrachan die zu dieser Unternehmung bestimmte Armee, und schiffte sich mit seinen Truppen nach dem persischen Teile von Georgien ein. Derbent ergab sich.

D e r b e n t bezeichnet im Persischen einen Pass oder eine geschlossene Vormauer; die Türken nennen es D e m i r C a p i (Eisenpforte). Es ist der erste befestigte Platz, wenn man durch Daghestan in Schirvan eintritt. Er erstreckt sich vom Fuße des Kaukasus-Gebirgs, auf dessen einer Anhöhe das Schloss gebaut ist, bis auf 300 Schritte vom Meere, und zwei Mauern, die den Platz am Gestade umgeben, bilden den Engpass, der den Römern unter den Namen der k a s p i s c h e n P f o r t e so bekannt war. Sein Hafen und seine Lage, die ihn zu dem gewöhnlichsten Durchgang machen, um von Russland und den angrenzenden Staaten aus nach dem südlichen Asien zu gelangen, hatten vorzüglich in Peter dem Ersten den Wunsch, sich desselben zu bemeistern, erregt.

Wachtang, von den Türken beobachtet und bei seinen Untertanen wenig beliebt, konnte sein gegebenes Wort, dem Kaiser entgegenzukommen, nicht erfüllen. Der Kaiser, mit einer so schönen Eroberung zufrieden, entschloss sich daher, die Eroberungen dieses Feldzugs darauf zu beschränken.

Er bestätigte den Gouverneur in seiner Stelle, ließ eitle Besatzung von 2000 Russen im Schlosse Derbent zurück, baute eilt Fort am Flusse Sulak, welches er H e i l i g e n k r e u z nannte, und kehrte nach Astrachan zurück.

Die Pforte, die voll Besorgnissen war, schickte einen Gesandten an den Kaiser, um ihn zu bewegen, Tarku und Derbent zu verlassen, und das Fort Heiligenkreuz schleifen zu lassen.

Während dieser Unterhandlung rüsteten sich beide Mächte zum Kriege. Derbent ward auf Peters Befehl in Verteidigungszustand gesetzt, und eine Armee an Daghestans Grenze versammelt. Hierauf ließ er der Pforte kundtun, es sei nicht seine Absicht, den Frieden zu brechen, sondern bloß dies Lesghier und Usbecken, welche Astrachan bedrohten, zu bekriegen, und deshalb sei er willens, das zwischen dem schwarzen und kaspischen Meere gelegene Land, zu besetzen. Dem Marquis von Bonnac, französischen Minister zu Constantinopel, der es übernahm, als Vermittler zwischen dem Kaiser und der Pforte aufzutreten, gelang es, die Besorgnisse der letztern zu zerstreuen. Da übrigens die Pforte die Unternehmungen des persischen Usurpators Mahmud noch mehr fürchtete, als die Peter des Ersten, so blieb sie, diesem letztern gegenüber, in Untätigkeit stehen. Dem zu Folge ward Ghilan der russischen Botmäßigkeit unterworfen.

Die Türken versammelten nun ein Heer von 40000 Mann, unter dem Befehle des Paschas von Erzerum, und rückten nach Tiflis vor, welches sich ihnen, so wie das übrige Georgien, ergab. Dieser Erfolg befreite die Türken einigermaßen von der Unruhe, die ihnen Ghilans Eroberung eingeflößt hatte, und so schienen also die Höfe von Petersburg und Constantinopel auf Kosten Persiens, welches durch innere Kriege litt, einer über den andern zu triumphieren.

B a k u geriet in die Gewalt der Russen. Die Notwendigkeit zu Lande mit Ghilan in Verbindung zu sein, bewog den Kaiser, sich dieser Festung zu bemächtigen. Diese neue Eroberung verhinderte nicht den Shah Tahmas, welcher von dem Usurpator Mahmud verfolgt und gezwungen war, sich Beschützer zu suchen, einen Gesandten nach Petersburg zu schicken, um einen Frieden mit Russland zu schließen, worin er die Städte und Gebiete von Derbent und Baku, und die Provinzen Ghilan, Mazanderan und Astrabad abtrat.

Endlich ward im Jahre 1724 ein Friede zwischen Russland und der Türkei, durch Vermittlung des Marquis von Bonnac, zu Stande gebracht; die Pforte bestätigte Peter dem Ersten die vom Schah Tahmas zu Gunsten Russlands bewilligte Abtretung der am kaspischen Meere gelegenen Provinzen.

Peter des Ersten Tod, die Eroberungen in Persien und die Einnahme von Tauris, waren Ursache, dass die Türken nun größere Forderungen machten; doch Russland behielt dennoch seinen neuen Länderzuwachs in diesen Gegenden.

Die Kaiserin Anna hielt es endlich für zweckmäßig, auf diese Besitzungen, bis an den Kur hin, Verzicht zu leisten, und diese Abtretung ward durch den zu Räscht abgeschlossenen Vertrag im Jahre 1732 zu Stande gebracht; die Russen erhielten als Entschädigung völlige Handelsfreiheit in Persien.

Einunddreißigster Brief

Tiflis, den 15. Januar 1812.

Nachdem ich Sie von den Eroberungen des unsterblichen Peters des Ersten unterhalten habe, werde ich Ihnen von dem Fürsten Heraklius, dem Helden Georgiens, erzählen.

Als Nadir-Schah seinen berüchtigten Feldzug im Jahre 1740 nach Ostindien unternahm, ernannte er den Fürsten Teimuras von Kahetien zum Vice-König von Georgien. Einige Zeit darauf ward Teimuras an den Hof des Nadir berufen; doch er weigerte sich dahin abzugehen, aus Furcht, der König sei auf seine Macht, die er nicht einbüßen wollte, eifersüchtig. Es schien ihm hinreichend, seine fürstliche Gemahlin, dahin abzuschicken, um einen gütlichen Vergleich zu unterhandeln, wenn dies nötig sein sollte. Sie ward von dem Schah höchst wohlwollend empfangen, und benahm sich mit so vieler Klugheit und Gewandtheit, dass sie nicht nur die Bestätigung ihres Gemahls, sondern auch viele reiche Geschenke und einen Gnadenbrief erhielt, wodurch Persiens Beherrscher den Teimuras zum Bice-König von Tauris, Eriwan, Ganjea und ganz Medien ernannte.

Im Jahre 1713 hatte diese Fürstin den Heraklius geboren, der von Kindheit an einen hohen Geist offenbarte und sich auch bald beim Nadir-Schah sehr beliebt machte.

Teimuras hatte gegen viele georgische Fürsten zu kämpfen, welche die Rechte Wachtangs, der sich nach Russland zurückgezogen und rechtmäßige Ansprüche auf Georgien hatte, unterstützen wollten; aber Nadirs Macht und die Tapferkeit des Heraklius vernichteten ihre Unternehmungen.

Schah Nadir ward 1747 getötet. Nach seinem Tode begannen von neuem die Unruhen in Persien, und Georgien ward wieder der Schauplatz der Verwüstung und häufiger Einfälle. Teimuras aber, von seinem Sohne unterstützt, trieb alle Angriffe der Perser und Lesghier zurück. Vornehmlich aber errang Heraklius 1751, in dem Kriege, den die beiden Schahs Kuga und Ibrahim miteinander führten, glänzende Siege über diese beiden persischen Thronbewerber; den ersten verjagte er sogar bis nach Indien; aber, da sie sich nicht gänzlich auf ihre Truppen

79

verlassen konnten, sandten Teimuras und sein Sohn im Jahre 1752 Abgeordnete an die Kaiserin Elisabeth, um deren Beistand gegen die Angriffe ihrer Feinde und eine Urkunde zu erbitten, so wie sie Teimuras Vater vom Zar Alexis Michailowitsch erhalten hatte; ferner baten sie um Erneuerung aller Urkunden, welche Russland Georgien bewilligt hatte, wogegen dieses Land der Beherrscherin voll Russland unverbrüchliche Treue zusagte.

Während diese Abgeordneten sich zu Petersburg befanden, bekämpfte Heraklius ohne Unterlass zwei persische Thronbewerber; er hatte das Unglück gegen einen derselben eine Schlacht zu verlieren; über den andern aber trug er einen glänzenden Sieg davon.

Seine Tapferkeit erwarb ihm so viele Achtung selbst bei den Persern, dass er oft zum Vermittler zwischen ihren Thronbewerbern erwählt wurde. Persien war damals nichts weiter, als ein großes Schlachtfeld; es ist schwer, sich ein Bild von den Leiden zu machen, die dieses unglückliche Land erduldete, so wie von den Gräueltaten, welche diejenigen, die nach der Ober-Herrschaft strebten, begingen.

Da Teimuras und sein Sohn steh im Jahre 1760 veruneinigten, bemächtigte sich der letztere Kartaliniens und Kahetiens; der Vater zog sich mit seiner Gemahlin anfangs nach Gori in Georgien, dann nach Russland zurück, wo er im Jahre 1762 zu St. Petersburg starb; sein Körper ward zu Astrachan bestattet.

Indessen hatte Heraklius seine starke Kriegsmacht zusammengebracht. Im Jahre 1761 nahm er den Asad-Khan unter seinen Schutz. Persien, zwischen Herim-Khan und Achmed-Khan geteilt, war ihm nicht mehr furchtbar.

Als im Jahr 1768 Krieg zwischen der Türkei und Russland ausbrach, ließ er seine Truppen zu denen der letztern Macht stoßen. Ein russisches Korps, unter dem General, Grafen von Tottleben, drang in Georgien ein, und operierte hauptsächlich in Imeretien und Mingrelien. Diese Länder wurden vom Joche der Türken befreit und Imeretien seinem Fürsten Salomon wiedergegeben, der seit dem Einfalle der Türken in das Gebirge entflohen gewesen war.

In dem zwischen Russland und der Türkei 1774 abgeschlossenen Frieden wurde Kahetien und Kartalinien für unabhängig erklärt; Mingrelien aber blieb den Türken.

Georgien, durch diesen Vertrag von der Furcht vor den türkischen Einfällen befreit, genoss von Seiten Persiens nicht gleiche Sicherheit. Fortwährend durch innere Zwietracht zerrissen, störten die verschiedenen Parteien gar oft die Ruhe, welche Georgien unter seinem tapfern Zar Heraklius zu genießen anfing, und die Rechte der Nachkommen Wachtangs auf Kartalinien, welches dieser Zar 1724 verlassen, und Heraklius unter seine Botmäßigkeit gebracht hatte, erweckten die Furcht, einen neuen Krieg entzündet zu sehen.

Dies veranlasste den Heraklius, im Jahre 1783 Kartalinien und Kahetien der Kaiserin Katharina der Zweiten zu unterwerfen. Es geschah dies durch einen Vertrag, der noch in demselben Jahre durch den General Potemkin, russischer Seits, und durch die Fürsten Bagration und Tschawdschewadschew, von Seiten des Zars von Georgien, zu Georgiewsk abgeschlossen wurde.

Die Türkei, über diese neue Erwerbung Russlands eifersüchtig, regte eben die Lesghier auf, Georgien, welches von einem russischen Korps verteidigt ward, zu beunruhigen, als der Krieg von neuem zwischen der Türkei und Russland ausbrach.

Wie im Jahre 1791 der Friede mit der osmanischen Pforte wieder hergestellt ward, wurde entschieden, dass Kartalinien und Kahetien von Seiten der Türken unberührt bleiben, und dass sie die Bewohner des Kaukasus abhalten sollten, Einfälle in diese Provinzen zu unternehmen. Diese Maßregeln sicherten indessen Georgien nicht vor neuem Ungemach. Um das Jahr 1794 griff der Eunuch Aga-Muhamed-Khan, der sich des persischen Throns bemächtigt hatte, Georgien an. Im Jahre 1795 rückte er auf Heraklius los, schlug sein Heer, nötigte denselben die Flucht zu nehmen, und nahm sogar Tiflis ein.

Russland säumte nicht, sich zu rächen; Graf Balerian Subow nahm an der Spitze einer Armee, in dem Feldzuge 1796, Derbent, Schamaha, Baku und Ganjea ein. Ohne seine Unterstützung würde Heraklius wahrscheinlich seine Laufbahn in der Verborgenheit und ferne von seinen Staaten geendigt haben.

Der Tod Katharinens der Zweiten setzte den Eroberungen der Russen in Persien ein Ziel. Paul der Erste rief seine Truppen zurück. Sogleich ward Georgien wieder durch die benachbarten wilden Horden verwüstet; diese Verwüstungen nahmen noch nach Heraklius

81

Tode, im Jahre 1798, im 52sten Jahre seiner Regierung und im 84sten seines Alters.

Sein Sohn, der ihm in der Regierung folgte, hatte fortwährend wider Feinde zu kämpfen, die sein unglückliches Land unaufhörlich angriffen. Als dieser Fürst sein Ende nahen sah, und die Gefahr erkannte, worin er Georgien hinterließ, wandte er sich mit den Großen seiner Staaten an Kaiser Paul den Ersten, mit dem Anerbieten, er wolle sich der russischen Botmäßigkeit unterwerfen. Dieser Vorschlag ward angenommen, und in einem Manifeste vom Jahr 1801 erklärte Kaiser Paul der Erste Georgien für eine seinem Reiche unterworfene und angehörige Landschaft.

Dieses Manifest ward am 12ten September desselben Jahrs vom Kaiser Alexander dem Ersten erneuert, und nach dem Tode Georgs, des letzten Zars von Georgien, wurden Kartalinien und Kahetien in fünf Distrikte geteilt, nämlich: Gori, Lori, Duschet, Felau und Signach. General Fürst Zizianow, erweiterte in der Folge noch die Grenzen Georgiens, durch seine Eroberungen in Persien beträchtlich.

Zweiunddreißigster Brief

Tiflis, den 18. Januar 1812.

Seit Georgiens Unterwerfung unter Russlands Schutz hat sich der Handel dieses Landes mit diesem Reiche sehr ausgebreitet; allein die große Entfernung von Kislar bis Astrachan und die Schwierigkeiten des Transportes über das kaukasische Gebirge setzten ihm große Hindernisse entgegen. Mosdok ist die Haupt-Niederlage desselben.

Georgien liefert insonderheit das Erzeugnis des Fleißes seiner Einwohner, Seide, welche auch in noch größerer Menge die angrenzenden Provinzen Persiens liefern.

Die Waren können auf Wagen von Tiflis nur bis nach Kaschaur gebracht werden, von wo man sie auf dem Rücken der Menschen über den Berg Kaschaur schafft. Diese Schwierigkeit des Weges gestattet nur den Transport von leichtern Gegenständen, oder solcher, die großen Wert haben; nämlich: Spezereien, die man in Georgien von den Persern für einen ziemlich billigen Preis kauft. Russland führt

Uhren, Silber- und Gold-Arbeiten, Treffen, Quincaillerie, Cochenille, Indigo, und besonders auch feines Tuch ein; lebhafte Farben sind die gesuchtesten.

Vor nicht gar langer Zeit wurde noch ein beträchtlicher Handel mit Männern und Frauen getrieben; besonders wurden die letzteren in die Serails der Türken und Perser verkauft. Ein schönes Weib galt oft ein Pferd oder einen Säbel. Dieser schändliche Handel hat fast ganz aufgehört.

Die Mameluken, die gegen die Mitte des 14ten Jahrhunderts die Bahariten entthronten und Ägypten in Besitz hatten, bis Sultan Selim es ihnen im Jahre 1417 entriss, und es eroberte, stammen größtenteils aus Georgien ab.

Mameluken nannte man die Kinder, welche von Kaufleuten oder Räubern aus Georgien, Circassien und Natolien entführt und dann zu Constantinopel oder Groß-Kairo verkauft werden. Die Großen Ägyptens, die von gleichem Ursprunge sind, erziehen sie in ihrem Hause, und bestimmen sie zu ihren Nachfolgern. Das Altertum dieses Brauchs reicht noch über die Zeiten Josephs hinaus, der, auf diese Weise an Potiphar, den Hohenpriester zu Heliopolis, verkauft, Oberaufseher von Ägypten wurde.

Noch heutzutage sind diese Fremdlinge die Einzigen, welche den Ehrennamen Bei führen, und Staatsämter verwalten können. Das Gesetz ist so bestimmt, dass selbst der Sohn eines Beys nicht zu dieser hohen Würde befördert werden kann.

Dieser ergreift gewöhnlich den Kriegsstand. Der Divan setzt ihm ein hinreichendes Einkommen aus, und nennt ihn e b n - e l b a l a d , (Kind des Landes).

Die Mameluken stammen fast alle von christlichen Eltern. Wenn man sie gekauft hat, zwingt man sie den Muhamedanismus aufzunehmen. Sprachlehrer unterrichteten sie im Türkischen und Arabischen. Wenn sie fertig lesen und schreiben können, lehrt man sie den Koran, der Religions- und Gesetzbuch zugleich ist. Die Kenntnis dieser deutlichen, einfachen und bestimmten Gesetze setzt sie in den Stand, auf der Stelle über alle ihnen vorkommende Streitsachen nach Recht und Billigkeit ein Urteil zu fällen. Der Muhamedaner, der dieses Buch innehat, weiß alles, was er Gott und Menschen schuldig ist; er kann nun alle seine bürgerlichen, kriegerischen und religiösen Obliegenheiten erfüllen.

Von der zartesten Kindheit an, lehrt man die Mameluken reiten, den Wurfspieß führen, und sich des Säbels und Feuergewehrs bedienen. Man übt sie unablässig in kriegerischen Bewegungen, in der standhaften Ertragung der Hitze des Klimas und des verzehrenden Durstes der Wüsten.

Sie verdanken diesen Übungen eine feste Leibes-Beschaffenheit und einen unbeugsamen Mut. Um treffliche Krieger zu sein, fehlen ihnen bloß Lehrer, die in der europäischen Kriegskunst bewandert sind. Wäre dieses Korps von unsern Offizieren diszipliniert, so würde es keinem europäischen Volke nachstehen; aber sie kämpfen ohne Ordnung, und sind in der Kunst des groben Geschützes, welche in unsern Tagen so vervollkommet ist, unwissend.

Im fünfzehnten oder achtzehnten Jahre lenken diese jungen Leute mit Gewandtheit unzugerittene Pferde, reden und schreiben mehrere Sprachen, haben gründliche Kenntnisse von der Religion und den Gesetzen des Landes, und sind fähig, den Ämtern, wozu sie bestimmt sind, vorzustehen. Sie gehen nach und nach durch die verschiedenen Grade des Hauses der Beis, und gewöhnlich erhebt sie ihr Verdienst. Sind sie zu der Stelle des Cachefs, welche Stellvertreter der Beys sind, gelangt, so regieren sie die Städte, die in dem Gebiete ihrer Provinzen liegen. Dann ist es ihnen gestattet, sich Mameluken zu kaufen, die ihr Los teilen, und die Genossen und Beförderer ihres Glücks werden. Sie haben nur noch einen Schritt zu tun, um die Stelle eines Beis zu erlangen, die ihnen Sitz und Stimme unter den 24 Mitgliedern des Divans im hohen Rate der Provinz verleiht. Aber selbst, wenn sie dazu gelangt sind, hören sie nicht auf, sich wie ein Diener ihres ersten Herrn zu betrachten, und eine tiefe Unterwürfigkeit für ihn beizubehalten. Dies ist der Ursprung der Mameluken, und die Laufbahn, die sie zu durchwandern haben.

Die Bewohner des kaukasischen Gebirges sind arm an Erzeugnissen, und können nur Honig, Wachs, Pferde und Felle liefern, wofür sie Leinwand, Blei, Eisen und Stahlwaren, Juchten und Schießpulver eintauschen.

K i s l a r liegt 40 Werste von der Mündung des Terek; das Dasein dieser Stadt datiert sich vom Jahre 1735; sie dient als Niederlage des Handels zwischen Georgien und den kaukasischen Landen, woran aber auch Astrachan Teil hat. Wäre die Mündung des Terek nicht so versandet, dass kaum ein Boot dort einfahren kann, so würde Kislars Handel blühender sein. Das kaspische Meer selbst hat beim Ausfluß des Tereks nur 7 bis 8 Fuß Tiefe, was nur wenigen Fahrzeugen dort anzulegen gestattet. Seide ist der Hauptgegenstand des hiesigen Handels mit den Persern.

D e r b e n t , welches 1796, nach einem zehntägigen Bombardement, in die Gewalt der Russen geraten ist, eignet sich wenig für den Handel, da es weder einen sichern Hafen, noch einen guten Untergrund besitzt. Die Schiffe müssen in einer Entfernung von mehreren Wersten im Meere liegen bleiben, wo sie den sehr abwechselnden Winden ausgesetzt sind, und oft an den Strand geworfen werden.

Risawaja Pristan oder Risibat liegt 40 Werste unterhalb Derbent, und ist wegen seines trefflichen Ankerplatzes sehr besucht.

Baku, 200 Werste im Süden von Derbent, ist nicht mehr so blühend, als es besonders vor den langwierigen Unruhen in Persien war. Man findet indes noch heutzutage große Moscheen, wohlgebaute Häuser, öffentliche Plätze und Karavanseraien, so nahe am Hafen erbaut, dass die Schiffe dort ausladen, und wieder Waren einnehmen können. Baku liefert vornehmlich Naphtha, wovon es reichhaltige Quellen in der Nähe der Stadt gibt; das weiße Naphtha dient zur Beleuchtung, zur Malerei und als Heilmittel in gewissen Krankheiten; man bezieht auch von diesem Platze Opium, Wein, Reis, Seide, Baumwolle und Safran. Die Mündung des Kur-Flusses dient als Hafen, und der Handel könnte beträchtlich sein, wenn Salian, ein kleiner Ort auf der an der Mündung des Kurs gelegenen Insel gleichen Namens, nicht so häufig besucht würde.

Die umliegende Gegend ist reich an Salz, Fischen und Schilf, das an den Ufern des Kurs, bei seinem Zusammenflusse mit dem Araxes, wächst, und wie spanisches Rohr benutzt wird.

E n s e l i oder S i n s e l i , an der Südseite des kaspischen Meers, treibt einen beträchtlichen Handel mit Astrachan; vormals hatte hier ein russischer Konsul seinen Sitz.

R ä s c h t liegt nur 20 Werste von Enseli, und sendet diesem Hafen seine Manufaktur- und Fabrik-Waren. Diese Stadt ist die gewerbfleißigste in Ghilan, wo sich die beste Seide findet, und Stoff zu Arbeiten und einen Handel gibt, der sich bis nach Tauris, Kasbin und Ispahan erstreckt, wohin von dort auch russische Produkte versandt werden. Die Seiden-Ausfuhr aus Ghilan stieg im letzten Jahrhunderte jährlich auf mehr als 5000 Ballen von 7 bis 9 Pud, (á 40 Pfund) wovon das Pfund 90 Rubel, nach dem damaligen Cours, zu stehen kam. Ehe Peter der Erste das Land eroberte, ward die Seide nach der Türkei versandt.

Wenn der Friede zwischen Russland und Persien hergestellt sein wird, muss sich ein blühender Handel zwischen diesen beiden Ländern eröffnen; möchte er doch vorzüglich durch Austausch geführt werden, damit Russland seine edlen Metalle behielte; möchte dadurch dessen Kunstfleiß belebt werden, indem so viel als möglich die Manufakturwaren, die für Persien passen; dahin ausgeführt würden.

Diese Handelsverbindungen werden Russland auf geraden Weg nach Indien bringen. Die Entfernung ist kein so großes Hindernis, als man vielleicht denken könnte. Die Fortschaffung zu Lande geschieht in diesen Gegenden auf Kamelen, die mit Gesträuch, welches sie auf jedem Schritte finden, leicht zu unterhalten sind. Man trifft in Persien überall Karavanserais, wo die Kaufleute unentgeltlich verweilen.

Diese Vorteile, vereint mit der großen Mäßigkeit der Perser, vornehmlich auf der Reise, würden sie wenig kostspielig, und mithin die unmittelbare Verbindung mit Indien sehr einträglich machen.

Dreiunddreißigster Brief

Tiflis, den 25. Januar 1812.

Ich habe zwei wohltätige Anstalten besucht, die ihre gute Einrichtung vornehmlich der Sorgfalt des gegenwärtigen General-Gouverneurs verdanken. Das Hospital ist ziemlich geräumig und von vorzüglicher Reinlichkeit; es herrscht darin die beste Ordnung, und täglich gewinnt es noch an Gemeinnützigkeit. Ein botanischer Garten, der daneben liegt, kann bald vorzüglich reich an Arzenei-Pflanzen werden. Eine öffentliche Schule für die jungen Georgier fängt schon an, einige treffliche Zöglinge zu bilden. Es fehlt den Asiaten im Allgemeinen nicht an Einsicht und Fähigkeit; aber Trägheit erbt vom Vater auf den Sohn; jedoch ist diesem Fehler, der sehr am Klima liegt, abzuhelfen.

Ich war in diesen Tagen Zeuge der Beerdigung zweier Schlachtopfer der persischen Treulosigkeit.

Fürst Zizianow, aus einem georgischen Stamme entsprossen, wurde, nachdem er sich eine Reihe von Jahren hindurch bei der russischen Armee ausgezeichnet hatte, im Jahre 1803 zum Militär-Gouverneur von Georgien ernannt. Er nahm die Festung Ganjea, welcher er den Beinamen Elisabethpol gab, mit Sturm; er bemächtigte sich mehrerer Chanate, z. B. Schucha und Karabag, und setzte sich auf gleiche Weise bei den Persern, Türken, Lesghiern und andern Bewohnern dieser Gegenden in hohes Ansehen. Noch heutzutage schreckt man in Persien die Kinder; denen man Furcht einflößen will, mit seinem Namen. Er war es endlich, der, im Vertrauen auf das Ehrenwort des Khan von Baku, vor diese Festung einritt, bloß von einem Georgier, dem Obersten, Fürsten Eristow und einigen Kosaken begleitet, um die Schlüssel derselben zu empfangen; aber er ward, als Schlachtopfer eines grausamen Verrats, auf Befehl des Khans durch seinen Flintenschuss getötet. Sein und des Fürsten Eristows Haupt wurden sogleich abgeschlagen und dem Shah von Persien zugeschickt; die beiden Leichname wurden auf dem Platze, wo sie lagen, eingescharrt. Als Baku von den Generalen Glasenap und Bulgakow eingenommen war, gaben diese Befehl, die Körper auszugraben, und sie in einer armenischen Kirche dieser Stadt beizusetzen.

Der gegenwärtige General-Gouverneur beauftragte einen seiner Adjutanten, die Leichname hierher zu bringen, um sie in der Sion-Kirche mit dem größten Pomp zu bestatten. Der General-Gouverneur, mehrere andre Generäle, alle Militär- und bürgerlichen Beamten, und die in und um Tiflis liegenden Truppen folgten bei dem Schalle einer Trauermusik dem Leichenzug, der durch die ganze Stadt bis zur Kathedrale ging. Der Zufluss von Zuschauern war sehr groß; die Dächer selbst waren damit bedeckt.

Der Augenblick, wo der Sarg des Fürsten Zizianow ins Grab gesenkt ward, war rührend und wurde durch eine dreimalige Salve der vor der Kirche aufgestellten Truppen verkündigt. Der Soldat, der unter diesem tapfern und unerschrockenen Feldherrn gekämpft hatte, bezeugte diesem Helden die letzte Ehre. Trauriges Zeugnis wahrhafter Anhänglichkeit.

HIER SEINE GRABSCHRIFT:
HIER RUHT
FÜRST
PAUL DMITRI ZIZIANOW
Oberbefehlshaber der russischen
Armee in Georgien.
Die Feinde, unfähig ihn zu besiegen, töteten
ihn durch Meuchelmord den 8ten Februar, des
Jahrs 1806, eben, als er sich der Festung Baku
bemächtigen wollte, wo seine Leiche bis
jetzt ihre Ruhestätte fand. Dolmetscher
des Willlens Sr. Majestät des Kaisers
A l e x a n d e r I . , lies der Marquis
P a u l u z z i , Oberbefehlshaber in
Georgien, in dieses Denkmal
die sterblichen Reste dieses
Generals bestatten,
dessen Andenken
seine Asche
überleben
wird

Die Feierlichkeit dieses Trauerfestes ward durch die Anwesenheit eines persischen Khans Djefar-Kuli-Khan von Scheki, der gegenwärtig unter russischer Herrschaft lebt, und General-Lieutenant ist, erhöht. Er ist soeben angelangt, um dem neuen Militär-Gouverneur seine Huldigung zu leisten; ich werde Ihnen viel von ihm zu erzählen haben.

Es ist ein Mann von gesetzten Jahren, der, soviel ich aus der Übersetzung urteilen kann, sich gut ausdrückt, und unsere Gebräuche nachzuahmen sich bemüht. Er bewarb sich, als Gegner des jetzigen Schah, sogar um den persischen Thron, da diese Hoffnung aber vereitelt ward, darf er sich in Persien, wo sein Kopf in Gefahr schwebt, nicht mehr blicken lassen; er ist deshalb ein russischer Untertan geworden.

Morgen werde ich Ihnen noch mehr von ihm und seinen Gastmählern erzählen.

Vierunddreißigster Brief

Djefar-Kuli-Khan lud Tags darauf die Gemahlin des General- Gouverneurs zum Mittagsmahle ein; ich nahm auch daran Teil.

Er war so zuvorkommend, uns mit Tellern, Messern und Gabeln bedienen zu lassen; er selbst konnte ihrer entraten, und aß auf persische Weise. Ein plattes Brot, so groß als der Tisch, worauf es lag, vertrat die Stelle des Tischtuchs und der Servietten. Ein ähnliches, aber kleineres Brot diente ihm statt Teller und Serviette.

Man reichte uns zuerst eingemachte Früchte, dann eine persische Suppe, Bosbach genannt. Ich war neugierig, zu sehn, wie der Khan dieses flüssige Essen zu sich nehmen würde, und fast hätte ich gewettet, er werde damit nicht zu Stande kommen; aber ich irrte mich. Sein Teller, oder vielmehr sein Brot, diente ihm statt des Löffels; er warf davon in die Schale, die vor uns stand, zog es mit den Fingern heraus und verschluckte es; ja, er war mit seiner Portion früher fertig, als wir mit Tellern und Löffeln. Indessen schien mir diese Weise zu essen doch ein wenig ekelhaft, indem die Herren Perser ihre Hände mit einer gelben, Safran ähnlichen Farbe, und die Nägel mit Karminrot färben.

Nach der Suppe hatten wir wieder stark versüßte Gerichte, dann verschiedene Ragouts mit vielem Pfeffer und Safran gewürzt. Endlich erschienen mehr als sechs Schüsseln mit Pillau, der Lieblingsspeise der Orientalen, die einzige, die ich wenigstens essbar fand. Einer von diesen Pillaus schien mir besonders köstlich. Sie waren alle von verschiedenen Farben; einige mit Hammelfleisch und Geflügel; andre mit Kastanien; noch andre mir gebratenem Fleische, auf einem Stücke Holz, in Form eines Bratspießes, wovon es ein wenig räucherisch schmeckte, sonst war das Fleisch gut gebraten. Man nannte es Schischlik. Man bereitet den Pillau auf mehr als zwanzig verschiedene Weisen, von Hammelfleisch, von Lammfleisch, von Hühnern etc. und zwar auf folgende Art.

Man lässt 6 bis 7 Pfund Hammelfleisch in Stücken mit einem Huhn oder zwei Hühnern gar kochen; dann nimmt man die Brühe und das Fleisch aus dem Topfe und legt unten Butter hinein; wenn sie warm ist, schüttet man einen Zoll hoch Reis dazu; man fügt: Kasta-nien, geschälte und zerschnittene Mandeln bei, und von den kleinen kernlosen Trauben, die man K i s c h m i s c h nennt, Gewürznelken, Zimmet, Kardemom; auf alles dieses legt man wieder das Fleisch, und füllt den Topf mit Reis und Brühe, so dass sie den Reis bedeckt. Eine Viertelstunde reicht hin, um letztern gar zu kochen; der Reis ist dann trocken und hat die Brühe eingesogen. Man schmilzt nun Butter und gießt sie auf den Reis; dann bedeckt man den Topf sorgfältig, mittels eines in warmes Wasser getauchten Tuchs unter dem Deckel. Um den Reis feucht zu halten, lässt man ihn gelinde aufkochen, und dann trägt man das Gericht auf.

Unser Getränk bestand aus verschiedenen Sorbets, einer Art Limo-nade und A y r a n , saure Milch, mit Wasser verdünnt.

Man muss einen Perser essen sehen, um sich davon einen richtigen Begriff zu machen, besonders wenn er eine Schüssel Pillau vor sich hat. Er steckt seine Hand in die Schüssel, rührt den Pillau, drückt ihn, nimmt dann eine Handvoll, wirft ihn in den Mund und verschlingt ihn. Unbekannt mit dem Gebrauche der Messer und Gabel, zerreißt er das Fleisch mit den Zähnen, wischt die von Fett triefende Hand an seinem Tischtuche, d.h. an dem Brote ab, das den Tisch bedeckt, und beschließt damit, dies Brot zu essen.

Während der Mahlzeit bediente sich der Khan bloß der rechten Hand; die linke ruhte beständig in seinem Gürtel; das ist persischer Brauch.

Die Perser lieben vor allem das Fette und Süße, vornehmlich aber den Safran.

Der Khan, um nichts an der Höflichkeit fehlen zu lassen, saß auch, wie wir, auf einem Stuhle; sonst kennen die Perser weder Tisch noch Stuhl, und sitzen immer auf dem Boden, wo ein Teppich ausgebreitet ist; ihre Gerichte werden ihnen auf großen, flachen Schüsseln aufgetragen, die man vor ihnen hinsetzt. Beim Sitzen wissen sie ihre Beine auf eine sonderbare Weise zusammenzulegen, und sie zu verbergen. Man muss an diese Stellung gewöhnt sein, um sie einige Zeit aushalten zu können.

Nach der Mahlzeit erschien der Kaliun, welchen er erst schmauchte, und dann demjenigen reichte, den er am meisten ehren wollte, ohne jedoch das Mundstück zu ändern.

Die Perser haben noch eine andere ziemlich wunderbare Weise ihre Gäste zu ehren; sie ist aber so ekelhaft, dass es mir Mühe kostet, sie ihnen zu berichten. Sie nehmen zuweilen während der Mahlzeit einen Leckerbissen, d.h. ein sehr fettes Stückchen, halten es eine Zeitlang in der Hand, drücken es zusammen und stecken es demjenigen, den sie auszeichnen wollen, in den Mund. Glücklicherweise ließ sich unser Khan diese Höflichkeit nicht einfallen.

Der Ball, den er uns gab, war nicht glänzend, aber unterhaltend. Er tanzte einige Polonaisen, für einen Perser ziemlich gut. Bei dieser Gelegenheit sah ich verschiedene orientalische Tänze, nämlich georgisch, lesghisch und persisch. Welche Verzückungen! Die Musik ist so barock, wie der Tanz, und ich kann mir jetzt einen Begriff von dem Tanze der Bajaderen machen.

Die Anwesenheit des Khan und seines zahlreichen Gefolges zu Tiflis, gab uns eine Probe der persischen Sitten.

Als er unsere Stadt verließ, verschaffte er uns Gelegenheit ein uns neues persisches Schauspiel zu sehen. Er war von einer Anzahl Reiter seiner Nation begleitet, die aus ihren trefflichen Rennern verschiedene Reiterkünste zeigten; sie schwenkten ab, brachen Lanzen gegeneinander, und schossen rücklings im schnellsten Laufe ihre Flinten und Pistolen ab.

Als der Khan in einer gewissen Entfernung von Tiflis war, stieg er vom Pferde, und setzte sich in ein Tachtaravan. Dieses sehr bequeme Fuhrwerk besteht in einem Kasten oder Häuschen mit Fenstern, und wird von zwei Maultieren getragen, so, dass eins vorne, das andre hinten geht. Dieser Wagen erinnerte mich an die Sänften in unserm lieben Wien.

Fünfunddreißigster Brief

Tiflis, den 5. Februar 1812.

Der Gouverneur ist abgereist, um seine Provinzen zu besuchen; er hat die Straße nach Baku eingeschlagen, wo er sich hin zu begeben gedenkt.

Wir haben hier den Frühling mit allen seinen Reizen.

Ein schönes Klima gewährt eines der reizendsten Genüsse des Lebens, und Georgiens Klima ist überaus herrlich. Tage, einer schöner wie der andre, folgen sich; die Reinheit, die Heiterkeit des Himmels scheint dessen Gewölbe höher zu heben.

Das Laub fängt an auszubrechen; die Mandel-Bäume blühen; die ganze Natur verjüngt sich, und prangt in ihrem lieblichsten Schmucke.

Mit welcher außerordentlichen Pracht ist hier der Aufgang der Sonne begleitet. Welche zahllose Menge Sänger der Lüfte feiern die Rückkehr der Mutter des Lichts. Der Luftkreis ist von tausend balsamischen Düften erfüllt, die ein Pflanzenreich aushaucht, dessen Mannigfaltigkeit und frisches Grün das Auge zu bewundern nicht müde wird. Aber diese reizvollen, vielfältigen Genüsse gewährt auch nur der Frühling allein, und er scheint sie zu erschöpfen; denn schon im Mai soll, wie man sagt, die Hitze übermäßig werden, und dann dass Grün verwelken. Ein nur zu getreues Bild der Lebens-Freuden.

Der Kaukasus, nur mit Ausnahme des Kasibeks und einiger Gipfel, ist nun vom Schnee befreit. Welcher Kontrast! Auf der einen Seite der Kaschaur in den Mantel des Winters gehüllt, auf der andern die lachenste Natur! Gleichsam ein Greis von einer lustigen Jugend umringt.

Ich erwähnte schon einer Kirche, mit einem Garten und einem Wasserfall geschmückt, auf dem Abhange eines hohen steilen Berges, nahe hinter unserm Hause gelegen. Ich kann mich nicht satt sehen an dem herrlichen Gemälde, das diese Aussicht darbietet. Dieser Spaziergang ist eine Art von Wattfahrt, wohin die Volksmenge sich an Sonn- und Festtagen begibt, um eine so schön gelegene Kirche zu besuchen. Dort oben die ganze Gegend überschauend, erblickt man den Kaukasus in seiner ganzen Majestät, und gerührt von diesem erhabenen Gemälde, ist der Gedanke natürlich, dass Gottes Größe aus seinen Werken hervorleuchtet.

Alle Gärten in ziemlich großer Anzahl um Tiflis herumgelegen und voll Fruchtbäume, sind wie mit einem weißen Schleier bedeckt; es sind die Blüten der Bäume, die eine wundergroße Menge Früchte verheißen.

Der jetzige General-Gouverneur hat nahe bei seinem Hause einen großen Garten anlegen lassen. Abgesehen von der Annehmlichkeit, die für ihn selbst daraus entspringt, hat er vornehmlich dabei die Absicht, den Georgiern ein Vorbild dieser Art zu geben, indem diese, ungeachtet ihres schönen Himmelsstrichs, bis jetzt nicht Sinn noch Lust zeigten, das zu ihrem Vorteil zu benutzen, was ihnen die schönste Natur darbietet.

Die Gemahlin des General-Gouverneurs empfängt jeden Abend die Besuche georgischer Damen, wovon die meisten inländische Fürstinnen sind, und einige zur Familie der georgischen Zare gehören. Die interessanteste unter den letzteren scheint mir die Tochter des berühmten Zars Heraklius, Namens Thekla, vermählt mit einem Fürsten Orbelianow, denn sie verleugnet das Blut nicht, woraus sie abstammt.

Diese Damen kommen zu Pferde, von einem Georgier geführt, an. Sie sind von Kopfe bis zu Fuße mit einem weißen Schleier bedeckt; von Ferne und in der Dunkelheit könnte man einen solchen reitenden Zug füglich für einen Gespensterzug ansehen. Nach der Ankunft bei der Frau Generalin, nehmen einige den Schleier ab, und erscheinen in ihrer georgischen Tracht. Der General hat den Wunsch blicken lassen, diese seltsame Tracht mit der der Europäerinnen vertauscht zu sehen, und einige Georgierinnen haben bereits den Mut gehabt, diese Neuerung zu wagen.

Wenn uns auch die orientalische Tracht sonderbar scheint, so finde ich doch, dass sie vollkommen dem Klima und den Landessitten angemessen sei. In Persien zum Beispiel sind die Männer, wie die Frauen in, weiten Kleidern, die Frauen aber wie Männer gekleidet.

Wenn man in Europa den Hut abnimmt, so zieht man in Persien die Schuhe aus, und entblößt den Kopf niemals.

Viele hiesige Gebräuche stehen mit den europäischen Sitten in offenbarem Gegensatz. Sie haben schon bemerkt, meine Freundin! dass man die Mahlzeit in Georgien mit dem anfängt, was bei uns den Nachtisch ausmacht. Die übermäßige Wärme ihres Landes erlaubt ihnen nur leichte, erfrischende Speisen zu nehmen. Sie sind auch wegen ihrer Mäßigkeit meistens sehr kräftig und erlangen ein hohes Alter. Die Perser ziehen, wenn sie in ein Haus gehen, ihre Schuhe aus, um den oft sehr kostbaren Teppich zu schonen. Was ihre Kleidung betrifft, so tragen die Männer, welche den größten Teil ihrer Zeit zu Pferde zubringen, und die Waffen führen, weite , bequeme Gewänder; die Kleidung der Frauen aber, die selten vom Sofa aufstehen, ist sehr enge. Die Männer sind warm gekleidet, selbst im Sommer, weil die

Abende hier immer mehr oder weniger kühl sind; wir sehen, dass die Türken, Moldauer und selbst die Spanier lieber Hitze ertragen, als sich einer Erkältung aussetzen, wenn nach Sonnen-Untergang die Luft kühl wird, was gemeiniglich in allen mittäglichen Ländern der Fall ist.

Zu Tiflis sieht man noch Frauen gemeinern Standes, welche den alten Brauch beibehalten und das Gesicht mit einem Schleier bedecken, worin sich kleine Öffnungen für die Augen befinden.

Die Perser nennen die Wohnungen der Frauen Haram oder den geheiligten Ort, die Türken nennen sie Serail, was eigentlich Pallast bedeutet.

In Persien werden die Frauen strenger bewacht, als sonst irgendwo. Die Eifersucht ist eine zügellose Leidenschaft. Die Perser rechtfertigen ihr Verfahren raschen Anführung eines Ausspruchs ihres Gesetz-Gebers.

„Bewahrt Euren Glauben und Eure Weiber!"

Um diesem Rat noch mehr Gewicht zu geben, fügt man hinzu, dass der weise Mann, als er ihn erteilte, dem Tode nahe war. Er benutzte seine letzten Augenblicke, um auf diese Weise seine erhabenen Lehren zusammenzufassen. Ländlich, sittlich! bei uns wäre der weise Gesetz-Geber ein Thor gewesen.

Sie und ich, meine Freundin! werden in dem Urheber dieses Gesetzes nicht sowohl einen unsinnigen als ein ungerechten und grausamen Menschen erblicken. In einem Lande, wo an Weichlichkeit grenzende Ruhe das höchste Gut ist, war es natürlich, den Ehemännern die Unruhe zu ersparen, welche eine den Frauen zugestanden, zu große Freiheit mit sich führt, besonders für asiatische Frauen, bei denen Müßiggang die Fehler nährt und mehrt. Aber muss man, um diese Freiheit einzuschränken, sie einschließen? Muss man, um über die Aufführung der Frauen ruhig zu sein, sie zu Gefangenen machen? Heißt es nicht dem Zweck des Schöpfers widerstreben, wenn man die Frauen von der Gesellschaft ausschließt? Verdankt die gesellige Veredlung ihnen nicht alles, was Anmut und Herzensgüte bewirken können? Wenn ihr Einfluss auch zuweilen nachteilig war, so ist er dennoch oft vorteilhaft gewesen. In Asien gestattet ihr knechtischer Zustand ihnen nicht , ihre Vernunft zu üben; aber dort, wie anderswo, können sie weise denken und handeln, wenn man es ihnen nur erlauben will; denn die Zwangsherrschaft der Männer über die Frauen erstreckt sich hier bis auf die Gedanken. Sie begreifen nun wohl, wie die Bande beschaffen sind, welche sie hier vereinigen. Wo der Mann sich alles zueignet, ist das Weib entweder eine Törin oder eine Betrügerin.

Die Serails oder Harams haben nicht nur sehr hohe, sondern zuweilen zwei- und dreifache Mauern, und bilden folglich wahre Gefängnisse. Die Eifersucht der Perser geht so weit, dass sie ein Gezelt um das Grab ziehen, damit nicht einmal die Anwesenden den Körper der Frau sehen können, die man beerdigt.

Es ist sehr schwer, von dem, was in den Harems vorgeht, etwas Sicheres zu erfahren. Man könnte sie eine unbekannte Welt nennen, was besonders auf die Harems im Palaste des Königs passt. Es gibt dort, sagt man, Dienerinnen für alle notwendigen Bedürfnisse des Lebens, Schneiderinnen, Schusterinnen, Köchinnen und betagte Mädchen, die die Heilkunst üben, und Heilmittel bereiten; es gibt Moscheen und Begräbnis-Plätze; man findet endlich alles, was eine Stadt gewährt, kurz, ein Harem ist im Großen, was das größte Nonnen-Kloster im Kleinen ist. Die Wohnungen der Frauen sind gewöhnlich die prächtigsten Teile der persischen Paläste. Dort hält sich der Gebieter am öftesten auf, und bringt den größten Teil seines Lebens im Schoße seiner Familie zu.

Der Harem des Königs besteht aus mehreren Gebäuden oder Palästen, welche keine Gemeinschaft miteinander haben. Stirbt der König, so werden diejenigen, welche seine Frauen waren, in eine andre Abteilung für den Rest ihrer Tage abgeschieden. Sie begreifen leicht, wie sehr sie diesen entsetzlichen Augenblick fürchten, und welch schreckliches Geschrei beim Tode des Königs die Lüfte durchdringt. Gewöhnlich bewacht das Thor dieses Witwen-Palastes eine Anzahl Eunuchen, welche bloß denen den Eingang verstatten, welche dort ein Amt haben.

Wird dem Könige ein Sohn geboren, so wird derselbe sogleich in eine besondre Abteilung des Harems abgeschieden. Seine Mutter zieht gewöhnlich mit ihrem Gefolge dahin, um ihm Gesellschaft zu leisten.

Der Harem des Königs von Persien ist in Rücksicht der Schönheit der Frauen, die er einschließt, unvergleichlich. Sie machen niemals Besuche außerhalb dem Palaste; überhaupt sind die vornehmen Frauen Persiens gemeiniglich die, welche am seltensten ausgehen. Geht aber eine Frau aus, so führt sie fast ihr ganzes Gefolge von Mädchen und Eunuchen mit sich, oder sie ist doch wenigstens von mehreren alten wachsamen Weibern begleitet, die ihr Ehegatte für solche Gelegenheit ihr zur Seite gibt.

Verlassen die Frauen vom Stande ihre Wohnung, und fahren sie in die Stadt, welches fast nur bei Nacht geschieht, so ziehen hundert Reiter vor ihnen her, und eine gleiche Anzahl hinter ihnen; diese schreien C u r u c ! ein türkisches Wort, welches Verbot, Entfernung! bezeichnet, und womit sie andeuten wollen, dass jedermann sich entferne, dass niemand nahekomme. Dieser Ruf erregt Schrecken in Persien; man leistet demselben Folge, sobald man ihn nur einmal vernimmt. Jeder flieht, als ob die Pest sich nähere. Eunuchen zu Pferde, mit langen Stöcken in den Händen, ziehen zwischen diesen Reitern und Frauen, um jeden zu schlagen, der sich nicht entfernt. Diese Züchtigung wird nach dem Range der Damen, die sie begleiten, mit größerer oder geringerer Wut vollzogen. Sind es Frauen aus dem königlichen Serail, so steht des Leben jedes Manns auf dem Spiele, der auf dem Wege oder in dem bezeichneten Raume, d.h. von dem Zuge, bis zu dem Orte, von wo man ihn erblicken kann, betroffen würde.

Die ältesten Schriftsteller versichern einstimmig, dass sie in Georgien nie ein blatternarbiges Frauenzimmer erblickt haben. Die Serails des Großherrn und des Schahs von Persien sind zu jeder Zeit vorzüglich mit Georgierinnen und Tscherkassinnen, die durch ihre Schönheit sich auszeichnen, versehen worden. Die Eltern dieser Schlachtopfer bieten sie selbst zum Verkauf aus, und da Schönheit den Preis bestimmt, so sucht man alle Mittel auf, um sie zu bewahren; diese Geldgierde hat die Kunst der Einimpfung der Blattern ersonnen, die seit der Zeit ihre Verwüstungen eingestellt haben.

De la Motraye sagt, er habe alte Weiber gesehen, welche die Einimpfung auf eine sehr einfache Weise bewerkstelligten.

Sechsunddreißigster Brief

Tiflis, den 10. Februar 1812.

Ich habe heute das naturhistorische Kabinett und die Büchersammlung des verstorbenen Grafen Mussin-Puschkin, des Naturforschers, besucht. Was ich am meisten bewunderte, war die Sammlung von Tieren, Vögeln und vierfüßigen Geschöpfen dieser Länder. Leider ist alles schlecht aufbewahrt, und in kurzer Zeit wird das Kabinett nur noch Trümmer von dem enthalten, was der Graf mit so vieler Mühe und Sorgfalt sammelte. Auch habe ich dort eine Mineralien-Sammlung bemerkt, sie sehr reich sein soll, weil der verstorbene Puschkin, ein kundiger Mineralog, die Oberaufsicht über die Bergwerke Georgiens führte. Auf dem Wege nach Bamback, einer an Eriwan grenzenden Provinz, findet man reiche Kupfer- und Silbergruben.

Wir erfahren soeben, dass der General-Gouverneur bereits zu Baku angelangt sei. Obgleich ich schon in meinen frühern Briefen des ewigen Feuers erwähnt habe, das die Indier bis an den heutigen Tag bei Baku unterhalten, so will ich Ihnen doch noch einige merkwürdige Nachrichten, die ich über diesen Gegenstand erhalten habe, mitteilen.

Die Gebern, Überbleibsel der alten Perser, sind in verschiedenen Gegenden Persiens und in Bakus Umgebungen verbreitet. Sie glauben an ein höchstes Wesen, welches sie unter dem heiligen Feuer, das sie unterhalten und verehren, versinnlichen. Die Sonne ist, ihrer Lehre zufolge, die höchste Intelligenz, die Mutter aller sinnlichen Erzeugnisse. Der Mond ist die zweite Intelligenz, und so kommen sie zu den übrigen Wandelsternen. Sie glauben, dass die Verfinsterungen daher entstehen, weil der Mond, durch irgendeine höhere Intelligenz unterdrückt, in diesen traurigen Zustand versetzt wird. Sie nehmen überdies Engel an, die sie Untergötter nennen, und zwei Grund-Ursachen, das Licht und die Finsternis, jenes für die guten, dieses für die bösen Dinge.

Ihre Priester sind Magier, sie sind es, die das ewige Feuer unterhalten, nach Art der Vestalinnen in Rom. Der Haupttempel war bei Yead auf einem Berge. Dort war ihr Pyräum, oder der Herd ihres ewigen Feuers.

Zorvaster, den sie Zerdutsch nennen, ist ihr Prophet. Er war Oberpriester der Magier, und lebte zur Zeit der zweiten persischen Dynastie, ungefähr 1300 Jahr nach der Sintflut, persischer Zeitrechnung zufolge.

Alle muhamedanischen Schriftsteller geben Chis, eine Stadt in der Provinz Aderbidjan, als seinen Geburtsort an. Gewiss ist's, dass die berühmtesten Tempel der Feuer-Anbeter sich daselbst befanden, und dass daher auch der Name Aderbidjan (Feuerland) abstammt.

Der Ort, wo noch heutzutage das ewige Feuer unterhalten wird, liegt 15 Werste von Baku. In der Gegend dieses Orts ist eine ungeheure Höhle, wohin man, wenn die Hitze am stärksten ist, Rindvieh treibt, und wo der berüchtigte, furchtbare Räuber Stenko-Rasin seinen Schlupfwinkel hatte.

Vormals stand ein steinernes Haus nahe bei dem heiligen Feuer; es bestand aus sechs Gemächern, worin zwölf Gebern wohnten. Zwei dieser Mönche, die abwechselnd an die Reihe kamen, beschäftigten sich den ganzen Tag hindurch damit, die Sonne anzubeten, und heilige Bücher zu lesen. Diesen Büchern und den ältesten Sagen zufolge, hat das heilige Feuer an diesen Orten vor mehreren Millionen Jahren zu brennen angefangen. Satan, der das menschliche Geschlecht gequält hatte, ward von Gott, dem das Schicksal der Menschen zu Herzen ging, in diesen tiefen Schlund hinabgestürzt, wo sich gleich darauf ein Feuer entzündete, welches seitdem durch das Fett des Satans ernährt, wunderbar groß und stark ward. Aber damit es diesem boshaften Teufel nicht gelinge, durch irgendeine Höllenlist zu entweichen, ward den Gebern befohlen, das Feuer zu bewachen, und Tag und Nacht des Himmels Beistand anzurufen.

Das ewige Feuer brannte vormals in einer Grube, die 20. Klafter lang und zwei Klafter tief war. Der Grund besteht aus Felsen. Die Flamme hebt sich nicht höher als drei Klafter.

Es ist umso auffallender, dass seit der Zeit, dass dieses Feuer besteht, die Grube nicht tiefer geworden ist, da durch die Wirkung des Feuers die in der Nähe befindlichen Kalksteine in Staub verwandelt sind; man benutzt diesen Umstand, um Kalk zu brennen, indem man einige Kalksteine zusammenstellt, und Stroh herumlegt, das man beim heiligen Feuers anzündet. So wie die Flamme mit Geräusch aus der Erde aufsteigt, ergreift sie die Steine, und innerhalb dreier Tage sind sie in Kalk verwandelt, den man nach Baku bringt.

Das ewige Feuer wird durch Naphtha genährt; sie quillt in der Nähe reichlich aus der Erde, und in einiger Entfernung finden sich mehrere Quellen, woraus man es zu gewissen Zeiten für beträchtlichen Geldeswert schöpft. Die Perser, unter andern, bedienen sich derselben zu ihren Firniß-Arbeiten. Die brennende Naphtha verbreitet einen schwarzen, dichten Rauch, und einen unangenehmen Geruch; das heilige Feuer aber verbreitet weder Geruch noch Rauch.

Die Gebern bedienen sich dieses Feuers in ihren Häusern. Sie haben in ihren Zimmern eine kleine, von Steinen umgebene Grube, worauf sie einen Kessel setzen, um darin ihre Nahrung zu bereiten. Dann zünden sie ein wenig Stroh beim ewigen Feuer an, und werfen es unter den Kessel; sogleich gerät die ganze Grube in Flammen, und das Essen ist geschwinder bereitet, als wenn man Holz dabei verbrannt hätte. Will man das Feuer auslöschen, so bedeckt man die Grube mit einem feuchten Filz; es entzündet sich dann nicht eher, als bis man es von neuem mit brennendem Stroh, Kraut oder Holz in Flammen setzt.

Im Winter benutzen sie diese Grube, um sich zu wärmen, und sie können das Feuer darin, so lange sie wollen, unterhalten; es dient ihnen anstatt des Lichts; sie stecken nur vor ihren Betten eine Binse, welche sie an dem einen Ende mit Lehm umgeben, in den Boden, und stellen einen Pfropf abnehmen, gleichfalls von Lehm, obendrauf; wenn sie den Pfropf abnehmen, und Feuer an die Öffnung der Binse bringen, so brennt sie wie ein Wachsstock, ohne sich zu verzehren. Das Feuer verlöscht nicht, bis man den Pfropf wieder aufsetzt.

Mit diesen Binsen wissen sie auch eine recht artige Erleuchtung zu Stande zu bringen; sie stecken deren mehrere, die sich einander unterstützen, und eine Pyramide bilden, in die Erde. Die sämtlich brennenden Enden machen eine sonderbare Wirkung.

Ein Feuer, was zugleich zum Erwärmen, zum Kochen und zur Erleuchtung dient, ohne Holz zu verzehren, sollte uns in Europa wohl zu Statten kommen, besonders in den Ländern, wo das Holz selten ist, und vorzüglich der ärmeren Klasse. Dem bewundernswürdigen Kunstfleiße der Engländer ist es gelungen, dieses Feuer gewissermaßen durch ein Gas nachzuahmen, wovon auch der Rat Soboleffsky seit Kurzem für die in Petersburg eingerichteten Thermo-Lampen Gebrauch macht.

An dem Rande der Grube, worin das ewige Feuer brennt, wächst Kraut und der Pflanzenwuchs ist sogar dort ziemlich kräftig; in einer Entfernung von 80 Klaftern gibt es selbst einen großen schönen Garten und zwei Brunnen trefflichen Wassers.

Mehrere Werste rundum das heilige Feuer her ist die Erde ganz mit Naphtha geschwängert; überall, wo man ein Loch in den Boden macht, entzündet sich, wenn man Feuer nahe bringt, eine Flamme, und dieses Feuer verlöscht nie von selbst.

Die Feuer-Anbeter verehren keine Bilder. Unter den Tieren send ihnen die Kühe heilig; sie hegen eine besondre Sorgfalt für sie, und töten sie ebenso wenig als die Kälber. Milch ist ihre Hauptnahrung.

Gewöhnlich gehen die, welche das heilige Feuer bewahren, ganz unbekleidet. Sie tragen Halsbänder von roten Holzperlen; ihre Stirne ist bis an die Nase mit Mist von jungen Kühen und mit Safran bemalt, ein allgemeiner Brauch bei den Indiern.

Sie beten vor und unmittelbar nach Sonnen-Aufgang, und haben den Gebrauch, sich neben ein mit Wasser angefülltes Becken zu setzen, sich zu waschen und ein Stück Geld hinzuwerfen, um, wie sie sagen, ihre Dankbarkeit zu beweisen, dass das Wasser sie vom Schmutze befreit hat; des Geld wird den Armen ausgeteilt.

Von den schwarzen Naphtha-Quellen, die fünf Werste von dem heiligen Feuer entfernt sind, gab es 52 an der Zahl, als die Perser sie besaßen, und daraus einen bedeutenden Handelsgegenstand machten. Heutzutage hat ihre Zahl sehr abgenommen.

Diese Quellen sind 20 Klafter tief; als sie noch reichhaltiger waren, lieferte eine einzige täglich gegen 300 Batmans Naphtha. Ein Batman enthält 15 russische Pfunde.

Die Naphtha, deren Quellen so nahe bei Baku sind, ist ein umso vorteilhafterer Handels-Artikel für die Krone, je leichter es ist, sie zu Wasser von dieser Stadt aus fortzuschaffen.

Die Einwohner dieser Gegenden bedienen sich der Naphtha, um damit ihre flachen Dächer zu überziehen, wodurch das Eindringen des Regens in ihre Häuser verhindert wird; sie bestreichen auch das Fell der lebenden Büffel damit, um diese Tiere vor den gefährlichen Stichen der Mücken zu sichern.

Die schwarze Naphtha verbreitet, wenn man sie anzündet, einen starken Rauch; arme Leute, welche die Küsten des kaspischen Meers bewohnen, brauchen sie in ihren Lampen und auf dem Herde.

Die weiße Naphtha ist leicht entzündlich; sie brennt sogar auf dem Wasser. Man macht sich zuweilen das Vergnügen, sie ins Meer zu schütten, und bei der Dämmerung anzuzünden; die Wirkung davon ist herrlich, das ganze Meer und die Ufer der kleinen Inseln scheinen in Flammen zu stehen. In einer Entfernung von vier Wersten von der weißen Naphtha-Quelle ist ein Ort, den man den Feuer-Ort nennt. Wenn man sich demselben nähert, spürt man einen Schwefelgeruch, und bemerkt auf einer Strecke von einer Werste eine bläuliche Flamme, besonders des Nachts, wenn das Wetter trocken ist. Leinweber, die hier ihre Wohnung haben, arbeiten abends beim Schimmer dieses Feuers; sie stecken Binsen in die Erde, zünden sie an, und machen ebenso viele Fackeln daraus.

In der Umgebung von Baku sieht man noch eine andre Art von Feuer; im Herbste nach dem Regen und bei warmer Luft scheinen große Feuermassen von den Höhen der Gebirge aufzusteigen und sich in den Ebenen zu verbreiten; aber diese Flammen zünden und wärmen nicht.

Nirgends gibt es so gewaltige Windstöße als zu Baku, welches eigentlich Badku, Berg der Orkane, heißt. Diese Orkane schleudern Vieh und Menschen, wenn sie sich nahe am Gestade befinden, ins Meer; auch reißen sie zuweilen Steine von beträchtlichem Gewichte fort.

An, mehreren niedrigen Orten bei Baku sammelt sich im Winter das Wasser, welches dann im Sommer verdunstet, und eine Rinde Salz zurücklässt, dessen Verkauf der Stadt einen bedeutenden Gewinn gewährt.

Dies, meine Freundin! sind einige umständliche Nachrichten über die Wunder, die sich bei Baku finden. Sie schienen mir merkwürdig genug, um auch Ihre Aufmerksamkeit zu verdienen.

Siebenunddreißigster Brief

Tiflis, den 12. Februar 1812.

Ich habe in diesen Tagen einer Hochzeit beigewohnt, und diesen Morgen einer Beerdigung zugesehen. Hören Sie die Gebräuche der Georgier bei solcher Gelegenheit.

Man verheiratet sich jung; soft ist die Neuvermählte erst zwölf, und der Bräutigam fünfzehn Jahr alt; zuweilen wird man schon in der Wiege verlobt, und in den meisten Fällen kennt man sich nicht.

Gewöhnlich ist es dem Verlobten untersagt, seine Braut vor dem Vermählungstage zu sehen.

Die Trauung geschieht in der Kirche und wird nach griechischem Brauche vollzogen; nur pflegt die Braut mit einem Schleier bedeckt zu sein, der selbst ihrem künftigen Gatten nicht gestattet, die Gesichtszüge der Frau, die man ihm gibt, zu erkennen; denn die Heirat ist hier mehr eine Sache des Eigennutzes als des Herzens. Beim Ausgange aus der Kirche am Hochzeitstage wird, zu Ehren des jungen Brautpaars, geschossen.

Am Hochzeitstage setzt sich die Braut, von einem Schleier, der ihr bis auf die Füße reicht, bedeckt, und mit Edelsteinen und anderm Schmucke beladen, auf einen Teppich, mit kreuzweis untergeschlagenen Füßen.

Damit nun die Frau oder die Braut ganz einer indischen Pagode gleiche, bleibt sie wie ein hölzernes Bild, den ganzen Tag in dieser Stellung, ohne zu essen und zu trinken, und was noch mehr ist, ohne ein Wort von sich zu geben. Es scheint fürwahr, dass in Georgien die Ehe in die Klasse solcher Verbindungen gehört, zu denen man nicht, ohne vorhergegangene Proben, gelangt.

Was die Büßende indes etwas trösten kann, ist, dass sich der Bräutigam denselben Zeremonien unterwerfen muss. So wie er in das Haus eingeführt ist, setzt er sich an die Seite seiner schönen Unbekannten, nimmt dieselbe Stellung an, und beobachtet ein ebenso langes Stillschweigen. Kehrten sie einander etwa den Rücken zu, so nähme sich das vollkommen aus, als schmollten sie miteinander. Aber in der demütigen Stellung, die sie annehmen und beibehalten, scheinen sie sich vielmehr einander zu sagen: „Man verheiratet uns, nehmen Sie mir's nicht übel, es ist nicht meine Schuld."

Am Schlusse der Hochzeit nimmt man der Braut den Schleier ab, und das ist dann oft das erste Mal, dass der Gatte ihre Gesichtszüge betrachten kann. Ein Gastmahl, das bald mehr bald weniger köstlich ist, endigt das Fest.

Ich war einmal gegenwärtig, als man einer Georgierin, die man vermählt hatte, den Schleier abnahm; ich bemühte mich, die Rührung zu beobachten, welche, wie es mir scheint, die jungen Leute anwandeln müsste, wie sie sich nun zum ersten Mal erblickten; aber so sorgfältig ich auch ihre Mienen erforschte, sah ich in der Frau nur eine Bildsäule; der Mann ließ ein vorübergehendes Wohlgefallen beim Anblick seiner

Gattin, die sehr jung und ziemlich hübsch war, an sich wahrnehmen. Sie wäre in meinen Augen noch hübscher gewesen, hätte sie die Kunst nicht zu Hilfe genommen. Ihre mit Schminke übertünchten Wangen, ihre grob bemalten und vereinigten Augenbrauen, die Maße schöner Perlen und Diamanten, womit sie ausstaffiert war, entstellten sie gänzlich.

Heiraten dieser Art geben einen sehr zweifelhaften Begriff von dem häuslichen Glücke der Georgier. Man hat schon oft gesagt, die Heirat sei nur ein Lottospiel; dieser scherzhafte Ausdruck ward wohl erfunden, um unglückliche Eheleute zu trösten; doch die Vernunft, die stärker als der Scherz ist, macht den Zufall nicht zum Schiedsrichter über das Schicksal von Ehegatten. Sie macht ihr Glück von der Übereinstimmung der Grundsätze und des Geschmacks abhängig, von welcher Übereinstimmung man sich erst überzeugen muss, ehe man sich verbindet. Jene Verbindungen, ohne Wahl, durch Zufall geleitet, können nur in Ländern zweckmäßig scheinen, wo die Ehe bloß das Mittel ist, um dort, wo Sklaverei oder Gleichgültigkeit Weib und Mann trennen, zu einem Stande und zu Reichtümern zu gelangen.

Bezeichnet der Schmerz der Witwe die Liebe für ihren Gatten, so könnte man sich in den Gefühlen der Georgierinnen leicht irren. Ich sah diesen Morgen einen Ehemann beerdigen. Seine Frau blieb mehrere Stunden lang ausgestreckt vor seinem Sarge liegen. Ihre Tränen strömten über ihr Angesicht, ihr Schmerz brach in Geschrei und tiefe Seufzer aus; als sie den Namen ihres Gatten oft wiederholte, raufte sie sich das Haar und schlug sich den Busen. Alles an ihr offenbarte Schmerz und was er Herzzerreißendes hat; aber das alles ist hier ... Landessitte.

Bei dem Leichenzuge folgt das Pferd des Verstorbenen dem Sarge, der Sattel und die Steigbügel sind verkehrt ausgelegt; seine Waffen werden von seinen Leuten getragen; seine Familie schließt den Zug, und stößt jeden Augenblick ein Geschrei der Verzweiflung aus. Auch das ist ... Landessitte.

Wenn der Verstorbene beerdigt ist, kehrt die Witwe nach Hause zurück, und bleibt nun, von ihren traurenden Weibern, die alle ein tiefes Stillschweigen beobachten, umgeben, auf einer und derselben Stelle sitzen. Dieser letzte Landesbrauch dauert sechs Wochen. Man könnte ihn die Quarantäne des Schmerzen nennen.

Sie werden mir beistimmen, meine Freundin! dass so übertriebene und regelmäßig abgeteilte Trauer-Bezeugungen nicht aufrichtig sein können.

Achtunddreißigster Brief

Tiflis, den 14. Februar 1812.

Die Jahrszeit, in der ich hierhergekommen bin, gestattet mir nicht, über alle Vorzüge des Himmelstrichs zu urteilen. Doch will ich zu dem, was ich sah das beifügen, was ich gehört habe, um Ihnen einen Begriff von Georgiens Erzeugnissen zu geben.

Das Klima ist dem von Neapel ähnlich. Es ist so milde, dass in der Mitte des Januars die Frühlings-Zeitlose blüht. Im Februar stehen der gemeine Mandelbaum, andre Fruchtbäume und eine große Menge Pflanzen in Blüte. Der Pflanzenwuchs ist dort im Allgemeinen kräftiger und schöner als in unsern nördlichen Gegenden. Das Land hat einen Überfluss an köstlichen Früchten; selbst das Laub hat ein tieferes Grün und eine bewundernswürdige Lebhaftigkeit.

Folgendes sind die Haupt-Erzeugnisse des Kaukasus und Georgiens.

Die gemeine und die rote Ulme finden sich häufig auf dem Kaukasus. In Sibirien bereitet man aus den Blättern dieses Baums einen sehr heilsamen Tee.

Die Eiche findet sich in Überfluss an den Ufern des Terek, Platanen sieht man vorzüglich in Georgien.

Die Buche wächst nirgends besser als auf dem Kaukasus, und der wilde Ölbaum an den Ufern des kaspischen Meeres bis an den Terek. Die Tartaren und Armenier bedienen sich der Früchte dieses Baums zur Nahrung, und bereiten daraus unter andern einen Saft, den sie T o l k a n nennen.

Der Zwerg-Mandelbaum findet sich häufig in den Steppen des Dons, und die Vogelbeere auf dem Kaukasus. Man bereitet aus den Früchten des letzteren einen vortrefflichen Branteweine.

Die Esche wächst auf dem Kaukasus, der Maulbeerbaum am Terek, und auch der weiße Maulbeer-Baum, gewöhnlich als Strauch, wird aber doch zur Zucht der Seidenwürmer benutzt; er würde, sorgfältiger gepflegt, einen noch beträchtlichern Gewinn bringen.

Der Sauerdorn (Berberitze) findet sich häufig am Terek und auf dem Kaukasus. Man erhält von ihm eine gelbe Farbe, womit man, besonders ins Astrachan, den Maroquin und die Seide färbt.

Der Kappernstrauch wächst längs dem Terek und der Kuma. Im August trägt dieser Strauch zugleich Knospen, Blüten und Früchte: letztere, welche man mit Salz und Essig einmacht, sind von einem köstlichen Geschmacke.

Das Süßholz wächst an der Kuma.

Der Weinstock kommt in Menge und trefflich längs dem ganzen Terek und in einem großen Teil von Georgien fort; er würde am Terek noch besser gedeihen. Das Klima und der Boden sind ihm dort sehr günstig. Es ließe sich daraus ein herrlicher Wein gewinnen. In Georgien gedeiht der Weinstock sehr gut, besonders in Kahetien, dessen Wein berühmt ist.

In Mazanderan (dem alten Hyrkanien) ranken sich Weinreben um die Bäume, erlangen Manns Stärke, und wachsen so hoch, dass man die Trauben kaum erreichen kann.

In diesem schönen Lande, einem wahren irdischen Paradiese, gibt es, besonders an den Ufern des kaspischen Meers, unermessliche Wälder von Orangen-, Mandel-, Zitronen- und Granatbäumen. Überall gleicht es einem Garten, und die Natur scheint hier mit Wohlgefallen ihre schönsten Erzeugnisse verbreitet zu haben. Doch da sich nirgends Vollkommenes findet, so ist die Luft ungesund, besonders wegen der Nähe des Meeres und einiger Moräste; alles gedeiht hier, nur der Mensch nicht.

Abaz der Große, der diese Provinz, das Geburts-Land seiner Mutter, begünstigte, verpflanzte zahlreiche Ansiedler hierher, jedoch ohne Erfolg; sie wurden ein Opfer des schlechten Klimas; noch heutzutage bewundert man die Überbleibsel der prächtigen Gärten, die Abaz anlegen ließ; wo aber der Mensch nicht wohnen konnte, sind die wilden Tiere zu jeder Zeit gut fortgekommen.

„Der gräuliche Kaukasus war deine Wiege und dich säugte die Milch einer hyrkanischen Tigerin!" sagte Armida dem Armand in Torquato Tassos Heldengedicht.

Die Baumwollen-Staude am Terek ist von trefflicher Beschaffenheit, aber sie wird nicht so angepflanzt, wie die Gegend, in Rücksicht der dort befindlichen häufigen Wassers, es wohl gestattete. Würde der Anbau dieser Pflanze dort so sorgfältig betrieben, wie sie es verdient, so würde die Baumwolle genug für die Manufakturen in ganz Russland liefern.

Der Tabakbau wird am Terek ebenfalls sehr vernachlässigt.

Wilder Hanf findet sich am Terek im Überfluss und die Tartaren, so wie die Kosaken, bedienen sich desselben nach Art des gemeinen Hanfs.

Der Krapp (Färberröte) wächst auch am Terek und gegen den Kaukasus hin, wo diese Pflanze einheimisch zu sein scheint.

Der Leindotter, der die Sesamkörner liefert, und den man in diesen Gegenden Kuntschuk nennt, wächst ebenfalls im Überfluss; das aus dem Samen gezogene Öl ist dem Provencer-Öl sehr ähnlich. Auch der Senf gedeiht hier trefflich.

Ein so schönes Land wie Georgien und der Kaukasus, muss reich an Fruchtbäumen sein.

Der Mandelbaum wächst in der Gegend von Kislar und an einigen Orten längs dem Terek in Gärten.

Bei Tiflis, am Terek und beinahe in ganz Georgien wächst er wild, so wie auch Birn-, Pfirsich- und Aprikosen-Bäume. Pflaumen-, Kirsch- und Äpfel-Bäume sind in diesem Lande, wo man kaum den Gartenbau kennt, ebenfalls wild.

Die Melonen und Arbusen oder Wasser-Melonen sind auf der ganzen Linie des Kaukasus und in Georgien vortrefflich; sowie die Spargel, welche sich dort in großer Menge finden.

Ackerbau wird in diesem Lande nicht sorgfältig betrieben; die Natur ist verschwendrisch und das Klima macht den Menschen träge.

Der Mais (türkisch Korn) wird am Terek und in Georgien, aber zu wenig gebaut. Diese Pflanze ist von mannigfaltigen Nutzen; sie gibt dem Menschen eine gesunde Nahrung; die Tiere können von ihren Blättern leben, und in Gegenden, wo das Holz selten ist, kann das Stroh als Feuerung dienen.

Die Hirse wird an den Ufern des kaspischen Meers und des Tereks gebaut, wo sie hundertfältige Frucht trägt. Die Armenier lieben sie besonders, und bereiten daraus ihre Lieblingsspeise, die sie P a s t a nennen.

Der Reis wird gleichfalls an den Ufern des kaspischen Meers und des Tereks sehr sorgfältig gebaut; er gedeiht nur, wenn man das Erdreich, wo er wachsen soll, unter Wasser setzt; dadurch wird die Gegend ungesund, wegen der Ausdünstungen der Moräste, die sich in Folge dieser häufigen Überschwemmungen bilden. Vormals ward ganz nahe bei Kislar Reis gebaut; aber seitdem man eingesehen hat, dass dieser Anbau die Gesundheit der Stadt-Bewohner in Gefahr setzt, darf man nur 50 Werste weit von der Stadt ihn anbauen.

Die Ufer des kaspischen Meers haben einen sehr furchtbaren Boden für eine Menge von Erzeugnissen, alle zwanzig oder dreißig Jahre richten indes die Heuschrecken fürchterliche Verwüstungen an.

Roggen, Weizen, Gerste, Hafer und Buchweizen gedeihen weder in Georgien noch auf der Linie des Kaukasus.

Die Bienenzucht wird mit vielem Fleiße längs dem ganzen Terek betrieben, und besonders von einem Teile der Bewohner des Kaukasus.

Der Rosenstock ist auf dem Kaukasus einheimisch, und die Natur, die in diesem Lande so verschwenderisch mit ihren Gaben ist, hat sicher hier noch manches unsern Pflanzenkennern unbekannte Gewächs verwahrt.

Neununddreißigster Brief

Tiflis, den 16. Januar 1812.

Wir haben soeben die schlimme Nachricht erhalten, dass Unruhen in Kahetien ausgebrochen sind. Wird diese Empörung nicht in der Geburt erstickt, so hat man Grund, einen allgemeinen Aufstand zu fürchten.

Es marschieren Truppen nach Kahetien, welches immer der Herd dieser Art von Rebellionen war, die gewöhnlich durch den geflüchteten Zar von Georgien, Alexander, und selbst durch den persischen Hof angeregt werden.

Wir sind hier alle in lebhafter Besorgnis, besondere weil der General-Gouverneur noch abwesend ists.

Vierzigster Brief

Ob dieser Brief zu Ihnen gelangen werde, weiß ich nicht, da die Verbindung durch die Empörung unterbrochen ist. Täglich macht sie schrecklichere Fortschritte, und hat schon die Bewohner des Kaukasus ergriffen.

Wir sind hier wie eingeschlossen, und erwarten mit der lebhaftesten Ungeduld die Rückkehr des General-Gouverneurs.

Wie traurig ist es, dass Georgien, ein übrigens so schönes Land, beinahe fortwährend den Plagen der Hungersnot, der Pest und der Empörung ausgesetzt ist.

Hier finden sich die grausamsten Drangsale vereinigt; vor uns der Kaukasus mit seinen Abgründen und Schneelawinenm, hinter uns Türken und Perser; Pest und Aufruhr in der Mitte, und Hungersnot allenthalben.

Hungersnot droht Georgien in jedem Jahre, wo die Ernte nicht reichlich ausgefallen ist, und wo der Übergang über den Kaschaur das Herbeischaffen von Lebensmitteln aus der Linie des Kaukasus hindert. Die Einführung des Kartoffelbaus in Georgien würde dieses Land dieser Plage überheben!

Seitdem ich nur von Empörung und den Schrecknissen, die die Folge davon sind, reden höre, missfällt mir Georgien; selbst die Natur, wiewohl sie sich täglich verschönt, hat alle ihre Reize für mich verloren.

Ich habe nicht den Mut Ihnen mehr zu schreiben; ich bin niedergeschlagen. Der Gedanke an Empörung bei einem so grausamen Volke hat meine Ruhe sehr erschüttert; ich fühle, ich werde nicht eher ruhig werden, bis ich mit meiner Familie jenseits des Kaukasus angelangt bin, und dem Augenblicke einer Vereinigung mit Ihnen entgegensehen kann.

Einundvierzigster Brief

Endlich nach einigen Tagen voll Unruhe und Sorge hat die Ankunft des General-Gouverneurs alle unsre Besorgnisse zerstreut; sie wird auch der Empörung in Kahetien, wohin er sich begeben hat, ein Ziel setzen.

Wir haben schon die Nachricht, dass die Aufrührer geschlagen und unterworfen sind, und dass bald Ruhe den Unruhen, die sehr ernsthaft zu werden anfingen, folgen werde. Der tapfre General, der zu Wladi-Kaukas den Oberbefehl führt, hat, von dem Qbristen Kasibek unterstützt, die Straße des Kaukasus gereinigt.

Ich habe Ihnen eine wichtige Neuigkeit mitzuteilen. Es ist ein Eilbote von St. Petersburg angelangt, mit einem Befehl, der den General-Gouverneur zu Sr. Majestät dem Kaiser zurückruft. Dieses wird gewiß Einfluss auf unser Schicksal haben.

Statt mich aber mit leeren Vermutungen zu beunruhigen, will ich mich lieber den Fügungen der Vorsicht überlassen, und, was auch geschehe, mich ihnen blindlings unterwerfen.

Wir erwarten jeden Augenblick die Rückkehr des General-Gouverneurs, dessen Stelle bald wieder besetzt werden wird; dann wird auch unser Los entschieden.

Gestern erfuhren wir, dass eine Schneelawine von der Gudgara herabgestürzt sei, und einen nach Georgien bestimmten Transport verschüttet habe. Mehrere Leute sind umgekommen.

Zweiundvierzigster Brief

Tiflis, den 20. März 1812.

Die Unruhen sind gestillt, und der General-Gouverneur ist auf der Rückreise. Da meine Gesundheit, besonders während der Zeit, die wir hier unter Besorgnissen und Schrecken verlebt haben, sehr gelitten hat, so habe ich Ärzte zu Rate gezogen, die sämtlich übereinstimmen, dass ich Georgien verlassen muss, weil das Klima mir nicht zuträglich ist. Es ist also entschieden, meine Freundin! im Anfange des Monats Mai reise ich mit der Gemahlin des General-Gouverneurs nach St. Petersburg. Welche Freude für mich, Sie wieder zu sehen! welche entzückende Aussicht! Sie lässt mich Alles vergessen, was sich zwischen Ihnen und mir befindet, den Kaschaur, Kobi, dreitausend Werste.

Mein Mann wird hier seine Bestimmung abwarten. Kann er mich nicht sogleich begleiten, so wird er doch sobald als möglich mit mir wieder zusammentreffen.

Dreiundvierzigster Brief

Tiflis, den 15. April 1812.

Alles ist in Bereitschaft. Der General-Gouverneur ist schon von seinem Nachfolger abgelöst, und, begleitet von dem Bedauern aller Einwohner der Provinz, besonders derer, die die Ehre hatten, unter seinen Befehlen zu dienen, zu seiner neuen Bestimmung abgegangen. Seine Gemahlin erwartet den Anfang des nächsten Monats, um sich mit mir nach St. Petersburg zu begeben. Der Kaschaur ist noch unwegsam, und die Gemahlin des neuen General-Gouverneurs ist nur mit vieler Beschwerde und selbst mit Gefahr herübergekommen.

Der neue Chef meines Mannes bezeugt ihm viel Wohlwollen, so wie auch dessen Gemahlin. Er hat meinem Manne den Befehl erteilt, sich unverzüglich nach Persien zu verfügen, um dort den Frieden zu unterhandeln.

Diese neue unvermutete Ordnung der Dinge macht mir ebenso viel Freude als Kummer. Wenn ich mir die Trennung von meinem Gatten denke, so tröstet mich die Vorstellung, dass die Sendung, womit er beauftragt wurde, ebenso anziehend als ehrenvoll ist, und dass, wenn ich mich von ihm entferne, ich Ihnen näher komme. Mein Herz bedarf der Hoffnung, um der Furcht und dem Kummer zu widerstehen.

Vierundvierzigster Brief

Tiflis, den 3. Mai 1812.

Alles ist zu unserer Abreise bereit. Der alte Kommandant von Wladi-Kaukas, der sich hier befindet, wird uns mit einer Compagnie Jäger bis über das Gebirge geleiten. Der Kaschaur soll noch mit Schnee bedeckt sein; erst gegen das Ende des Monats pflegt er zu schmelzen. Dennoch will die Generalin, die sich nach der Vereinigung mit ihrem Gemahle sehnt, durchaus in diesen Tagen abreisen, und ihrem Willen unterworfen, bleibt mir nichts übrig, als wegen des schrecklichen Übergangs über den Kaschaur den Beistand des Himmels für mich und meine armen Kinder anzuflehen.

Mein Mann ist soeben nach Persien abgereist; er begibt sich nach Tauris, im alten Medien gelegen, zum Abaz-Mirza, königlichen Prinzen und Erben von Persien.

Die Hitze ist schon außerordentlich, und er wird die ganze Reise zu Pferde auf einem sehr beschwerlichen, zuweilen unsichern Wege machen. Sein Gefolge besteht aus einem Dolmetscher, einigen Kosaken, und einem Kammerdiener. Die Wünsche einer zärtlichen Gattin begleiten ihn auf dieser mühevollen Reise.

Sie werden erst Nachrichten von mir erhalten, wenn ich zu Georgiewsk angelangt bin; der dortige Zivil-Gouverneur ist der Oheim meines Mannes, und wir rechnen darauf, dort einige Tage ausruhen zu können.

Fünfundvierzigster Brief

Georgiewsk, den 28. Mai 1812.

Sie sind gewiss meinetwegen besorgt, meine Freundin, seit Tiflis, das ich vor drei Wochen verließ, fehlt es Ihnen an Nachrichten von mir.

Der erste Gebrauch, den ich von meinen zurückkehrenden Kräften mache, besteht darin, Ihnen zu schreiben; doch werden Sie wohl Mut haben, die Erzählung meiner Leiden zu vernehmen?

Ich habe Georgien und den Kaukasus hinter mir; aber wenn Sie wüssten, teure Freundin! was es mich gekostet hat! – Die Überfahrt über den Kaschaur war auf meiner Rückkehr noch beschwerlicher, als auf meiner Hinreise.

Wir reisten in einer Kalesche am 5ten Mai von Tiflis ab; zu Kobi erwarteten uns andre Fuhrwerke.

Bis Passananur hatten wir eine glückliche Fahrt. Zwischen diesem Orte und Kaschaur liegt, wie Sie sich erinnern werden, ganz nahe vor der Station, der sehr hohe und steile Bergs Kaschaur, den ich auf meiner Reise nach Georgien mit so großer Beschwerde herunter kam. Glücklicherweise war der Schnee auf dem größten Teile des Berges schon geschmolzen; dennoch brauchten wir mehr als drei Stunden, um seinen Gipfel zu erreichen, wo noch der Winter in voller Kraft herrschte. Diese dreistündige Reise war umso beschwerlicher, da ich

111

meine kleine Katharina auf dem Arme trug, weil ich sie niemanden anvertrauen wollte. Meinen kleinen Andreas trug eine meiner Frauen.

Bei Passananur, dem Orte, wo unsere Kalesche umschlug, betrachtete ich die Stelle, von wo wir herabgestürzt waren. Kaum kann ich begreifen, wie wir dem Tode entgangen sind. Die Einwohner selbst betrachten diesen Ort mit Schaudern, und zeigen ihn den Vorübergehenden; sie machen das Zeichen des Kreuzes, wenn sie ihnen diesen Unglücksfall erzählen.

Zu Kaschaur mussten wir uns zu dem Übergange über die Gudgara und den Kreuzberge, die Sie schon aus meinen frühern Briefen kennen, anschicken.

Wir erfuhren, dass diese Berge noch mit Schnee bedeckt seien, so wie auch der obere Teil des Kaschaur, und dass der Übergang in diesem Augenblicke noch schwieriger sei, wie im Monate November. Der Fußsteig war nicht so breit, dass man ihn in einem Korbe, von Ochsen gezogen, passieren konnte, wie ich das erste Mal getan hatte; es ward also beschlossen, die Frau Generalin in einem Stuhle zu tragen.

Ich aber entschloss mich, den Weg zu Fuß zurückzulegen, mit meiner kleinen Katharina auf dem Arme; meinen Andreas trug einer der beiden Jäger, die man mir glücklicherweise gelassen hatte, Dank sei's der Güte des neuen General-Gouverneurs, eines edelmütigen teilnehmenden Mannes.

Es war Tauwetter; dadurch ward meine Fußreise doppelt beschwerlich; ich versank bei jedem Schritte in den Schnee, und ehe ich den Gipfel der Gudgara erreicht hatte, war ich bis auf die Haut durchnässt und halb tot vor Ermattung.

Ich schaudre noch, indem ich Ihnen diesen schrecklichen Zustand erzähle.

Kaum war ich am Fuße der Gudgara angelangt, kaum hatte ich einen Blick auf diesen gefahrvollen Abhang geworfen, wovon ich Ihnen nur eine schwache Vorstellung habe geben können, so wankten meine Knie, und ich sank ohnmächtig hin.

Schreckliches Erwachen! Ich befand mich hier aus diesem so furchtbaren Berge mit meinen beiden Kindern, und hatte, statt alles Beistands, einen einzigen Jäger; der andre war, wegen großer Ermüdung, zurückgeblieben. Also fast ohne menschliche Hilfe, – vor mir den schrecklichen Abhang, – an einer Seite den Schlund, vor dessen Tiefe meine Haare sich sträubten, an der andern eine Felsenwand, mit ungeheuern Schneemassen, die jedem Augenblick herabzustürzen drohten, – ein Fußsteig, einen Fuß breit, mit tiefem Schnee bedeckt, – ich im Begriff vor Entkräftung niederzusinken; – es blieb mir nichts als mein Mut und mein Vertrauen aus Gott.

Mit diesen Empfindungen erhob ich mich mühevoll, und fing an, die Gudgara herabzusteigen – mit unbekleideten Füßen – ich hatte meine Schuhe seit dem Kaschaur im Schnee verloren, jeder Schritt war eine neue Marter für mich; ich versank bis an die Knie in Schnee, kaum konnte ich mein Kind tragen, und ein einziger Fehltritt stürzte mich in den Abgrund. Meine Besorgnisse vor meinem Andreas, den ich dem Jäger, der sich selbst kaum fortschleppte, anvertraut hatte, vermehrten meine Leiden. Ich seufzte laut, ich flehte inbrünstig den Beistand des Himmels an.

Setzen Sie ich einen Augenblick an meine Stelle, und urteilen Sie über meine Lage.

Das Tauwetter ließ das Herabstürzen von Lawinen fürchten; die Sonne, die ihre glühenden Strahlen über den Schnee hinschoss, blendete das Auge so sehr, dass ich, was auch schon die Ermüdung mit sich brachte, bei jedem Schritte auszuruhen gezwungen war.

Schon hatte ich, wie durch ein Wunder, die Hälfte des Abhangs erreicht, als endlich die Natur, durch meine Anstrengungen erschöpft, unterlag – ich glitt aus an der Seite des Abgrundes, – ich stieß einen Schrei des Entsetzens aus, und verlor das Bewusstsein. –

Als ich wieder zu mir selbst gekommen war, sah ich mich am Rande des Abgrundes, von dem Jäger unterstützt; der brave Mann ward, mit Gefahr seines eignen Lebens, mein Retter.

Ich musste fast eine Stunde am Rande des Abgrundes sitzen bleiben; ich konnte mich nicht aufrichten, so schwach war ich. Kalter Schweiß bedeckte meine Stirne, ich zitterte am ganzen Körper.

Schon war der Mittag vorüber; ich musste weiter fortschreiten oder an diesem Orte umkommen. Meine Kinder waren nüchtern, und so wie ich die Sonne dem Untergange entgegensinken sah, durchbebte mich die Vorstellung, noch so weit von Kobi zu sein, wo ich um jeden Preis vor Einbruch der Nacht ankommen musste.

113

Endlich richtete ich mich auf, und, nach einem brünstigen Gebete zu Gott, fing ich wieder an, herunterzusteigen; Beschwerde, Todesangst und Hitze hatten mich so erschöpft, dass ich fast vor Durst umkam. In meiner Not sog ich Schnee, welches mich ein wenig erfrischte.

Mein armer Andreas, der Hunger litt, schrie – meine Kleine weinte – beide schienen mir über ihre Leiden Vorwürfe zu machen.

Endlich langte ich am Fuße der Gudgara an; ich musste schon wieder eine Pause machen; dann schleppte ich mich über den Kreuzberg, dem ich mit einer unsäglichen Mühe und grausamer Qual erstieg. Dort war ich einen Augenblick entschieden, die Nacht an dem Schnee zuzubringen, da meine unbekleideten Füße, vom Schnee wund, und der ganze Körper von Frost und Nässe durchdrungen war.

Die Sonne sank ihrem Untergange zu, und noch waren sieben Werste zurückzulegen. Unglücklicherweise hatte die ossetische Familie, die sich auf der Bigara dem Beistande der hilfsbedürftigen Reisenden widmete, diese Gegenden verlassen. Dennoch ließ mich das Schreckenvolle unserer Lage eine letzte Anstrengung und den Versuch wagen, mich bis Kobi zu schleppen.

Ich sah auf meiner Reise, beim Schimmer des Mondes, die Leichname der Unglücklichen, die im Aprilmonate, wie ich bereits erzählt habe, von einer Lawine überschüttet wurden.

Kobi, diese elende Zuflucht, der elendeste Ort der Erde, war jetzt der Gipfel meiner Wünsche; als ich es von ferne erblickte, klopfte mir das Herz vor Freude, als sei ich schon am Ziele meiner Leiden.

Mehr als vierzehn Stunden war ich bald aufwärts bald abwärts gestiegen. Denken Sie sich mein Glück, als ich endlich zu Kobi angelangt war.

Um Ihnen einen Begriff von dem leidenvollen Zustand zu geben, worin wir uns befanden, mag es hinreichen, Ihnen zu sagen, dass der achtungswerte, mitleidige Kommandant zu Wladi-Kaukas, der alte Krieger, von welchem ich Ihnen schon so viel erzählt habe, der würdige, verdienstvolle General del Pozzo, Tränen im Auge hatte, als er uns anlangen sah.

Zu Kasibek ward dieser gute Greis schwer krank; er nahm Platz in meiner Kalesche, die uns zu Kobi erwartete, und ich, obwohl selbst erkrankt, hatte den Trost, ihn bis Wladi-Kaukas zu pflegen, wo er der

Genesung nahe zurückblieb. Unsere Reise von Wladi-Kaukas nach Mosdok war glücklich, und wir dürfen uns doppelt darüber freuen, da wir einer großen Gefahr entgangen waren.

Die Tschetschen, welche erfahren hatten, dass die Gemahlin des Generals diesen Weg nahm, machten nämlich den Plan, sie aufzuheben, in der Hoffnung eines reichen Lösegeldes. Zu unserm Glücke reisten wir sehr früh morgens von der letzten Schanze ab, in deren Gegend sie uns überfallen wollten, und erreichten so ohne Unfall die Quarantäne zu Mosdok. Unsere Bedeckung aber ward, bei ihrer Rückkehr nach ihrem Posten, von den Tschetschen, aus Verdruss, dass ihnen ihre Beute entgangen war, lebhaft angegriffen. Hätten wir die Schanze Konstantinowskaja eine Stunde später verlassen, so würden wir wahrscheinlich von den Tschetschen gefangen worden sein.

Nachdem ich mit meinen Leuten und Effekten die Gebräuche der Quarantäne überstanden hatte, begab ich mich nach Georgiewsk. Meine Schwäche, der leidende Zustand meiner Kleinen, der Wunsch desto eher meinen Gemahl wiederzusehen, und der Rat seines Oheims, Gouverneur dieser Stadt, haben mich bestimmt, hier, wo ich seit einigen Tagen angelangt bin, zu bleiben.

Die Ärzte rieten mir, die Bäder in der Nachbarschaft dieser Stadt zu gebrauchen, aber ich habe weder Neigung noch Mut dazu; ich erwarte Briefe von meinem Manne, welcher vielleicht von seiner Reise nach Persien zurück sein wird.

Sechsundvierzigster Brief

Georgiewsk, den 12. Juli 1812.

Seit mehreren Wochen hinderte mich meine fortwährende Unpässlichkeit und die Lebensgefahr, worin indes meine kleine Katharina schwebte, Ihnen zu schreiben. Ach! ich fürchtete sie zu verlieren, und mit ihr das Glück meines Lebens. Der Himmel hat sie mir erhalten, und mir mithin Kräfte und den Mut zu leben wieder verliehen.

Gestern hatte sich endlich die unaussprechliche Freude, einen Brief von meinem Manne zu erhalten, der wieder in Tiflis eingetroffen ist; um sich von den Beschwerden seiner mühsamen Reise in Persien, wo

115

er zwei Monate verweilte, zu erholen, hat er die Erlaubnis erhalten, sich hier mit mir zu vereinigen. Wir gehen dann ins Bad, was unser aller Gesundheit vielleicht zuträglich sein wird.

Mein Frohsinn ist wieder etwas zurückgekehrt; ich bedarf der Unterhaltung mit meiner besten Freundin; wenigstens will ich mich für Sie beschäftigen, und Ihnen eine Abschrift des Reiseberichts machen, welchen mir mein Mann übersandt hat; er enthält die Schilderung seiner Reise nach Persien. Sie werden darin merkwürdige Nachrichten über dieses Land finden. Mit erster Gelegenheit übersende ich Ihnen denselben.

Nach so vielen Beschwerden und Besorgnissen, nach so vielen Entbehrungen und Leiden, sehen wir endlich glücklichern Tagen entgegen; auch die baldige Vereinigung mit Ihnen, meine geliebte Freundin, ist zu dem Glücke notwendig, das uns unsere Rückkehr verheißt.

Siebenundvierzigster Brief

Georgiewsk, den 15. Juli 1812.

Da ich erfahren habe, dass mein Mann im Begriff ist, Tiflis zu verlassen, und dass dort die Pest ausgebrochen ist, so erlauben mir meine Besorgnisse nicht, ihn zu erwarten; ich gehe ihm entgegen, und reise nach Mosdok ab.

Jene Seuche zeigt sich auf der ganzen Straße bis Kobi, und richtet schreckliche Verwüstungen an. In Kahetien waren wieder Unruhen ausgebrochen; sie äußerten sich heftiger als je, aber der neue General-Gouverneur hat sie schnell gestillt; indes war die Verbindung zwischen Georgien und der Linie des Kaukasus von neuem unterbrochen, und noch jetzt ist die Straße nicht ganz sicher. Erst vor acht Tagen ward ein Beamter von den Aufrührern auf dem Wege von Passanaur nach Ananur getötet. Bis diesen Morgen waren mir alle diese neuen Unglücksfälle unbekannt; man war so sorgsam, sie mir zu verhehlen, und ich erfuhr sie bloß zufällig.

Achtundvierzigster Brief

Konstantinogorsk, 40 Werste von Georgiewsk, den 1. August 1812.

Preisen Sie mich glücklich! Seit einigen Tagen bin ich in den warmen Bädern mit meinem Manne und meinen Kindern. Ich habe häusliches Glück und Ruhe wiedergefunden; jenes ist meinem Herzen, diese meiner Gesundheit notwendig.

Dieses glückliche Verhältnis gestattet mir, Ihnen mit mehr Ordnung und ausführlicher zu schreiben.

Sie werden sich der Unruhe, worin ich Georgiewsk verließ, erinnern. Denken Sie sich mein Erstaunen! kaum war ich bei der Quarantäne zu Mosdok angelangt, als der erste Gegenstand, der mir auffiel, mein Mann war! Ich blieb einige Minuten lang über das Glück dieser Erscheinung wie erdrückt; ich brauchte Zeit, um den Eindruck, den meine fürchterlichen Besorgnisse erregt hatten, zu entfernen.

Mein Mann war seit vier und zwanzig Stunden in Mosdok, der ärztlichen Behandlung und den Reinigungen unterworfen, die nach der Ankunft aus einem der Pest preisgegebenen Lande notwendig sind. Diese Anstalten nötigten uns, hier noch vier und zwanzig Stunden zu verweilen. Sie schienen uns kurz, weil wir uns so viel zu erzählen hatten, und er mir die Gefahren schilderte, die ihm seit seiner Rückkehr von Tiflis begegnet waren. Ich kann nicht leugnen, dass wir in unserm Unglücke doch ein gewisses negatives Glück haben, das uns nicht darin gänzlich umkommen ließ. Einige Unfälle, die meinen Manne seit unserer Trennung betrafen, werden Ihnen dies einleuchtender machen.

Bei seiner Rückkehr nach Tiflis stieg er beim General-Gouverneur ab. Nachdem er über seine Sendung Bericht erstattet hatte, erkundigte er sich nach mir, und erfuhr, dass eine in der Stadt wohnende Dame beauftragt sei, ihm Briefe von mir einzuhändigen. Voll Verlangen sie zu erhalten, lief er selbst zu ihr, obwohl es spät in der Nacht und sehr dunkel war. In einer sehr engen Straße stieß er an etwas, was er in der Finsternis nicht unterscheiden konnte; er fiel. Man rief ihm zu: Vorgesehen! es ist die Pestkarre! – Eiligst erhob er sich, aber das Unglück war geschehen, er hatte das verhängnisvolle Fuhrwerk berührt, vielleicht sogar die Pestkranken, die man in das Krankenhaus schleppte.

Seine Angst war außerordentlich; denn er wusste, dass die geringste Berührung eines mit dieser Seuche behafteten Körpers zur Ansteckung hinreicht. Seine Einbildungskraft malte ihm schon das schreckliche Ende vor, das ihm drohte, die Abgeschiedenheit, die Furcht, die er einflößen werde; sein Vaterland, seine Familie, seine Kinder, die er nicht wiedersehen würde. Gewiss, solche Besorgnisse können Wahnsinn und Tod veranlassen. Kaum habe ich den Mut daran zu denken.

In dieser Lage wagte er nicht jemand zu besuchen; er brachte die Nacht in schrecklicher Verwirrung zu; doch der Tag erschien, ohne dass irgendein beunruhigendes Merkmal sich zeigte; der dritte Tag ließ noch keine Spur des Übels blicken; endlich fasste er Hoffnung und beim fortwährenden Wohlsein, dankte er der Vorsehung, die sein Leben erhalten hatte.

Wenige Tage nach diesem Zufall, traf ihn ein andrer, der nicht weniger geeignet war, ihn mit Schrecken zu erfüllen. Da er in der Kanzlei beschäftigt war, und seine Arbeit beschleunigen wollte, beauftragte er einen Schreiber, seine Depeschen abzuschreiben. Tags darauf erfuhr er, dass dieser Mensch an der Pest gestorben sei. Neues Schrecken! – Glücklicherweise waren die Folgen nicht trauriger als das erste Mal.

Nachdem er seine Arbeiten, in Betreff seiner Sendung nach Persien, vollendet hatte, erhielt er Urlaub, um sich hier mit seiner Familie zu vereinigen.

Er machte die Reise von Tiflis nach Mosdok zu Pferde, in weniger als vier Tagen, nicht ohne neue Gefahr. Auf dem Wege, besonders zu Passananur, sah er die Verheerungen der Pestseuche. Fast das ganze Militär war angesteckt, selbst seine Bedeckung war verdächtig. Auch wollte er bei seiner Ankunft zu Mosdok weder mich noch meine Kinder umarmen; er war für seine Gesundheit besorgt, weil er genötigt gewesen war, Kosaken-Pferde zu besteigen, deren Eigentümer den Tag zuvor an der Pest gestorben waren.

Kurz vorher, als er die Reise antrat, drohte jedes Gebüsch, jeder Berggipfel einen unvorhergesehenen Tod; allenthalben lagen Aufrührer im Hinterhalte versteckt, und schossen aus die Vorbeireisenden, wovon mehrere getötet wurden.

Obwohl er den außerordentlichen Beschwerden einer Reise zu Pferde, von mehr als 2000 Wersten, unter Persiens brennendem Himmelsstriche, der Pest und den Aufrührern glücklich widerstanden hat, so können Sie doch leicht ermessen, dass er der Ruhe bedarf, der wir endlich hier genießen.

Die Bäder, die so sehr geeignet sind unsere Kräfte herzustellen, bieten uns überdies einen angenehmen Aufenthalt dar.

Konstantinogorsk ist eine kleine Festung, 40 Werste von Georgiewsk. Ein großes, schönes Dorf, nahe bei Konstantinogorsk, kann von denen, welche die Bäder besuchen, bewohnt werden; da diese aber zwei Werste von diesem Dorfe entfernt liegen, so zieht ein großer Teil der Kranken vor, in den Zelten oder Kalmucken-Kibitken zu campieren, die sich dicht bei den Mineralquellen befinden. Wir sind unter der Zahl der letztern; wir bewohnen zwei Kibitken, nicht auf dem großen Platze, wo die Bäder der Krone sind, sondern ein wenig mehr links, auf einem reizenden Hügel, bei dem Privatbade eines Obristen, und dieses Bad gebrauchen wir, Dank sei's der freundlichen Güte des Besitzers.

Die Kalmucken-Kibitken, die uns zur Wohnung dienen, Mut eine Art von Zelten, aber viel fester, als die gewöhnlichen. Der Filz, woraus sie gebaut sind, wird durch ein sehr leichtes Holzgestell unterstützt, welches man mit geringer Mühe auseinander nehmen kann. Diese Wohnungen lassen sich sehr leicht von einer Stelle zur andern bringen. Ihre Gestalt ist die eines Zuckerhuts. Sie erhalten bloß Licht durch die Spitze, die man aufdecken kann, oder durch die kleine Türe, die als Eingang dient. Der Regen dringt nicht durch, aber wenn der Filz davon ganz feucht ist, so verbreitet er einen sehr widerlichen Geruch. Eine Kibitke hat gewöhnlich keinen Fußboden, welches sehr unangenehm ist.

Mehrere Personen wohnen in Palaganen, das heißt, in Hütten aus Baumzweigen, deren Inneres bisweilen mit Strohmatten ausgelegt, oder auch mit Gips oder Erde überzogen ist.

Der Weg von Georgiewsk nach Konstantinogorsk ist sehr angenehm. Man nähert sich dem Beschtau, welchen Namen eine Gruppe von fünf Bergen führt, die einen sehr malerischen Anblick darbieten, und bei welchen steh die Bäder befinden.

Der Elborus und die ganze Kette des Kaukasus, so wie auch der Berg, den man, seiner sonderbaren Gestalt wegen, das Kamel nennt, verschwinden, je mehr man sich der Stadt Konstantinogorsk nähert.

Die Tscherkessen, deren Besitzungen nicht entfernt liegen, greifen zuweilen die Reisenden an; ohne Bedeckung reist man deshalb nicht in die Bäder.

Neunundvierzigster Brief

Konstantinogorsk, den 10. August 1812.

Die Bäder scheinen mir wohl zu tun. Ich finde sie beinahe so warm, wie die in Georgien; ich kann nur fünf Minuten darin verweilen.

So wie man das Bad verlässt, muss man sich sogleich hinlegen, und eine Stunde ausdünsten, welches mit einer großen, aber vorübergehenden Ermattung begleitet ist; dann befindet man sich den übrigen Teil des Tages vortrefflich.

Mehrere Personen nehmen das Bad täglich zweimal. Es gibt in unserer Nachbarschaft eine zweite, gleichfalls heilsame Quelle; sie hat nur 10 Grad Wärme; ihr Wasser ist säuerlich und stärkend. Man trinkt sie auch.

Die Mineralwasser sind eine große Wohltat der Vorsehung; ihr zweckmäßiger Gebrauch kann eine Menge Kranken wieder zur Gesundheit verhelfen.

Russlands Ärzte mussten lange Zeit diejenigen ihrer Kranken, zu deren Herstellung mineralische Wasser erforderlich waren, und deren Vermögen diese Ausgabe gestatten, ins Ausland schicken.

Kaiser Peter der Große, dessen Scharfblicke nichts entgehen konnte, entdeckte in seinem Reiche mehrere Mineralquellen, die er durch seinen Arzt Schober untersuchen ließ; er selbst gebrauchte die bei Olonetz, nachdem er sich der Wasser zu Spaa, mit vielem Erfolge, an Ort und Stelle bedient hatte.

Späterhin vernachlässigte man Russlands Mineral-Quellen; man zweifelte sogar an ihrem Dasein, bis man die zu Zarizin, Baldon, Lipitz und die Quellen des Kaukasus entdeckte, und ihre Wirksamkeit anerkannte. Das Wasser zu Lipitz hat Ähnlichkeit mit dem Pyrmonter; das Wasser zu Baldon besitzt ungefähr die Eigenschaften der Bäder zu Spaa, und die warmen Bäder des Kaukasus sind denen zu Aachen ähnlich.

In geringer Entfernung von den warmen Bädern zu Carlsbad findet sich der Gesundbrunnen zu Eger, der oft nach dem Gebrauche jener Bäder notwendig ist.

Die Natur hat gleichfalls ungefähr 35 Werste von Konstantinogorsk Sauerbrunnen erzeugt, die, dem gelehrten Doktor Haas zufolge, den Wassern von Pyrmont und Eger am meisten gleichen, und heutzutage unter dem Namen der Sauerbrunnen von Kislawodsk bekannt sind. Kislawodsk ist ein kleines Fort, welches dem zu Konstantinogorsk gleicht.

Die Tscherkessen sind zu unwissend, dass sie den Wert der Quellen zu Konstantinogorsk zu schätzen wüssten, obgleich sie sich derselben zuweilen für ihre Kranken und für ihre Tiere bedienen.

Die Russen lernten sie zuerst 1744 kennen, als sie die Festung Mosdok erbaueten, und ihre Wirksamkeit ward besonders durch eine Beschreibung des berühmten Professors Güldenstädt im Jahre 1779 dargetan, zu welcher Zeit man auch zu Konstantinogorsk ein Fort errichtete.

Seitdem sind sie oft als Bad besucht oder innerlich gebraucht worden; jedoch ohne sich an irgendeine ärztliche Vorschrift zu binden. Im Jahre 1802 erhielt der berühmte Chemiker, Herr Swenson, Befehl, sie zu analysieren, und 1803 bestätigte S. M. der Kaiser Alexander die Anleitung, nach der sich künftig Kranke, die Linderung suchen, zu richten haben, und der würdige Professor Sucharew ward beauftragt, sie unter Aufsicht zu nehmen.

Diese Wasser entspringen am Fuße des Beschtau, eines großen Berges mit fünf Gipfeln, wovon ich Ihnen schon erzählt habe; sein Name rührt von den beiden tscherkessischen Worten: Besch fünf und tau Berg her.

Der Beschtau (Fünfberg) ist das Barometer für die Bewohner des Landes; ist sein Gipfel mit Wolken bedeckt, so ist das ein Merkmal von Regen und feuchter Luft; – sieht man ihn deutlich, so rechnet man auf schönes Wetter. Das Klima ist angenehm; die Sommerhitze nicht übermäßig, der Winter von kurzer Dauer und die Kälte wächst nicht über acht oder zehn Grad. Seiden-Baumwollen und Weinbau würden in diesem, der Verbesserung sehr fähigen Lande leicht gedeihen; die Natur hat es außerdem mit allem ausgestattet, was zur Herstellung einer zerrütteten Gesundheit beitragen kann.

Der Metschukh ist einer der fünf Berge, aus denen die warmen Quellen entspringen; daher der Name: der warme Berg.

Die Wärme der Quellen steigt von 30 bis 37 Grad Reaumur. Diese hohe Temperatur kann man nur einige Minuten lang aushalten. Vielleicht sollte man sich dieser Bäder nicht bedienen, als bis man sie ein wenig hätte abkühlen lassen, besonders für schwächliche Personen und Kinder. Eine starke Wärme kann in gewissen Fällen heilsam sein, aber sie bringt immer eine große Veränderung hervor, die man nur mit äußerster Vorsicht bewirken darf. In Europa lässt man die sehr heißen Wasser 12 Stunden lang kalt werden; z. B. den Sprudel zu Carlsbad, die Aachner Wasser und dergl.; und es möge diese Vorsicht gleichfalls mit denen zu Konstantinogorsk notwendig sein, wenn man sich des Todes des Generals Elliot, des tapfern Verteidigers von Gibraltar erinnert, den der Schlagfluß sogar in dem Bade bei Aachen traf, was viel Ähnlichkeit mit dem zu Konstantinogorsk hat.

Unter mehreren Übeln, welche durch diese Bäder erleichtert oder geheilt werden, äußern sie insonderheit eine bewundernswürdige Wirkung auf alte Wunden und gelähmte Glieder. So finden also die braven Kämpfer fürs Vaterland, in den Grenzen desselben, ein Heilmittel für die ehrenvollen Narben, die sie in dessen Verteidigung empfangen haben.

Der Schwefel, der in den Wassern von Aachen niederschlägt, wird wegen seiner Reinheit zu hohen Preisen bezahlt; die Wasser des Kaukasus liefern dasselbe Produkt; warum sollte daraus nicht derselbe Nutzen gezogen werden können?

Es ist zu beklagen, dass diese Bäder, die von Jahr zu Jahr mehr besucht werden, den Kranken nicht mehr Bequemlichkeiten darbieten, und dass es sogar an bewohnbaren Häusern fehlt. Die Natur allein ist hier freigebig; der menschliche Fleiß hat nichts getan, um ihre Reichtümer zu benutzen. Indes tragen die Annehmlichkeiten solcher Orte viel zur Genesung bei, die man dort sucht.

Ein milder Himmelsstrich, eine schöne Lage, Sorglosigkeit, Entfernung von aller ernsten Beschäftigung, kurz alles ladet ein, sich hier nur mit seiner Gesundheit und den Unschuldigen Freuden zu beschäftigen, die damit vereinbar sind, Freuden, die man nur im Schoße einer lachenden Natur und einer Ruhe finden kann, die durch nichts getrübt wird. Wir machen kleine Spaziergänge, bald nach Konstantinogorsk, bald längs dem Sodkumok, einem reizenden Strome von klarem und gesundem Wasser, bald an dem Fuße des Fünfberges (Beschtau); bald zur Kolonie der Schotten. Diese nicht ferne Ansiedelung verdient gesehen und bewundert zu werden. Mehrere schottische Familien, denen sich auch Deutsche zugesellt haben, die aus Saratow gekommen sind, wo sie bereits eine Kolonie bilden, haben sich hier unter der Leitung eines Geistlichen vereint, um die christliche Religion unter die Bewohner dieser Gegenden zu verbreiten. Ein nach englischen Grundsätzen geleiteter Landbau nährt sie; und eine Compagnie Jäger und einige Kosaken schützen sie vor den Angriffen der Tscherkessen. Mit Recht bewundert man diese großmütigen Insulaner, die ihr Vaterland verließen, und sich in dieses wenig bekannte, wilde Land wagten, um sich einer ebenso mühsamen als gefährlichen Unternehmung zu widmen.

Die Entfernung raubt uns das Vergnügen, die berühmten Ruinen von Madschar oder Madjar (so werden sie von den Landesbewohnern genannt) zu besuchen. Sie liegen 80 Werste von Georgiewsk an der Kuma, einem Ufern Fluss der aus der großen Kabardei, nahe beim Einflusse des Bywars, aus jener ungeheuren Steppe von Astrachan herkommt, die sich längs dem kaspischen Meere hin erstreckt, und von der Wolga, dem Kuban und der Bergkette des Kaukasus begrenzt wird.

Diese Ruinen sollen, wie man sagt, die Überbleibsel einer großen Stadt sein. Man findet dort die Trümmer mehrerer Schlösser, großer Häuser und prächtiger aus Stein erbauter Gewölbe.

Der Name dieser alten Überbleibsel erinnert an Maggar, wie die Ungarn ihr Land und sich selbst nennen, und an Magiar-Ili, womit die Türken Ungarn bezeichnen.

Das Wort Ungar oder Uger ist, seinem ursprünglichen Sinne nach, kein Eigen-Name, sondern eine allgemeine Benennung, die jedem Fremden, jedem, der aus einem fremden Lande kommt, beigelegt wird.

Die Madschars und die Baschkiren haben die Ufer der Wolga und des Jaik bewohnt; ums Jahr 893 wurden sie aus diesen Ländern vertrieben; die erstern zogen in die Gegend, wo sich heutzutage die Trümmer der Stadt Madjar befinden; sie setzten sich dort fest, nachdem sie dieses Land den Persern entrissen hatten, mit denen sie in der

Folge lange und häufige Kriege führen mussten. Die Awaren, wovon noch im Innern des Kaukasus ein Zweig fortbesteht, und die Kumanen, die ihren Namen dem Flusse Kuma verdanken, haben ebenfalls diese Gegenden bewohnt. Diese Völker, so wie die Madschars, zogen sich nachher gegen die Donau, wo ihre Nachkommen noch heutzutage wohnen, und das Stammvolk der Ungarn bilden.

Haben die Madschars diese Stadt Madschar erbaut? Wahrscheinlich ist's, dass sie von den Persern erbaut sei, und dass sie einen andern Namen getragen habe, bis zurzeit, als die Madschars sie eingenommen und verschönert haben.

Man findet noch heutzutage, wenn man die Trümmer von Madschar durchwühlt, Denkmünzen, die das Alter der Stadt dartun.

Nun zurück zu unsern Mineralquellen.

Nach ihrer Entdeckung schrieb der verstorbene Doktor Sucharew, der ihre Eigenschaft kennengelernt hatte, den Kranken die Art und Weise vor, wie sie sich derselben bedienen sollten, so wie auch die Diät, die sie erfordern, wenn man sie mit Nutzen gebrauchen will.

Freilich ist diese Diät ein wenig strenger; die Hauptnahrung besteht aus Gemüsen und Milchspeisen, Fleisch ist beinahe ganz untersagt, so wie auch Kaffee, Schokolade und alles, was das Blut erhitzen kann; er, empfiehlt unmittelbar nach genommenem Bade ein großes Glas Mineralwasser zu trinken, dessen Geschmack keineswegs angenehm ist. Diese Diät des Doktors Sucharew wird jetzt wenig mehr befolgt; und daher könnten diese Bäder wohl sehr unbillig in den Ruf kommen, sie hätten ihre Wirksamkeit verloren.

Werden nur des guten Sucharews Vorschriften in den warmen Bädern vernachlässigt, so sind sie in den Sauerbrunnen gänzlich vergessen, denn hier lebt man und belustigt sich, wie in der Stadt, wo Gastmähler und Bälle sich folgen, während der alte Arzt, obwohl er anhaltende Leibesbewegung und eine kräftigere Nahrung empfiehlt, doch alles Übermaß und jede Unregelmäßigkeit untersagt. Was ist aber wohl ohne diese auf Erfahrung begründete Diät von den besten Mineralquellen zu erwarten?

Ich habe zwanzig Bäder genommen, und gehe jetzt zu den Sauerbrunnen über. Die ganze Kur besteht eigentlich aus sechzig Bädern; doch wir sind zu spät eingetroffen, und es ist ein Glück für mich, dass ich noch habe so viele nehmen können. Wir versprechen uns viel Glück von den stärkenden Wirkungen des Sauerbrunnens.

Fünfzigster Brief

Kislawodsk, 75 Werste von Georgiewsk, den 12. August 1812.
Ich bin ganz entzückt über alles, was ich soeben gesehen habe. Die Lage des Orts, das Bad, so kalt wie Eis, die sprudelnde Quelle, ein wahres Becken voll schäumenden Champagnerweins, unsere Wohnung, die aus einer Kibitke besteht, und auf einem Hügel liegt, von wo das Auge den ganzen Talgrund umfasst, welchen die Gewässer, die den Bädern das nötige Wasser liefern, durchfließen, Gezelte, Kibitken, die sich in Gruppen wie Dörfchen ausnehmen, die Berge und malerische Hügel der Umgebung, die kleine Festung Kislawodsk, alles ergötzt, alles bezaubert. Einige Gezelte auf den Anhöhen vollenden die Schönheit des Gemäldes.

Es ist ein Feenland, wo selbst die Natur einen eigentümlichen Charakter an sich trägt; man atmet Fröhlichkeit, Freude und Glück; alles ladet zum Genusse ein; dieser schöne Anblick, dieses kalte stärkende und erquickende Bad, dieser sprudelnde und schäumende Sauerbrunnen, der uns einen so köstlichen Trank darbietet, die Bewegung, die man sich so oft als möglich machen muss, die starke Eßluft, welche die Mahlzeiten würzt, ein heiterer Himmel, eine reine, erfrischende Luft, und eine Gesellschaft, deren einziger Zweck Erheiterung ist – das alles findet sich hier vereint.

Wenn man beim Sauerbrunnen anlangt, fängt man damit an, einige Tage hindurch ein Glas, dann zwei, drei, bis zehn, ja fünfzehn Gläser täglich zu trinken, aber nicht mit einem Male; nie wird der Magen dadurch beschwert. Es ist die wahre Jugend-Quelle; Kranke beiderlei Geschlechts und jedes Alters kommen herbei, dieses wunderbare Wasser zu schöpfen; jeder mit einem Becher versehen, der mit einem langen Bande an einem Stocke befestigt ist; jeder taucht denselben in die Quelle; trinkt mit Wohlbehagen, und lustwandelt längs dem Tale hin; dieses Trinken wird täglich dreimal wiederholt, das ist so vorschriftmäßig.

Das Bad gewährt ein nicht weniger lebendiges Schauspiel. Es ist immer gedrängt voll; ein leerer Platz ist sogleich besetzt, indes derjenige, der ihn eben verlassen hat, noch vor Kälte zitternd wieder nach der Quelle eilt, hastig trinkt und schnell auf und abgeht, um sich wieder zu erwärmen.

Am Abend, wenn Alles zu ruhen scheint, und die aktive Kolonie der Kranken ihre Spaziergänge eingestellt hat, genießen wir auf der Höhe unsers Hügels eines neuen Zaubers; die meisten Zelte sind erleuchtet, und das Tal, so wie die Höhen rund umher, schimmern von tausend Lichtern. Zuweilen wird das tiefe Schweigen einer schönen Nacht durch eine entzückende Musik unterbrochen. Singstimmen, verschiedene Instrumente erfüllen das Tal mit ihren Akkorden, die unmerklich an den Bergen verhallen.

Einundfünfzigster Brief

Kislawodsk, den 20. August 1812.

Ich habe ein Bad genommen; wie soll ich Ihnen das Gefühl beschreiben, wenn man in diesen Cydnus taucht?

Es ist ein elektrischer Schlag, der einen durchbebt; der aufsteigende saure Geruch wirkt gleichfalls, man glaubt zu ersticken, man ist dermaßen von Kälte ergriffen, dass man, sobald man im Wasser ist, nicht glaubt, einen Augenblick darin ausdauern zu können. Bald darauf wird der Körper mit großen Tropfen, wie mit Perlen bedeckt, man steigt heraus, man fühlt sich gestärkt, erquickt, verjüngt.

Die Temperatur dieser Bäder ist zehn Grad Wärme nach Reaumur; das Kohlenstoff-Gas macht sie so kalt.

Die Toilette kostet wenig Zeit; man läuft zum Brunnen, man trinkt schnell, und der Spaziergang beginnt. Welche Leichtigkeit! Welche Stärke! Man ist wie neugeschaffen. Ungeduldig sieht man nach dem ersten Bade dem zweiten entgegen. Welche Esslust! Welch ein Schlaf!

Wir führen hier das angenehmste Leben, und richten uns gänzlich nach der Vorschrift des Doktors Sucharew. Nichts würde unserm Glücke mangeln, wenn meine kleine Katharina sich nicht täglich verschlimmerte. Der Arzt will mich beruhigen; kann man wohl ein Mutterherz beruhigen? Doch warum sollen Sie meine Besorgnisse teilen.

Wundern Sie sich nicht, dass wir uns hier in der Kabardei, im

Gebiete der Tscherkessen, befinden, die es sehr übel nehmen, ihrer Wasser beraubt zu sein, worauf sie immer einen großen Wert legten, und die Kanonen und Bajonette der Russen, vor denen sie allen Respekt haben, fürchten zu müssen. Doch trotz dieses Respekts und der Schanze von Kislawodsk gibt es einige Tollkühne unter ihnen, die nächtliche Besuche machen, wäre es auch nur, um Pferde oder Rindvieh wegzuführen. Als die Quellen zu Kislawodsk entdeckt wurden, sollen die Tscherkessen, aus Abgunst gegen die Russen, die Becken mit Steinen ausgefüllt haben, so dass das Wasser verschwand; aber bald bildete sich ein neues Becken, eben das, dessen man sich jetzt bedient. Diese Angabe hat indes wenig wahrscheinliches.

Seitdem die Schanze angelegt ist, dürfen die Tscherkessen dergleichen Versuche nicht mehr wagen. Sie nennen diese Quellen Narzana, d.h. H e l d e n g e i s t , von Nar, welches in ihrer Sprache H e l d und Zana, was G e i s t bedeutet. Die Tscherkessen betrachten dieses Wasser wie ein Reizmittel, welches Mut einflößt.

Sie haben nicht Unrecht, sich über den Verlust dieses Landes zu beklagen; es ist eines der schönsten, die man sehen kann, und der Podkumak, der sich durch die Umgebungen dieser Bäder schlängelt, macht diese Landschaft noch malerischer.

Man hat vor kurzem in einer gewissen Entfernung von hier eisenhaltige Quellen entdeckt, die bereits besucht werden, aber für die Bequemlichkeit des Lebens ist hier noch gar nicht gesorgt.

Ich kenne die Bäder zu Baden in Wiens Nähe sehr wohl, aber ich gebe den Wassern dieses Landes den Vorzug, und vielleicht würden sie alle Mineral-Quellen Europas übertreffen, wenn dort das Angenehme mit dem Nützlichen vereint wäre, wie zu Baden, Pyrmont, Spaa, Carlsbad, Aachen, und wenn man hier leichter die notwendigsten Bedürfnisse fände, ohne welche die größten Vorzüge nichtig sind.

Zweiundfünfzigster Brief

Kislawodsk, den 1. September 1812.

Das zauberische Land, der köstliche Brunnen, das herrliche Bad, alles hat seine Reize für mich verloren; alles ist in Trauer gehüllt, mein gepresstes Herz ist von schmerzlichen Ahndungen zerrissen. Meine kleine Katharina ist sehr krank, geliebte Freundin! ach! sehr krank, und die vermeinten Tröstungen des Arztes vermehren nur meinen Schmerz. Er gesteht ein, dass sie an der Auszehrung leide. Grausame Krankheit, sie entkräftet das arme Kind immer mehr! Ich sehe täglich seine Kräfte schwinden; der Keim seines Lebens ist angegriffen.

Wie soll ich Ihnen meine Angst malen? Ich sterbe mit meinem Kinde; ach, dass ich es mit meinem Blute und meinen Tränen nicht beleben kann.

Die Stunden schleichen mir mit einer Langsamkeit vorüber, dass mir jeder Tag ein Jahrhundert scheint. Ich weiche nicht mehr vom Bette der Kranken. Mit einem marternden Gefühl höre ich den Laut rauschender Freude um mich her, und den Gesang und das Saitenspiel, welche im Tale die übrigen Bewohner dieser Landschaft erfreuen, während mein Mann und ich noch hoffen durch unsere Sorgfalt und unsere zum Himmel gerichteten Gebete den Lebenshauch zurückzurufen, der jeden Augenblick zu entschwinden droht. Das Leiden macht sie noch anziehender; sie ist so sanft, so duldend, es ist ein Engel, zu gut und schon zu vollkommen für ein Leben, das oft nur eine ununterbrochene Kette von Wechsel, Leiden und Elend ist.

Dreiundfünfzigster Brief

Kislawodsk, den 5. September 1812.

Eitle Hoffnung! süße aber trügerische Täuschung! Sie war ein wenig besser; aber dieser Genesungs-Augenblick, wie kurz war er!

Wenn die Natur den Menschen in ihren Schoß zurückfordert, macht sie oft eine letzte Anstrengung und gewährt noch einige Momente, wo das Übel nachlässt; diese Momente sind von kurzer Dauer, – es sind die des schmerzvollen letzten Scheidens. –

Es bleibt uns nur noch ein Mittel zu versuchen übrig, das kranke Kind nach Georgiewsk zu bringen, wo die Luft nicht so frisch ist, wie hier, und wo es über dies einen trefflichen Arzt gibt, dessen Hilfe wir anflehen wollen. Wir reisen in einer Stunde ab.

Vierundfünfzigster Brief

Georgiewsk, den 12. September 1812.

Es ist vollbracht!

Sie, geliebteste meiner Freundinnen! weinen Sie mit mir; meine Tränen fließen nicht, doch mein Herz ist zerrissen, meine Seele vernichtet. Leben Sie wohl!

Fünfundfünfzigster Brief

Georgiewsk, den 1. Oktober.

Ich konnte Ihnen lange Zeit hindurch nicht schreiben. Trauer umgibt mich, Schwermut hält mich gefangen, das Bild meiner Verlornen schwebt mir stets vor der Seele, und wird mir bis ins Grab folgen.

Doch die Freundschaft hat ihre Rechte; ich muss meinen Schmerz in ihren Schoß niederlegen; sie wird mir Trost verleihen, und ihre Tränen werden sich mit den meinigen mischen.

Ich fühle das Bedürfnis, von ihr zu reden. Ich will meinen Schmerz nähren.

Verzweiflung brachte uns zu dem Entschlusse, uns, was auch der Arzt anriet, mit dem kranken Kinde nach Georgiewsk zu begeben. Wie gerne hofft man, was man mit heißer Sehnsucht wünscht.

Wir setzten uns in den Wagen. Die Kleine schien ruhig, und ihr Zustand belebte unsere Hoffnungen. Ich hielt sie in meinen Armen; unsere besorgten Blicke waren immer auf sie geheftet. Die kleinste Bewegung machte uns zittern.

Obwohl der Wagen nur Schritt vor Schritt fuhr, so schien es mir doch, dass die Bewegung des Fahrens ihr lästig werde; wir stiegen also aus, und trugen das Kind, bald meinen Mann, bald ich, mehr als zehn Werste weit.

Es war mir eine sanfte Bürde!

Welch ein Trauerzug! Die Vorübergehenden rührte unser Zustand; wir baten sie, ihre Gebete mit den unsrigen für die Erhaltung des geliebten Kindes zu vereinigen.

Unser Seufzen, das Weinen des kleinen Andreas, ein sterbendes Kind in den Armen trauernder Eltern, welch eine Szene!

Unser einziger Wunsch für den Augenblick beschränkte sich darauf, Georgiewsk zu erreichen. Aber auch dieser Wunsch sollte nicht erfüllt werden. Die Leiden mehrten sich. Sie richtete ihren Blick auf uns, als wollte sie uns ein Lebewohl aus ewig sagen. Eine unbeschreibliche Angst ergriff sie, es traten Zuckungen ein – das Ende nahte.

Noch hofften wir, noch täuschten wir uns. Der Tod hatte sein Opfer ergriffen, Füße und Hände waren kalt, wie Eis – aber sie atmete noch.

Ein himmlisches Lächeln umzog ihre bald erbleichenden Lippen, ihre Augen blieben offen, aber sie erstarrten; ihr Herz schlug nicht mehr – sie hatte aufgehört zu leben.

Ein Kind verlieren heißt tausendmal sterben.

Keine Tränen, kein Geschrei, ersticktes Schluchzen, stumme Seufzer unterbrachen das dumpfe Schweigen, worin wir versenkt waren.

Die Tote in meinen Armen, saßen wir, jeder in seinem Winkel des Wagens, der nun eilenden Laufs fortfuhr, so, dass wir noch vor Abend zu Konstantinogorsk anlangten, um dort die Nacht zuzubringen. Großer Gott, welch eine Nacht!

Sie war ganz dem Gebete geweiht und dem Abschiede von dem Kinde, das nun bald dem Schoße der Erde übergeben werden sollte. So oft ich es sah, so oft ich es an mein Herz pressen konnte, glaubte ich es noch zu besitzen.

Die aufgehende Sonne überraschte uns noch bei der Leiche unsers Kindes. Der Gedanke, dass die Sonne ihr nicht mehr scheinen werde, presste mir endlich Tränen aus; sie besänftigten mein trostloses Herz.

Wir reisten wieder nach Georgiewsk ab. Der kleine Andreas wollte jeden Augenblick sein Schwesterchen liebkosen, und beklagte sich über ihren langen Schlaf. Ja, sie schläft, sie wird schlafen, bis zum heitern Erwachen, das dem Traume eines Lebens folgen muss, das hienieden von zu kurzer Dauer war. Als ich von dem Gottesacker nahe an der Landstraße vorbeifuhr, blickte ich mit unendlichem Schmerz auf ihn hin. Dort, sprach ich, ist die ewige Wohnung des geliebten Kindes, das ich unter meinem Herzen trug, des Kindes, das ich genährt, gepflegt, geliebt habe!

Beweinen Sie meine Katharina, geliebte Freundin! aber beweinen Sie ihre unglückliche Eltern noch mehr.

Sechsundfünfzigster Brief

Georgiewsk, den 15. Oktober.

Mit großer Ungeduld sehnen wir uns nach dem Augenblicke, wo wir ein Land verlassen, in dem wir so viel gelitten haben. Die Reise in Georgien ist uns teuer zu stehen gekommen; sie kostet uns ein Kind und die Gesundheit.

Nach einem solchen Verluste wage ich es kaum Ihnen zu sagen, dass wir noch einen erlitten haben, der uns dennoch empfindlich ist.

Man hat uns in diesen Tagen alles, sogar die letzten Bedürfnisse geraubt. Zur Nachtzeit, während des ersten Schlafs, bei sehr dunkelm, regnigtem Wetter stiegen Diebe durch ein Fenster ein, und nahmen alles, dessen sie nur habhaft werden konnten; und da diese Bösewichter wahrscheinlich wohlbewaffnet und auf alles gefasst waren, so ist es sicher ein Glück, dass sie niemand hörte; sie würden nicht bloß geraubt, auch gemordet haben.

Ohne einen Diebstahl geht selten ein Tag vorüber. Das Beispiel der Tscherkessen, die Diebstahl als ein Gewerbe treiben, ist ansteckend, und die gestohlenen Sachen finden sich selten wieder.

Seit einem Jahre, meine geliebte Freundin! sind also, wie Sie sehen, unser Mut und unsre Standhaftigkeit auf schwere Proben gesetzt. Unsere Lage ist umso peinlicher, da wir nicht die einzigen sind, die weinen und Leid tragen. Welcher furchtbaren Verheerung ist ein großer Teil Russland preisgegeben. Die Städte stehen in Flammen, die Bewohner irren herum, Dörfer sind verwüstet, Gefilde verheert, der Landmann schmachtet im Elend. Doch wir führen einen heiligen Krieg, einen Heldenkampf gegen eine systematische Zerstörungssucht, gegen die verworfenste Dienstbarkeit, ans jenem Chaos der entfesselten Freiheit hervorgegangen, die man Revolution nannte; gegen die Tyrannei, worunter schon fast ganz Europa seufzt, gegen einen unerhörten Angriff, dessen einziger Zweck ist, die Moskwa und die Newa mit jener ungeheuren Herrschaft zu vereinigen, worin der Tajo, die Tiber, der Rhein, die Elbe, die Oder und die Weichsel bereits ihre gefangenen Wellen rollen, wo jeder Sklave ist, jeder seufzt, wo das, was den Menschen ihr Dasein am teuersten macht, ja alles, was ihnen dass heiligste ist, verspottet und mit Füßen getreten wird.

Schon hat dieser wütende Strom seine Wellen bis an Moskwas Mauern verbreitet; doch Russland stark durch seinen Heldenmut, wird das Grab einer Räuberhorde werden, die die Vorsehung endlich ermüden muss zu dulden.

Ich weiß nicht, wie und wann dieser Brief zu Ihnen gelangen wird; alle Verbindung mit der Hauptstraße ist unterbrochen. Doch das wird nicht von Dauer sein.

Ich erwarte alles von unsern braven Landsleuten, von Gott, dem Schützer unsers geliebten Vaterlandes und von der Sache, die wir verteidigen, und die bald, ja bald den Sieg davon tragen wird.

Siebenundfünfzigster Brief

Georgiewsk, den 26. Oktober 1812.

Moskwa ist doch gefallen! Moskwa steht in Flammen; diese heilige Wiege des Reichs, dieser Mittelpunkt unsers Vaterlandes! Doch Russland, und ganz Europa ist gerettet! Aus Moskwas Asche wird die Befreiung der Welt hervorgehen.

Wir vernehmen mit Entzücken die glücklichen Nachrichten, die uns schon auf geradem Wege zukommen, und auch am Fuße des Kaukasus segnen wir die unsterblichen Namen unserer Helden.

Wie stark sind wir, wenn Gott uns schützt!

Achtundfünfzigster Brief

Georgiewsk, den 28. Oktober 1812.

Der Tod meines Kindes hat mein Herz zerrissen, und kaum fing die Wunde an zu heilen, so reißt ein schreckliches Ereignis es wieder auf.

Die Räuberbande dieser Gegenden achtet selbst der Toten nicht; meiner Katharina Grab ist wieder eröffnet worden, wahrscheinlich von Tscherkessen. Niedrige Habsucht hat sich dessen bemächtigt, was mütterliche Zärtlichkeit sorgfältig mit dem Kinde dem heiligen Boden anvertraut hatte.

Das Grabmal ist wieder verschlossen, doch mich betrübt es tief, dass mein Kind in dem Schoße einer Erde ruht, den Barbaren voll grausamer, wilder Unmenschlichkeit zu verletzen wagen.

Seit Kurzem zeigt sich die Pest in der Gegend von Georgiewsk; man fürchtet sogar für die Stadt selbst. Wie schwer ist es, den Hafen wieder zu gewinnen, wenn man sich auf ein stürmisches Meer gewagt hat! Sollen wir damit enden, an der Pest umzukommen?

Sie richtet schreckliche Verheerungen an, und ist schon nicht mehr fern von hier.

Der Herbst ist schön, und die Ernte, vornehmlich auch an Früchten, ist sehr reich; Trauben, Melonen und Arbusen sind von ausgesuchtem Geschmack, und in solchem Überflusse, dass sie fast nichts kosten. Geht der Bauer des Morgens aufs Feld, so nimmt er einen Karren voll Früchte mit. Es ist das Land des Überflusses; aber ist gleich die Natur schön, so hat man doch manche Übel zu bekämpfen, welche weniger warme, weniger fruchtbare Länder zu ihrem Glücke nicht kennen; dahin gehören Pest, Faulfieber, Skorpione und Taranteln und eine oft unausstehliche Hitze, welche beschwerlicher als große Kälte ist.

Dies lässt mich glauben, dass auf dieser Welt alles weise verteilt ist, und, dass „G o t t u n s m i t g e r e c h t e r W a g e w ä g t.“

Vollkommenheit können geschaffne Wesen nicht fordern.

Der hiesige Zivil-Gouverneur, der Oheim meines Mannes, ist, in Folge des Eifers, mit dem er sich der Verbreitung der Pest widersetzte, erkrankt. Er leidet an einem hierzulande sehr gefährlichen Fieber. Wir pflegen ihn Tag und Nacht, aber ich fürchte für sein Leben. Soll uns ein neuer Schlag treffen!

Man rät uns, nach Stauropol zu entfliehen, um weiter von der Pest zu sein, die schon in die Vorstädte von Georgiewsk gedrungen ist, wo bereits mehrere Häuser unter Quarantäne gestellt sind; sollen wir aber einen sterbenden Oheim verlassen?

Wir gehorchen unserer Liebe und unserer Pflicht; wir bleiben, und werden, wenn es sein muss, neuen Gefahren trotzen.

Es wäre auffallend, wenn die Pest in diesen morgenländischen Gegenden nicht gänzlich auszurotten seiin sollte; man muss wohl die Ursache davon in dem Charakter der Einwohner suchen, welche dieselbe durch ihre Unwissenheit, Sorglosigkeit und durch ihren Aberglauben fortpflanzen. Ihre Unreinlichkeit, so wie ihre Habsucht, trägt ebenfalls dazu bei. Sie setzen sich lieber dieser Seuche aus, als dass sie einige Sachen, die vom Pestgifte ergriffen sein könnten, ins Feuer werfen.

Die Bevölkerung des Kaukasus hat sich seit einigen Jahren sehr vermindert, besonders seit dort die Pest ausgebrochen ist. Sie ward, wie man sagt, von Priestern, die aus Mekka zurückkehrten, mitgebracht; seitdem hat diese Seuche hier besonders deswegen große Verwüstungen angerichtet, weil diese Völker, von dem Glauben an ein blindes Fatum betört, sich jeder Vorsichtsmaßregel widersetzen, und vorgeben, es sei gottlos, sich davor zu hüten, weil Krankheiten eine Schickung Gottes seien.

Besonders sind die Tscherkessen in dieser Hinsicht überaus sorglos. Ohne geschlossene Städte bewohnen sie bloß offne Dörfer, Aulen genannt, deren Häuser, aus Baumzweigen, von innen und von außen mit Ton bekleidet, nahe aneinander liegen, und die Verbreitung der Pest außerordentlich befördern.

Die Regierungsform der Tscherkessen ist eine Lehnsverfassung. Sie sind in Klassen geteilt, nämlich in Fürsten, die Beherrscher des Landes, in Edle oder Uzdenen, und in Leibeigene.

Die Fürsten und Edlen treiben nur Krieg und Räuberei, die Frauen und Sklaven beschäftigen sich mit häuslichen Arbeiten, mit dem Ackerbau und der Viehzucht.

Neunundfünfzigster Brief

Georgiewsk, den 10. November 1812.

Meine Besorgnisse, in Rücksicht unsers Oheims, sind nur zu bald eingetroffen. Ungeachtet aller unserer Sorgfalt ist er vor einigen Stunden verschieden. Er ist der fünfte Gouverneur, den diese Provinz in dem kurzen Zeitraume von acht Jahren durch den Tod verloren hat. Alle, die ihn kannten trauern aufrichtig um ihn, und seine Freunde beweinen seinen Verlust. Er ward das Opfer seines Dienst-Eifers, indem er, schon krank, sich in die umliegenden Dörfer wagte, wo bereits die Pest ausgebrochen war.

Er starb in den Armen seines Neffen, und äußerte den Wunsch, neben meiner Katharina zu ruhen, die er sehr liebte.

Gestern ward er aufs Feierlichste bestattet; alle Einwohner folgten seinem Leichenzuge, das Andenken des Verstorbenen segnend. Die Tränen, die gestern geweint wurden, sind das schönste Denkmal der Verehrung und Dankbarkeit, die sein Andenken erweckt.

Ich wohnte dem Leichenbegängnisse unsers teuern, achtbaren Oheims bei; ich sah das Grab meiner Tochter wieder, dort flossen meine Zähren; ich habe ihr Lebewohl gesagt auf ewig.

Sechzigster Brief

Georgiewsk, den 25. November 1812.

Soeben sind unsere Reisepässe angelangt; mein Mann ist nach Petersburg zurückgerufen; Morgen reisen wir ab.

Von Moskwa aus werde ich Ihnen wieder schreiben. Dann, ich hoffe bald, werden süße Gespräche der Freundschaft unsern Briefwechsel, diesen schwachen Trost für die Leiden der Entfernung, ersetzen.

Ich kann Ihnen nicht sagen, mit welcher Ungeduld ich den glücklichen Augenblick erwarte, Sie wieder zu sehen. Alle angenehmen oder schmerzlichen Gefühle meiner Seele bringen mich zu Ihnen, rufen Sie herbei, bitten um Ihre Güte und um den Rat der Freundschaft. Die Stimme des Kummers erhebt sich noch oft, und erneuert meine Prüfung und mein Leiden. Eine zärtliche, mitfühlende Freundin wird meinen Schmerz verstehen, sie wird ihn teilen; ihr Rat und ihr Beispiel, und auch nur diese ganz allein, werden mich mit Gefühlen einer frommen Ergebung, die einzige Quelle des Trostes für eine betrübte Mutter, erfüllen.

Einundsechzigster Brief

Rostow, den 15. Dezember 1812.

Mit Erstaunen werden Sie einen Brief von mir aus Rostow datiert empfangen. Die Umstände nötigten uns diese Richtung zu nehmen.

Die Stadt Rostow, als Festung St. Dmitri genannt, liegt am Don in der Nähe von Nahetchiwan, Axai, Neu-Tscherkask und Taganrok.

Ihr Haupthandel besteht in Fischen, woran der Don einen Überfluss hat.

Nahetchiwan, wo wir heute gewesen sind, liegt vier Werste von Rostow. Es ist eine artige, kleine Stadt, die nur vom Handel lebt, und bloß von freien armenischen Kaufleuten bewohnt wird; sie regieren sich nach ihren Gesetzen und zahlen bloß eine bestimmte Summe an die Krone. Seit dem Frieden von Kutschuk-Kainardschi, zu welcher Zeit sie unter dem Schutze russischer Truppen, aus Furcht vor den Misshandlungen der Tartaren die Krimm verließen, haben sie hier ihren Wohnplatz.

Der größte Teil der Stadt besteht aus Kramläden; sie sind mit Waren aller Art angefüllt und stark besucht.

Die Lage dieser Städte an den lachenden Ufern des Dons ist sehr malerisch. Das Gemälde wird noch anziehender durch das Gewühl, welches der Handel veranlasst, durch die Menge der Schiffe und Barken, womit der ganze Don erfüllt ist, und durch den Anstrich der Wohlhabenheit und selbst des Reichetums, welcher eine natürliche Folge des Handels ist.

Unser Aufenthalt in der Quarantäne war mit vielen Unbequemlichkeiten und Unannehmlichkeiten verknüpft; wir müssen uns also glücklich schätzen, jene widerwärtige Grenzscheide hinter uns zu haben.

In diesem Durchgangsorte, oder vielmehr in diesem traurigen Aufenthalte, muss man mit einem Zertifikat des General-Gouverneurs versehen sein, welches bescheinigt, wie der Zustand des Landes sei, woher man kommt, und ob die Pest dort herrsche oder nicht. Dieses Papier nimmt ein Mann ab, der Kleider und Handschuhe trägt, die angeteert sind.

Dann wird man in ein Schauer geführt, wo alle Effekten niedergelegt werden; man muss diejenigen davon absondern, die man für die Nacht nötig hat und sie beiseitelegen, damit sie sogleich mit Salzsäure nach der Methode von Guyton Morvaux durchräuchert werden. Bis dies geschehen ist, muss man die Kleidung, die einem gegeben wird, anziehen.

Dann geht man ins das Inspektionszimmer. Hier werden die Frauen von einem Weibe untersucht, welches erklären muss, das sie nicht das geringste Merkmal der Pest entdeckt, worauf man denn die durchräucherten Kleider anlegt. Wenn die Zeit der Quarantäne abgelaufen ist, erhält man ein Zertifikat, womit man ins Land der donischen Kosaken zugelassen wird.

Ich hoffe, dass sich jetzt unserer Reise weiter kein Hindernis entgegenstellen wird.

Zweiundsechzigster und letzter Brief

Moskwa, den 16. Januar 1812.

Endlich sind wir in Moskwa. Doch mit zerknirschtem Herzen und tränenvollen Augen suchte ich in ihren Trümmern diese uralte, prachtvolle Hauptstadt wieder zu erkennen.

Wie ergreifend, wie schrecklich ist der Anblick dieser Ruinen! Ich glaube noch den Stahl und die Brandfackel zu sehen, die hier Verbrechen und Zerstörung häuften. Ich sehe den unglücklichen Bewohner, der seinem flammenden Obdache entflieht, und seine jammernde Familie mit sich fortzieht; Ermüdung und Hunger lähmen seine Schritte, und überliefern ihn und seine Kinder entweder der gierigen Flamme, oder der grausamen Kriegerhorde, die Trunkenheit mit verdoppelter Wut beseelt.

Vor wenig Monaten wagte ich es nicht, diese ungeheure Stadt und die Herrlichkeiten, die sie umfasste, zu schildern; jetzt hat die Vernichtung alles durcheinander geworfen; Trümmer bezeichnen ihren Umfang in schrecklicher Einförmigkeit, denn was übrig blieb von dieser großen Stadt, gleicht in den Augen des Beschauers, einem Baumstamme, dessen Krone der Strahl des Blitzes vernichtete. Paläste, Häuser, Hütten, alles hat die Flamme verwüstet, und was die Feuersbrunst verschonte, ward ein Raub der ausgelassensten Rache und Wut. Umgestürzte Altare, geplünderte Kirchen sind die letzten Zeugen der Wut der Verwüster.

Vornehmlich war der Kreml, der alte erhabene Wohnsitz unserer Zare, ein Gegenstand barbarischer Wut. Seine zerstörten Mauern bezeugen, dass das Verbrechen bewirkte, was Jahrhunderte nicht vermochten.

Kurz alles bietet hier nur das Schauspiel ehrwürdiger, stummer Ruinen dar – was sag ich – stummer? Aus dem Schoße dieser Ruinen erhebt sich eine Stimme, welche die Größe und den Mut des russischen Volkes, seine Anhänglichkeit ans Vaterland, seine Liebe für s e i n e n e r h a b e n e n M o n a r c h e n verkündigt. Dort vornehmen wir die Ratschlüsse einer göttlichen Gerechtigkeit, die aus der Mitte dieser zum Heile der Völker verheerten Hauptstadt die Bestrafung des Welt-Unterdrückers verkündigt.

Moskwa! sei stolz auf dein Geschick! Du wirst in den ruhmerfüllten Jahrbüchern Russlands stets als der Städte Erste glänzen. Wiedergeborne Stadt, du wirst stets die alte Stadt bleiben, denkwürdig durch deine Opfer und deinen Ruhm!

Bericht einer im Jahre 1812 unternommenen Reise nach Tauris

Vorbericht

Georgien, das von seinen Nachbaren stets verfolgt worden ist, ward oft besiegt, aber nie unterwürfig gemacht. Unter allen Schrecken verbreitenden Völkerschaften, die diese Provinz angriffen, bewiesen die Perser die größte Ausdauer. Da sie Georgien als eine von ihnen abhängige Besitzung betrachteten, wollten sie derselben nie im Frieden der Unabhängigkeit genießen lassen, und die unglücklichen Georgier, so beharrlichen Feinden stets preisgegeben, erhielten nur von Zeit zu Zeit einige Ruhe, um die zerstörenden und schmerzlichen Folgen des Krieges verdoppelt zu fühlen. Allein Gefahr erhöht den Mut. Mit den Hilfsquellen eines Landes, das durch seine Lage verteidigt wird, vereinigt der Georgier Tapferkeit und Anhänglichkeit an seine Religion und an sein Vaterland. Durch solche Gesinnungen angefeuert und geleitet, kann ein Volk besiegt, aber nie unterjocht werden.

Indes, immer neuen Angriffen ausgesetzt, und voll Besorgnis, dass die Menge und die Kraft endlich den Muth überwinden mögte, wollte der letzte Zar von Georgien das Land lieber denjenigen überlassen, welche es lange Zeit beschützten, als denen, die es fortwährend verwüstet hatten. Demzufolge nahm Russland im Jahre 1800 von Georgien Besitz, und erweiterte bald die Grenzen dieser Provinz auf Kosten der Perser. Seitdem hat ohne Aufhören der Krieg zwischen Persien und Russland fortgedauert.

Dieser keineswegs gefährliche Krieg ist für Russland von geringer Wichtigkeit, allein er ist für die Bewohner Georgiens, die in Persien grenzen, verderblich. Abteilungen leichter Reuterey fallen oft plötzlich auf ungebahnten Wegen über die Dörfer her, und begehen dort so viel Unheil wie möglich, indem sie Männer, Weiber, Kinder und das Vieh mit sich fortschleppen.

Ein anderes Mittel dessen sich die Perser gegen die russische Regierung in Georgien bedienen, ist, Revolutionen dort anstiften. Unterstützt von dem flüchtigen Zarewitsch von Georgien, Alexander, der in Erivan residiert, und das unglückliche Talent besitzt, seine armen Landsleute durch eitle Hoffnungen zu täuschen, glückte ihnen dies bisweilen; einige Kanonen-Schüsse stellen indes die Ordnung wieder her und dringen die Empörer bald zur Unterwürfigkeit zurück.

Die Kriegskunst der Perser beschränkt sich größtenteils auf Lauern im Hinterhalte; durch kleine, aber wiederholte, wirksame Angriffe beunruhigen und ermüden sie den Feind, den sie in Masse nicht anzugreifen wagen.

Nach und nach kehrten ihnen Franzosen und Engländer Infanterie zu organisieren, und sich des groben Geschützes zu bedienen; dennoch kann Persien, selbst mit dieser Aushilfe, nie den Kampf mit Russland bestehen.

Indes hat diese Macht seit langer Zeit gewünscht, Feindseligkeiten zu beendigen, die oft auf Kosten Georgiens stattfanden.

S e. M. d e r K a i s e r v o n R u s s l a n d, dessen väterliche Sorge dahin gerichtet ist, seinem Reiche einen ehrenvollen und dauerhaften Frieden zu schenken und zu erhalten, befahl mehrmals, mit der persischen Regierung Friedens-Unterhandlungen anzuknüpfen; aber der Eigensinn, die List und die Zweizüngigkeit der Perser, verbunden mit einer gewissen Schlauheit, die ihnen zu den feinsten Intrigen Mittel an die Hand gibt, machten, dass diese wohlwollende, friedliche Stimmung vergebens war.

Dennoch erhielt der General Rtitscheff, gleich nach seiner Ankunft zu Tiflis, wo er die Stelle des Generals Marquis von Paulucci ersetzen sollte, den Befehl, von neuem Friedens-Unterhandlungen mit Abaz-Mirza, dem persischen Thron-Erben, einzuleiten.

Ich ward mit dieser Unterhandlung beauftragt, und erhielt Befehl, mich unverzüglich nach Tauris, der Residenz des Thronfolgers, zu begeben.

Ich nahm meinen Weg durch die Provinz Bamback, um über Erivan nach Tauris zu gehen.

Unglücklicherweise büßte ich in Georgiewsk als dort der größte Teil meiner Effekten gestohlen ward, mehrere meiner Reisebemerkungen ein; Persien ist indes ein so merkwürdiges und wenig bekanntes Land, dass ich es gewagt habe, einen schwachen Abriss über dasselbe, bloß mit Hilfe des Gedächtnisses, zu liefern.

Einige Umstände, die nur auf schwache Erinnerungen beruheten, habe ich auslassen müssen, um allem, was ich schrieb, den höchsten Grad von Zuverlässigkeit zu geben, indes benutzte ich die Werke mehrerer Reisenden in Persien, und bestätige deren Bericht. Es ist von keiner geringen Wichtigkeit, ältere Reisebeschreibungen zu berichtigen, und das, was Genaues und Übereinstimmendes in ihnen ist, in Erinnerung zu bringen.

Der Berg Ararat

Von einem Dolmetscher und mehreren Kosaken begleitet, reisete ich am 28. April 1812 von Tiflis ab. Wir waren alle zu Pferde, weil die Reise auf keine andere Weise gemacht werden konnte.

Da ich Tiflis frühzeitig verließ, so genoss ich des schönen Frühlings-
morgens. Die Wärme war nicht beschwerlich, und die Natur, durch
jene frühzeitige Vegetation schon verschönert, bot einen Anblick von
entzückender Schönheit dar.

Meine Stimmung trug nicht wenig zu dem Vergnügen bei, das ich
empfand. Der Gedanke mich nach Persien zu begeben, ein seit grauer
Vorzeit berühmtes Land zu sehen, ließ mich eine Freude empfinden,
die – soll ichs gestehen? – mit ein wenig Eitelkeit verbunden war.

„I c h   w e r d e   P e r s i e n   s e h e n !" sagte ich mehrere Male zu
mir selbst. Auf allen meinen Reisen in Deutschland, Frankreich und
der Türkei habe ich nie jene Ungeduld nach neuen Gegenständen so
lebhaft gefühlt, als da ich nach Persien ging.

S a g a n l u g , die erste Station, ist ein kleines Dorf an den Ufern des
Kura, acht Werste von Tiflis. Man sieht hier die Ruinen eines großen
Gebäudes, das ehedem wahrscheinlich ein Karavanserai war. Heutzutage dienen die Trümmer tausenden von Skorpionen und Taranteln
zum Aufenthalt.

K o d i , ein Dorf, fünfzehn Werste von Saganlug, liegt in einem
schönen Tale.

Fünfzehn Werste weiter findet man ein anderes Dorf, K o l a g i r .
Der Fluss Alget durchströmt eine große und schöne Ebene, deren
Boden fruchtbar und gut angebaut ist. Der Weg geht mitten durch
diese schöne Gegend und führt nach

S c h u l a v e r , einer kleinen Kosakenschanze, fünfzehn Werste von
Kolagir, wo Somhetien anfängt.

Der Fluss Hram, der bei Tauwetter gewöhnlich hoch anschwillt
und als dann große Verheerungen anrichtet, bewässert dieses Land.
Nachdem ich am ersten Tage eine Entfernung von vier und sechzig
Wersten zurückgelegt hatte, machte ich Halt in

S a d a h l y , einem Dorfe, elf Werste von Schulaver, um die Nacht
daselbst zuzubringen. Der Weg, den ich an den beiden folgenden
Tagen zurücklegen musste, war ungleich mühseliger und sogar gefährlich, der Wälder und Gebirge wegen, wo Reisende, ungeachtet der
Bedeckung, oft bald von den Türken, angefallen werden, die des Rau-
bes halber aus ihrer Festung Akalzick kommen, bald von Lesghiern,
deren einziges Handwerk der Raub ist, bald von Persern, die der Sar-

dar von Erivan auf Umwegen und ungebahnten Pfaden aussendet, damit sie plötzlich über Dörfer oder Reisende herfallen, um zu morden und zu plündern.

Man vermehrte meine Bedeckung mit ungefähr zwanzig Kosaken, und ich reisete mit Tages-Anbruch am 29. von Sadahly ab. Obgleich gewöhnlich bei diesen asiatischen Völkern Abgesandte respektiert werden, so kann man dennoch gegen ihre Treulosigkeit nie genug auf seiner Hut sein.

Der Weg dieser Tagesreise, obgleich nur 35 Werste lang, war so beschwerlich, dass ich nur mit Mühe und sehr spät im Dorfe Usumlar ankam.

Der Weg führt bald über hohe und steile Berge, bald durch dicke Wälder, oder durch Ebene, welche von Bächen durchschnitten werden, die man durchwaten muss. Der enge Fußsteig macht es oft notwendig, vom Pferde zu steigen und zu Fuße zu gehen. Allein alle diese Unbequemlichkeiten erträgt derjenige leicht, der sich im Anblicke einer wilden, aber zugleich schönen Natur gefällt, und, so ist die beschaffen, die sich von Sadahly an, dem Auge darbietet.

Der Zopi ist der erste Fluss, über welchen ich an diesem Tage musste, als dann über den Bamback einen außerordentlich reißenden Strom, über welchen eine antike, aus gehauenen Steinen erbaute Brücke von schöner Architektur führt. Diese Brücke ist ein Meister-Stück der Kunst. Sie besteht aus einem Bogen, an dessen Endpunkten zwei aus Steinen geformte Sphinxe, sowie mehrere Kreuze befindlich sind. Die Kreuze lassen vermuten, dass diese Brücke ein Werk griechischer Christen sei.

Ruinen von Tempeln und Kapellen größtenteils auf den Gipfeln der Berge erbaut, schreiben sich wahrscheinlich aus derselben Epoche her.

Zwanzig Werste von Usumlar sind Kupferminen in fast unzugänglichen Bergen, wo die Landschaften höchst malerisch werden. Meine Neugier überwand meine Müdigkeit. Ich verwandte die zwei Stunden, die ich hier zubrachte, um die Bergwerke zu besuchen und die Arbeiten in Augenschein zu nehmen.

Am 30sten reisete ich von Usumlar nach Karaklis. Nachdem ich den Distrikt von Bortschali verlassen hatte, kam ich in den von Bamback, wo ich den Bamback und die Kammennaja, von den Russen also genannt, durchwaten musste. Je näher ich Karaklis kam, welches fünf und vierzig Werste von Usumlar liegt, desto bergiger wurde die Gegend; hier findet sich eine Gebirgskette, die sich bis zu der Provinz Erivan, deren Grenze sie bildet, erstreckt. Diese Berge sind denn größten Teil des Jahres mit Schnee bedeckt und heißen das Algetgebirge. In den Tälern findet man eine Menge wilder Tiere, Tiger und Hyänen, jedoch von kleiner Art.

K a r a k l i s , ein großes Dorf in einem Tale am Fuße des Algets, unweit der Grenze der Provinz Erivan, ist der Wohnort des Militärchefs. Ich stieg hier nach meiner Ankunft bei dem russischen Generale ab. Der Distrikt Bamback, von hohen Bergen umgeben, hat ein kaltes Klima; selbst der Sommer ist hier nicht warm. Während meines Aufenthalts in Karaklis hörte es nicht auf zu schneien, und ein kalter Wind ließ mich sogar im Maimonate die Strenge des Winters fühlen.

Als ich in Karaklis angekommen war, vernahm ich, dass die Perser die benachbarten Dörfer Amamli und Bekante überfallen und ersteres, nachdem sie alles Vieh herausgetrieben hatten, zerstört hätten. Der Sardar von Erivan, Hussin-Kuli-Chan, sandte Militär-Abteilungen ab, um die russischen Besitzungen an verschiedenen Punkten anzufallen.

Der Weg von Karaklis nach Erivan war, obgleich er der kürzeste ist und gerade durch die Gebirge führt, wegen des Schnees, der noch die Grenzgebirge Persiens bedeckte, sehr beschwerlich. Der russische General riet mir, den Weg über Gumri zu wählen; allein da es gefährlich war, sich mit wenigen Truppen den öfteren Angriffen der Perser auszusetze, so musste ich die Ankunft einer starken Bedeckung abwarten.

Am Vorabend meiner Abreise von Karaklis war ich Zeuge einer großen Unruhe. Gegen Abend zeigte sich nämlich in der Nähe der Festung ein ziemlich beträchtliches persisches Kavalleriekorps, allein es hielt sich in den Gebirgs-Pässen. Alsbald stürzten die russischen Truppen auf den Feind, welcher sich nach einem Verluste von einigen Mann schnell zurückzog.

Am 2. Mai reisete ich von Karaklis ab, begleitet von zwei Artilleriestücken und fünfzig Kosaken.

Das Dorf Amamli zeigte mir das traurige Gemälde der Verwüstung, welches die Perser dort einige Tage vorher verübt hatten. Sie waren mit weit überwiegenden Kräften über dasselbe hergefallen, hatten die

Einwohner getötet oder weggeführt und mehr als tausend Stück Vieh mit sich fortgeschleppt.

Das Dorf Bekante, 35 Werste von Karaklis, in welchem ich erst gegen Abend ankam, weil mir Infanterie und Kanonen folgten, hatte weniger gelitten; ich fand hier noch einige Einwohner, die, durch den plötzlichen Überfall der Perser zerstreut, wieder zu ihrem Herde zurückgekehrt waren. Da diese armen Leute wussten, dass ich mich nach Persien begab, brachten sie mir ein Geschenk von Lebensmitteln, so viel sie deren zusammenbringen konnten, und begleiteten mich mit ihren Wünschen für den glücklichen Erfolg meiner Sendung.

Den folgenden Morgen begab ich mich mit derselben Bedeckung wie gestern, durch die Provinz Schuragel nach Gumri. Ich kam dort ohne Unfall an, nachdem ich einen Weg von dreißig Wersten zurückgelegt hatte; allein die Truppen, die mich bis Bekante begleitet hatten, wurden, gleich anfangs auf ihrem Rückwege nach Karaklis, von einem starken persischen Heerhaufen überfallen. Das Resultat dieses Gefechts war eine schleunige Flucht der Perser; doch hatten die braven russischen Truppen das Unglück, dabei ihren Anführer zu verlieren. Ich würde vielleicht dasselbe Schicksal gehabt haben, wenn die Perser etliche Stunden früher angegriffen hätten. Sie haben die Gewohnheit, immer auf die Offiziere zu zielen und unglücklicherweise zielen sie gut. Dennoch macht der gänzliche Mangel an Kriegswissenschaft und an Mannszucht, dass ihre Geschicklichkeit von keiner Bedeutung ist.

Der Weg nach Gumri ist sehr angenehm. Er führt durch eine weite Ebene, die der Fluss Bamback benetzt.

Der Boden erhebt sich allmählich, je näher man nach Gumri, einem Dorfe auf einer beträchtlichen Höhe kommt, von wo aus man eine prächtige Aussicht genießt. Von einer Seite zeigt sich in der Ferne eine lange Bergkette, die sich nach dem türkischen Gebiete hin ausdehnt, und an deren Fuße man die Festung Akalzik, das Paschalik von Kars, und die Besitzung von Karabeg, mit Namen Magasbert, durch welche über hohe Berge die Straße nach Constantinopel führt, unterscheidet; von der andern Seite sieht man den Alget und den Weg nach Persien, und zwei Werste von Gumri den Fluss Arpatschai, der die Grenze des türkischen Gebiets macht. Diese verschiedenen Gegenstände bilden ein entzückendes Gemälde, das noch durch die Erinnerung an den vollständigen Sieg verschönert wird, den die Russen in dieser Ebene an den Ufern des Arpatschai über einen türkischen Seraskier erfochten haben. Gumri ist ein ziemlich gut erbautes Fort. Es war natürlich, diesen Posten zu sichern, da er den fortwährenden Anfällen der Türken und Perser ausgesetzt ist.

In einiger Entfernung von Gumri sieht man die Ruinen eines Dorfes, in welchem einst zweihundert Türken die armenischen Einwohner und Gastfreundschaft ansprachen, und dieselben nachher in der Nacht ermordeten.

Einige Schriftsteller geben vor, dass bei Kars, einer Stadt in dem Paschalik gleichen Namens, die man von Gumri aus unterscheiden kann, Crassus 53 Jahr vor dem Anfang der christlichen Zeitrechnung, durch Surena[9] und Sillaces, Feldherren des Königs der Parther geschlagen worden sei, andre aber versichern, dass Carrhes nicht das heutige Kars sei, sondern in Diarbekr oder Mesopotamien liege.

Nachdem ich das persische Gebiet erreicht hatte, bedurfte ich keiner Bedeckung mehr, indem meine Würde als Friedens-Unterhändler mich durchaus vor jeder Gefahr eines Angriffs schützte. Fünfzehn Tartaren wurden mir zu Gumri mitgegeben, um mich nach Erivan zu führen, von wo der Sardar Hussein-Kuli-Khan, so wie es der Brauch ist, Sorge tragen sollte, mich nach Tauris zu senden.

Am 4ten früh morgens trat ich meine Reise an, und schon gegen

---

9 Anmerk. Surena, Ober-Feldherr des parthischen Königs Orodes, war durch seinen Mut und seinen Reichtum berühmt; durch ihn gelangte Orodes zum Throne und eroberte die Stadt Seleucia. Er soll, wenn er ins Feld zog, 1000 mit Gepäck beladene Kamele und 200 Wagen, worin ihm seine Kebsweiber folgten, mit sich geschleppt haben. Vorzüglich berühmt machte sich Surena durch den Sieg, den er über das römische Heer unter Crassus davontrug. Crassus, nach den Reichtümern der Perser, die er zu besiegen hatte, gierig, schlug den ihm von dem Könige, derselben angebotenen Frieden aus; auch verwarf er den Rat des Artabazes, Königs von Armenien, und des Quästors Cassius. Jener riet ihm, in Armenien zu seinem Heere zu stoßen, dieser, grade auf Seleucia loszugehen. Er rückte gegen Surena und Sillaces an, und wagte, als er den Euphrat im Rücken hatte, ein Treffen, welches höchst unglücklich für die Römer ausfiel. Hierauf zog sich Crassus nach Carrhes zurück, und kam in einem zweiten Treffen um, worin Surena wieder den Sieg davon trug. Der König Orodes soll, um sich an der Habsucht dieses römischen Feldherrn zu rächen, geschmolzenes Gold in Crassus Mund haben gießen lassen, als ihm dessen Haupt gebracht wurde. Surena erfreute sich nicht lange seiner Siege; da er dem Orodes nach und nach verdächtig wurde, so ließ dieser ihn, so ausgezeichnete Dienste mit Undank lohnend, umbringen.

146

Mittag hatte ich die Bergkette erreicht, welche die Provinz Erivan von den russischen Besitzungen trennt. Auf dem Gipfel dieses Gebirges sah ich mehrere Grabmäler aus Granit, die mir sehr alt schienen; die Inschriften und Sinnbilder waren fast ganz ausgelöscht.

Kaum war ich von dieser Höhe herabgekommen, so lag die unermessliche fruchtbare Ebene der Provinz Erivan vor mir, so wie auch die beiden Berge Ararat, die sich wie zwei Kolosse majestätisch in die Wolken erheben. Wenn auch die Erinnerung an Noah und seine Arche einem nicht in den Sinn käme, so würde doch der Anblick dieses Ararat nicht weniger erhaben und prachtvoll sein.

Ich glaubte noch, an diesem Tage Etschmiazin, ein berühmtes, schönes Mönchskloster, ungefähr 100 Werste von Gumri erreichen zu können; doch die Pferde, durch die Tagesreise, besonders durch den Weg über die Berge ermüdet, gestatteten mir nicht, meinen Zweck zu erreichen. Schon war es Mitternacht, als ich in einem Dorfe, ungefähr noch 10 Werste von Etschmiazin, ankam; hier musste ich die Nacht zubringen.

Mein erstes Zusammentreffen mit den Persern war nicht angenehm. Ob ich gleich durch einen Dolmetscher anzeigen ließ, ich sei gekommen, um mich nach Tauris zu begeben, und dort über den Frieden zu unterhandeln, liefen doch die aus dem ersten Schlaf erweckten Dorfbewohner mit den Waffen in der Hand zusammen, und wollten Feuer auf uns geben, indem sie behaupteten, dass, wenn ich ein russischer Abgesandter wäre, die Grenzposten sie davon benachrichtigt haben würden. Sie hatten Recht; sie wussten nicht, dass die Grenzwachen, welche aus Nachlässigkeit sich nicht auf ihren Posten befanden, uns nicht wahrgenommen hatten. Nur durch die kräftigsten Vorstellungen gelang es uns endlich Aufnahme in dem Dorfe zu finden; ich ward desungeachtet die ganze Nacht hindurch von einer Anzahl bewaffneter Leute bewacht; dadurch ward ich genötigt, meine Begleiter und meine Kosaken ebenfalls unter den Waffen zu lassen, um die Perser in Achtung zu halten. Beim Anbruch des Tages eilte ich, nachdem ich meine ungeschliffene Wirte, die endlich einzusehen anfingen, dass sie uns mit Unrecht in Verdacht gehabt hatten, reichlich beschenkt hatte, nach Etschmiazin, wo ich beim Patriarchen Efremos einem achtungswerten Greise abstieg, der mich auf die zuvorkommendste Weise empfing.

Nach einigen Augenblicken der Ruhe ward ich aufs herrlichste bewirtet. Ich besah dann das Kloster und dessen sämtliche Merkwürdigkeiten. Dieses prächtige Gebäude, welches in einem ungeheuren Umfange drei Kirchen enthält, und im Armenischen den Namen: Z u r   A u s g i e - ß u n g   d e s   h e i l .   G e i s t e s führt, liegt fast 15 Werste von Erivan. Es ist das Heiligtum der armenischen Christen; die dort verwahrten Reichtümer sind beträchtlich, wiewohl es durch den Krieg viel gelitten hat.

Die Landes-Einwohner behaupten, dass der Ort, wo diese Kirche stehe, genau die Stelle sei, wo Noah seinen Altar baute, und das Dankopfer darbrachte, wovon die Heilige Schrift redet.

Die Aussicht, wenn man das Kloster verlässt, ist im allgemeinen schön; aber ganz vorzüglich ist die Seite, von wo aus man den Ararat sieht, der sich wie zwei Berge ausnimmt, welche beide die Gestalt eines Zuckerhuts haben; der eine ist indes höher als der andre.

Bekanntlich ist der Berg Ararat einer der höchsten der Erde. Die Hälfte desselben ist mit ewigem Schnee bedeckt, und die, welche ihn zur erklimmen versuchten, wurden, ehe sie noch die Hälfte des Wegs erreicht hatten, durch die unerträgliche Kälte aufgehalten. So wurden mehrere Landes-Einwohner in der Hoffnung getäuscht, auf dem Berggipfel die Reste der Arche Noahs zu finden.

Der Ararat, obwohl wenigstens 30 Werste entfernt, scheint durch einen optischen Betrug, ganz nahe bei Etschmiazin. Eine große Ebene erstreckt sich bis an den Fuß des Berges; sie ist zum Teil mit Gehölz bedeckt und dient einer großen Menge Hirsche und anderm Wildpret zum Aufenthalte.

Selten sieht man den meist mit Wolken umhüllten Gipfel des großen Ararat. Indessen ist der Himmel in diesem Erdstreiche immer heiter. Es regnet fast niemals, und Gewitter sind selten; nur der Ararat ist, weil er die Wolken anzieht, gleichsam der Sitz der Gewitter. Fast jeden Tag bietet die Natur dort das Schauspiel eines gewitterschwangern Himmels dar; auf dem dunkeln Wolkenschleier glänzt oft der schnelle Blitz, oft der majestätische Regenbogen.

Die Einbildungskraft des religiösen Menschen wie des Dichters fühlt sich entzückt beim Anblick eines so erhabenen Schauspiels. Seine Gefühle sind umso lebhafter, da er sie einer Art von Schrecken dankt.[10]

10   A n m e r k . Das Gebet ist mehr ein Kind der Furcht als der Dankbarkeit.

Hier wie am Rande eines Kraters und unter peinlichen Lebensgefahren, ruft uns die Natur zur Andacht auf, indem sie uns Schauder einflößt.

Tages darauf begab ich mich zum Sardar, der einige Tage vorher Erivan verlassen hatte, um mit seiner Heeres-Abteilung in einiger Entfernung von der Festung ein Lager zu beziehen. Als ich daselbst anlangte, wiesen mir die Offiziere des Sardars, die derselbe zu meinem Empfange mir entgegensandte, ein prächtiges Gezelte, um darin der Ruhe zu pflegen. Dort war ich der Gegenstand der persischen Höflichkeit in ihrer ganzen Größe. Ich ward auf Rosen gebettet. In dem Gezelte, welches die Gestalt eines artigen Pavillons hatte, waren reiche Teppiche ausgebreitet; bald setzte man mir ein üppiges Mittagsmahl vor. Ein Khan, ein Neffe des Sardars, bestimmt mich nach Tauris zu geleiten, begrüßte mich im Namen seines Oheims und bat mich hier einen Tag zu verweilen, um von den Beschwerden der Reise auszuruhn; dann ließ man eine Art von Lehnsessel aus dem Kloster Etschmiazin herbeibringen, welcher mir während der Audienz beim Sardar zum Sitzen dienen sollte. Dieser Sitz sollte eine ganz besondre Auszeichnung für mich andeuten.

Eine Ehrenwache ward um mein Gezelt herum aufgestellt, ein persisches Regiment musste gegen Abend vor mir alle militärischen Bewegungen nach europäischer Art ausführen, zu meinem Vergnügen, eigentlich aber wohl um mir Achtung vor ihrer Kriegsmacht einzuflößen.

Der Sardar ließ mir anzeigen, dass dem Offiziere, welcher an der Grenze der Provinz, bei meinem Eintritte in dieselbe, mich nicht bemerkt, und keine Nachricht von meiner Ankunft gegeben habe, unverzüglich die Ohren abgeschnitten werden sollten. Lange bat ich vergebens um Gnade für den Strafbaren. Der Sardar war nicht zu erweichen; er wolle, sagte er, die Landesgesetze nicht verletzen. Erst als ich meine inständigsten Bitten verdoppelte, gelang es mir am andern Tage, die Ohren des armen Offiziers zu retten.

Ich hatte viel von orientalischem Luxus reden hören, aber der Begriff, den ich mir davon gebildet hatte, war noch weit von der Wirklichkeit. In ihrem Lager sogar führen die Perser das üppigste Leben; die Waffenübung scheint dort nur ein Zeitvertreib zu sein. Ich muss gestehen, dass die Wärme dieses Himmelstrichs und die Schönheit der Natur, die für alles zu sorgen scheint, mehr zur Ruhe als zur Anstrengung einladen.

Der Anblick, den ein persisches Lager darbietet, ist besonders angenehm. Alle Gezelte sind schön, aber das des Sardars und das, welches ich bewohnte, waren prachtvoll. Fast glaubt man in ein Feenland versetzt zu sein, wenn man eine Art von Stadt sieht, aus Lusthäusern von verschiedenen Formen bestehend, alles reizend und von allen erdenklichen Farben; die Schönheit des Anblicks wird durch die vollkommen regelmäßige Anlage und die orientalische Pracht vollendet. Diese Regelmäßigkeit ist erst durch Herr von Gardanne bei den Persern eingeführt worden, denn dieser französische General, der noch vor Kurzem in Persien war, berichtet in seinem Werke, ihre Lager bestünden bloß aus einem verwirrten Haufen Gezelte.

Nachdem ich einen ganzen Tag auf persische Weise zugebracht, trefflichen Pillau ohne Löffel, Messer und Gabel gespeist, mit untergeschlagenen Beinen gesessen, den Kaliun geraucht, und köstlichen Scherbet getrunken hatte, ward mir tags darauf das Glück einer Unterredung mit dem Sardar zuteil, bei welchem ich den ganzen Tag zubrachte.

Ich ward mit Pomp eingeführt. Nachdem die politische Unterhaltung beendigt war, bat mich der Sardar auf eine herzliche Weise ihm näher zu kommen, und überließ sich ganz seiner frohen Laune, die einen Hauptzug seiner Gemütsart ausmacht.

Hussein-Kuli-Khan ist der Held Persiens; er hat durch seine Tapferkeit und Kühnheit den jetzigen Schah zum Throne verholfen. Kuli-Khan ist der Oberbefehlshaber des persischen Heers, und besitzt das ganze Vertrauen seines Fürsten. Krieg ist sein Element; er fürchtet den Frieden mit Russland und verabsäumt nichts, um den Schah und Abaz-Mirza zur Fortsetzung des Kriegs zu bewegen. Er hat keine Kenntnisse von der Kriegskunst; tapfer bis zur Verwegenheit und der beste Reiter Persiens sein, obwohl er schon 50 Jahr alt ist, darin besteht sein ganzer Verdienst. Es ist dieses derselbe Kuli-Khan, der 1800 bei Akalkalaky von dem Generalleutnant Marquis von Paulucci gänzlich geschlagen ward.

Da er der Unmäßigkeit und der Ausschweifung ergeben ist, so sieht man ihn nicht selten völlig berauscht. Eines Abends sah ich ihn, mitten bei der Mahlzeit, einschlafen, weil er bereits zu viel Wein zu sich genommen hatte.

Sein Heer ist nicht beträchtlich; es besteht aus 8000 Reitern und 6000 Sarbazen; diese bilden das persische Fußvolk und sind von englischen Offizieren neu organisiert und exerziert; sein englischer Hauptmann mit zwölf Stück reitender englischer Artillerie gehört ebenfalls zu diesem Heerhaufen.

Der Sardar ließ alle seine Truppen vor mir manövrieren und schmeichelte sich, mir eine große Idee von seinen Kriegern beizubringen. Doch ich sah gleich, dass selbst die Sarbazen, obgleich sie von europäischen Offizieren befehligt werden, es mit dem russischen Soldaten nicht aufnehmen können. Der Sardar ist indes nicht wenig von diesen Truppen bezaubert, und schätzt sie höher als die englische Artillerie, die indes vortrefflich ist. Er versicherte mir mit großer Beredsamkeit, er wünsche nichts mehr, als den Frieden mit Russland; dies sei, fügte er hinzu, auch der feurigste Wunsch seines Herrn, und des Thronfolgers; ich wusste das Gegenteil, antwortete ihm aber in demselben Tone. Ich verließ ihn, um meine Reise fortzusetzen, sah aber wohl ein, dass ein Diplomatiker mit seinen Reden bei den Persern weniger vermag, als ein General mit seinen Kanonen. Der Sardar empfahl mich seinem Neffen, der zu meinem Memandar bis Tauris ernannt war.

Der Memandar bei den Persern ist ein Mann, der für einen Fremden, der als Boschafter oder Gesandter mit öffentlichen Geschäften beauftragt ist, oder auch für Personen vom Stande, zu sorgen hat. Sein Amt besteht in der Besorgung der Wohnung, der Lebensmittel und der Pferde für diejenigen, die er begleitet; kurz er überhebt sie unterwegs jeder Art von Sorge. Diese Begleiter werden so gut für ihre Mühewaltung bezahlt, dass ein solcher Auftrag gewöhnlich eine Art von Belohnung ist.

Die Dorfschaften machen ihnen bei ihrer Durchreise Geschenke, damit sie die verschiedenen Beisteuern weniger strenge erheben, und keine Plünderung gestatten, was sonst zu gräulichen Missbräuchen Anlass gibt. Sie nehmen auch bei solcher Gelegenheit Kaufleute unter ihren Schutz, die sie nicht nur vor Beraubung sicherstellen, sondern auch von der Zoll-Abgabe befreien. Allein ihr größter Gewinn ist das Geschenk, welches derjenige, den sie geleiten, ihnen machen muss, wenn er sie zurücksendet.

Meinem Memandar folgten mehrere Perser zu Pferde, unter andern ein Diener, der beauftragt war, einen Vorrat immer brennender Kohlen zu tragen, und immer den Kaliun in Bereitschaft zu halten; diesen bot er seinem Herrn, der mich auch oft damit bewirtete, selbst wenn wir galoppierten, von Zeit zu Zeit an. Das Rohr des Kaliun ist sehr lang, und es ist ein lustiger Anblick, wie der Diener mit dem Kaliun in ziemlicher Entfernung zurückbleibt und dem, der ihn raucht, nachfolgt.

Als wir zu Erivan anlangten, entschloss ich mich, wegen der außerordentlichen Hitze, dort einen Tag zu verweilen. Wir waren gegen zehn Uhr morgens ausgeritten, eine Stunde, wo man eigentlich schon die Tagereise endigen sollte. Erivan, ungefähr 300 Werste von Tiflis, ist eine große Stadt, wovon aber schöne Gärten den größten Teil ausmachen. Zwei Flüsse, der Zengui und der Querk-Bulak, welches vierzig Quellen bedeutet, strömen an der Stadt vorbei. Die Festung ist vortrefflich; mit Sturm scheint sie mir schwer einzunehmen, aber leicht einzuschließen.

Gegen Nordost liegt sie am Rande eines breiten, steilen, über 100 Klafter tiefen Abgrundes, in dessen Tiefe der Zengui strömt. Diese Stelle ist unzugänglich. Französische Ingenieure und späterhin englische Offiziere haben seit einigen Jahren Erivan noch stärker befestigt.

Um der Besatzung noch sicherer zu sein, hat die persische Regierung die Familien derselben ins Innere des Landes als Geißeln verwiesen.

Die Türken bemeisterten sich der Stadt Erivan im Jahre 1582 und bauten die Festung, die noch heutzutage daselbst vorhanden ist. Die Perser nahmen sie im Jahre 1604 ein, und befestigten sie, um das Feuer von schwerem Geschütze aushalten zu können. Im Jahre 1615 erlitt sie eine viermonatliche Belagerung. Der Wall widerstand den türkischen Batterien, obgleich er nur aus Erde aufgeworfen war, und der Feind wurde genötigt, sich zurückzuziehen; aber er kehrte nach Abaz des Großen Tode zurück, und bemächtigte sich des Platzes. Sefi nahm ihn 1635 wieder; seitdem ist er nur von den Russen belagert worden.

Der See von Erivan ist drei kleine Tagereisen von der Stadt. Die Perser nennen ihn Deria-Chirin, den süßen See. Er hat über 100 Werste im Umkreise und ist sehr fischreich. Der Fluss Zengui, welcher aus diesem See entspringt, durchströmt einen Teil von Armenien und vereinigt sich nicht weit vom kaspischen Meere mit dem Araxes.

Die Armenier behaupten, Erivan sei die älteste Ansiedlung in der Welt. Ihrer Meinung nach wohnte Noah mit seinen Kindern daselbst vor der Sintflut, nachdem er vom Ararat herabgestiegen war. Sie behaupten sogar, hier habe das Paradies gestanden.

Es geht unter ihnen die Sage, dass Noah bei Erivan den Weinstock gepflanzt habe; sie zeigen sogar den Ort, wenige Werste von der Stadt.

Armenien ist eine der höchsten Gegenden Asiens; es wird in Groß- und Klein-Armenien eingeteilt. Groß-Armenien liegt jenseits des Euphrats, Klein-Armenien diesseits dieses Stroms.

Groß-Armenien, eigentlich Turkomanien genannt, liegt zwischen dem schwarzen und kaspischen Meere, Georgien und Mesopotamien, dem jetzigen Diarbekr. Es wird von dem Araxes in zwei gleiche Teile geteilt; der westliche Teil gehört den Türken, der östliche den Persern. Indes gibt es mehrere Distrikte und selbst ganze Provinzen in Groß-Armenien, die ihre Unabhängigkeit behauptet haben, und von eignen kurdischen oder armenischen Häuptern regiert werden. Der Tigris und Euphrat haben daselbst ihre Quellen, und es liegen dort die Berge Ararat, Taurus und Gordiens.

Erzerum, die Hauptstadt des westlichen Groß-Armeniens, ist der Durchgangsort und die Niederlage des Handels zwischen der Türkei und Indien. Erivan ist die Hauptstadt des östlichen Groß-Armeniens.

Klein-Armenien gehört den Türken. Es wird in vier Provinzen geteilt, deren Hauptstädte, Sebast, (Siwas), Tokat, Cekale (Kappodociens Hauptstadt) und Cis (Ciliciens Hauptstadt) sind.

Armenien, fast ganz von Völkern umgeben, die dem Muhamedanismus anhängen oder die zum Heidentume wieder übergetreten sind, blieb, obwohl es muhamedanischen Fürsten unterworfen ist, dem Christentum treu und aufrichtig zugetan.

Armeniens alte Geschichte verliert sich in das Dunkel der Vorzeit, zwar hat Moses von Chorene, ein armenischer Geschichtsschreiber des 5ten Jahrhunderts, einige in Armenien ziemlich bekannte Tatsachen über den Ursprung dieses Landes erzählt, doch beruht alles dieses nur auf fabelhaften Sagen. Als Wahrheit darf man nur annehmen, dass Haik Armeniens erster Beherrscher war, dass dessen Dynastie dieses Land lange Zeit hindurch regierte, und dass nach Erlöschung derselben der Stamm der Arkaciden in der Regierung folgte. Mehrere Fürsten aus diesem Stamme machten sich durch ihre Weisheit und ihren Mut berühmt.

Armenien ward durch die Anwesenheit der Semiramis, des Alexanders, der dieses Land durchzog und über den Araxes ging, um seine Eroberungen zu verfolgen, des Mithridats und des Hannibals berühmt.

Die Geschichte dieser berühmten Personen ist bekannt genug; hier nur einige Nachrichten über ihren Aufenthalt in Armenien.

Semiramis entwickelte, nachdem sie ihrem Gemahl Ninus gefolgt war, während ihrer Regierung, einen herrschsüchtigen, wilden Charakter. Da sie von der Schönheit des jungen Ara, Königs von Armenien, hörte, beschloss sie ihn durch Liebe oder Gewalt für sich zu gewinnen. Sie machte mehrere fruchtlose Versuche, ihn in ihr Netz zu ziehen; der edelgesinnte Ara, glücklich im Besitze des Herzens seiner Gemahlin Novart, nahm alle Anträge der Semiramis mit Gleichgültigkeit auf. Ihre Leidenschaft, durch die Hindernisse noch mehr entflammt, verging sich so weit, dass sie ihm ihre Hand und Assyriens Thron anbot, welches indes Ara beides ablehnte. Nun verwandelte sich die Liebe der Semiramis in unversöhnlichen Haß; sie hob schnell ein mächtiges Heer aus, und drang an der Spitze desselben in Armenien ein. Ara sammelte in Eile ebenfalls eine Kriegerschaar und stellte sich der Königin von Assyrien in den Ebenen des Ararat entgegen. Semiramis befahl, gegen das Leben des Königs von Armenien nichts zu unternehmen, ihn aber lebendig zu fangen; doch Aras Heldenmut vereitelte die Vorsichtsmaßregeln der Semiramis, die, nach dem Siege über das armenische Heer erfuhr, dass Ara getötet worden sei. Ungeachtet ihres tiefen Kummers, bemächtigte sie sich des ganzen Armeniens, und machte es zinsbar.

So endigte Ara im Jahr 747 vor der gewöhnlichen Zeitrechnung; mit ihm hörte die von Haik gestiftete unumschränkte Monarchie auf. Nachdem das Land über 600 Jahr unabhängig gewesen war, wurde es dem assyrischen Reiche zinsbar, bis zur Einnahme von Ninive und dem Umsturze jenes Reiches, der 747 Jahr vor Christi Geburt erfolgte.

Armeniens Einwohner nannten, um Aras Andenken zu ehren, den Berg Masis und die ganze umliegende Gegend nach seinem Namen Arara oder Ararat.

Als sich Semiramis, um den Verfolgungen ihres Sohns Ninias zu entgehen, nach Armenien flüchtete, begab sie sich zu ihrem dortigen Statthalter Gordus, Aras Sohn. Dieser, weit entfernt den Tod seines Vaters zu rächen, sammelte ein Heer und zog mit Semiramis gegen die Assyrier; doch in einer an den Ufern des Tigris gelieferten Schlacht wurden Gordus und Semiramis getötet, und man sagt, dass der Stoß, wodurch die Letztere umkam, von ihres eignen Sohnes Ninias Hand geführt worden sei.

Mithridates, König von Pontus, geschworner Feind der Römer, die einen großen Teil Asiens unterjocht hatten, war der Einzige, der diesen stolzen Republikanern zu trotzen wagte; er verband sich mit Artaxes dem Großen, König von Armenien, aus dem Stamme der Arkaciden der in Klein-Asien eindrang; durch eine Meuterei, welche römische Agenten angeregt hatten, kam er hier um.

Tigranes, sein ältester Sohn, übernahm den Ober-Befehl über seines Vaters Heer, und unterstützte den Mithridates höchst mutvoll.

Lucull war an Sullas Stelle getreten, und mit einem bedeutenden Heere nach Armenien geschickt, um den Tigranes zu bekämpfen, der mehrere Male besiegt ward. Lucull ward abgerufen, und Pompejus folgte ihm in dem Oberbefehl über Asien, wo er weder Gold noch Ränke sparte; so gelang es ihm, einen der Söhne des Tigranes zum Aufruhr gegen seinen Vater zu reizen. Dieser entartete Sohn führte sogar den Feind in das Innere der Staaten, die er eines Tages sein nennen sollte. Tigranes hatte nun kein andres Mittel der Rettung, als die ihm angebotenen Friedens-Bedingungen anzunehmen.

Mithridates, der, nachdem er den Krieg bald als Sieger, bald besiegt, standhaft geführt und Rom oft in Furcht gesetzt hatte, gleichfalls von seinen Söhnen verraten ward, starb als König.

Hannibal floh nach Armenien, als ihn der Aufenthalt beim Antiochus nicht mehr vor den Verfolgungen Roms sicherstellte; Artaxes, König von Armenien nahm den unglücklichen Helden auf, der sogleich den Plan zu einem Bündnis zwischen Armenien, dem Pontus und dem Lande der Parther gegen die Römer entwarf. Doch dieser Plan ward nicht ausgeführt. Auch machte Hannibal dem Könige von Armenien den Antrag, eine Stadt an den Ufern des Araxes zu gründen und zeichnete selbst den Riss dazu. Sie ward Artaxata genannt und Armeniens Hauptstadt. Gegenwärtig sind nur noch wenige Trümmer ihrer alten Größe vorhanden; sie ist bloß ein Dorf.

Noch immer mit dem Hasse gegen Rom im Herzen, lehrte Hannibal die Armenier, damit sie sich einst mit den Römern im Kampfe messen könnten, eine neue Art zu fechten, und carthaginensische Waffen zu führen.

Artaxias, um das pontische Armenien zu erhalten, welches seit einiger Zeit dem Könige von Pontus gehörte und von den Römern ihm zum Geschenke versprochen war, im Fall er ihnen Hannibal auslieferte, war niedrig genug darin zu willigen; doch Hannibal, von dieser treulosen Absicht unterrichtet, ging nach Bithynien zum Prusias dem Zweiten, und endigte dort sein Leben durch Selbstmord.

Ich verließ Erivan am 8ten Mai, morgens um 2 Uhr. Der Memandar hatte vor unserer Abreise einen Eilboten abgeschickt, um uns eine Einkehr und ein Mittagsmahl zu Diuli, einem kleinen Dorfe fast fünfzig Werste von Erivan, zu bestellen.

Man rechnet in Persien die Entfernungen nach Agatschen (Farsangen) die fast 7 Werste oder eine deutsche Meile betragen, (22 ½ Farsangen gehen auf einen Grad des Äquators). Doch nichts ist unbestimmter, als die Entfernungen in Persien; ich wage es also nicht die Zahl der Agatschen von einem Orte zum andern auf meiner Reise von Erivan nach Tauris anzugeben; ich sage bloß, dass man diese ganze Entfernung auf etwa 55 bis 50 Agatschen, also ungefähr 400 Werste, schätzen kann.

Über die Schönheit der Provinz Erivan war ich hochentzückt. Wir durchreisten eine große, sehr fruchtbare Ebene, zu unserer Rechten den Berg Ararat, von dem wir gar nicht zu weichen schienen; denn selbst als wir zu Diuli anlangten, schien derselbe gerade vor uns zu sein; soweit hin erstreckt er sich. Armenien ist stark bevölkert; es ist die große Vorratskammer Persiens, besonders an Reis, den man hier viel baut. Holz mangelt gänzlich, und man sieht nur in der Nähe der Dörfer einige Fruchtbäume, die eine Art Garten bilden, die einzige Zuflucht, wo man sich des Schattens erfreuen kann.

Der Holzmangel in fast ganz Persien, mit Ausnahme der an den Ufern des kaspischen Meeres und des persischen Meerbusens gelegenen Provinzen, macht dieses Land sehr dürre; der Regen ist äußerst selten und es gibt Gegenden, wo das ganze Jahr hindurch kein Regen fällt; der Himmel ist fortwährend heiter und nur höchst selten sieht man einige Wolken.

Dieser Mangel an Regen, der natürlich das Land zum Anbau wenig geschickt macht, hat die Perser genötigt, ihn durch Wasserleitungen zu ersetzen; in der Kunst, ihre Felder durch Kanäle zu bewässern, zeichnen sie sich aus, und diese Kanäle erstrecken sich oft über 100 Werste weit; sie beginnen bei den Bächen, die aus den Gebirgen kommen. Die Gewässer werden in den Tälern mitten durch die Felder, Dörfer und Gärten geleitet, kurz, sie dienen, den ganzen Boden zu bewässern und Mühlen zu treiben. Das Wasser, das, wenn der Schnee schmilzt, von den Gebirgen herabfließt, wird gleichfalls sorgfältig in den Kanälen gesammelt und auf die Felder geleitet. Ein Emir-Ab, d.h. Wasserfürst, führt die Aufsicht darüber.

Hat ein Kanal einige Felder, besonders diejenigen, wo Reis gebaut wird, hinreichend bewässert, so wirft der Eigentümer einen Deich auf, und sein Nachbar bedient sich nun des auf seinen Boden fließenden Wassers. Da, wo Hügel oder selbst Berge der geraden Anlegung der Kanäle ein Hindernis in den Weg stellen, wissen die Perser sich durch Ab- und Umwege zu helfen, wodurch die Kanäle eine Länge und Verbreitung gewinnen, die den Reisenden in Erstaunen setzt.

Man versichert, dass Persien in den ältern Zeiten fünfzig tausend Brunnen und unterirdische Kanäle besaß. Nach einer Reise von acht Stunden langten wir in Diuli an, dessen Lage ganz herrlich ist.

Der Memandar führte mich in ein zum Empfange für Abaz-Mirza und für vornehme Reisende erbautes Landhaus. Es ist eigentlich eine Terrasse, mit einem platten Dache, das auf Pfeilern ruht, und statt der Wände an dreien Seiten mit Fruchtbäumen umgeben ist.

Dies ist unstreitig der bequemste, schönste und erfrischenste Einkehrort für einen ermüdeten Reisenden.

So wie man in diesem Boskett anlangt, lässt man sich auf einen Teppich, der mit frischen Rosenblättern bedeckt ist, nieder. An diesen Blumen, besonders den gelben Rosen, hat Persien einen Überfluss. Man bewirtete mich mit einer vortrefflichen Schüssel Pillau, mit Früchten aller Art und mancherlei gefrorenen Scherbet. Die eigentliche Hauptmahlzeit, die bei den Persern erst nach Sonnen-Untergang statt hat; weil die Hitze nicht erlaubt, vor dieser Zeit viel zu essen, schien, nach den großen Vorbereitungen, die man machte, äußerst prächtig zu werden, obschon ich bat, mich möglichst einfach zu bewirten.

Man wundert sich überall in Persien Eis zu sehen, eine in einem so warmen Klima allerdings große Erquickung. Man sorgt immer für Vorrat, und glücklicherweise bieten die Berge im Winter eine hin-

157

reichende Menge dar. In allen Städten wird Eis pfundweise ziemlich wohlfeil verkauft. Die Perser nehmen davon Stücke in den Mund; kein Perser trinkt seinen Scherbet oder Airan (geronnene Milch mit Wasser) ohne ein Stück Eis, wodurch auch allein dieses Getränk im Sommer trinkbar wird. Einer der alten Könige Armeniens hatte sogar einen Beamten ernannt, um über die Aufbewahrung des Schnees zu wachen.

Nachdem ich einige Stunden geruht hatte, weckte mich der Ton einer persischen Musik, die mein gefälliger Memander am Fuße der Terrasse spielen ließ, um mir eine angenehme Überraschung zu gewähren. Ich sah zwei Perser zu meiner Seite stehen, welche mir während meines Schlafs mit großen Fächern kühle Luft zugeweht und die Insekten verjagt hatten.

Gegen Abend bediente man mich mit wenigstens dreißig Schüsseln, nach persischer Art bereitet, worunter besonders verschiedene köstliche Pillaus waren. Um mich auch meinerseits meinen liebenswürdigen Wirten gefällig zu zeigen, aß ich mit den Fingern, statt mit der Gabel.

Tages darauf um 2 Uhr morgens war ich schon zu Pferde, um eine weite Reise zu machen. Wir mussten an diesem Tage nach einem kleinen Orte gelangen, der einem Khan gehörte, an den mein Memandar schon tags zuvor einen Eilboten abgefertigt hatte, um meine Ankunft anzukündigen.

Unfern von diesem Orte kam der Khan mit einem zahlreichen Gefolge mir entgegen, um mir über den Arpatschai zu helfen, einen sehr reißenden Strom, den man dennoch zu durchwaten genötigt ist.

Gegen Mittag langte ich beim Khan an, wo ich mit aller möglichen Etikette empfangen ward. Von der Reise ermüdet, ward ich es nicht weniger von der persischen Höflichkeit, womit man mich erdrückte. Doch war ich weit entfernt mich durch so viele Freundschaftsbezeugungen täuschen zu lassen, denn der persische Charakter war mir schon hinlänglich bekannt, um zu wissen, wofür ich das alles zu halten hatte.

Bei den Persern ist alles übertrieben; von einer übermäßigen Grobheit gehen sie, beim geringsten Glückswechsel, zur niederträchtigsten Untertänigkeit.

Der Khan, bei dem ich den Tag zubrachte, begleitete mich tags darauf bis auf die Hälfte des Wegs nach Nahetchiwan. Dieser Weg führt über eine schöne Ebene, von wo ich zur Linken mehrere Berge bemerkte, wovon einer meine Aufmerksamkeit besonders auf sich zog. Er heißt der Schlangenberg; die Einwohner wagen es nicht, sich demselben zu nähern, wegen der großen Menge Amphibien, von denen Unwissenheit und Leichtgläubigkeit tausend Märchen erzählen. Ich sah wirklich auf meinem Wege mehrere Schlangen von ungeheurer Größe, und besonders auch sehr lange, armdicke Eidechsen, von einer glänzend grünen, sehr schöner Farbe, deren Biss nicht giftig, aber deswegen gefährlich ist, weil sie mit großer Gewalt beißen.

In großer Menge sah ich auch, längs dem Wege, Schildkröten von ungeheurer Große, die man für heilige Tiere hält; in Persien berührt sie niemand oder hindert ihre Vermehrung.

Schon um 10 Uhr sahen wir die Stadt in einiger Entfernung; doch Ermüdung und die Hitze, die nach meinem Taschenthermometer dreißig Grad Reaumur betrug, quälten mich so sehr, dass ich vom Pferde stieg und mich bei einer Quelle niederlegte, die sich in der Nähe von Nahetchiwan befindet, und deren sehr kaltes, äußerst klares Wasser jede Krankheit heilen soll. Mich dürstete sehr, aber, ein neuer Tantalus, wagte ich es in den ersten Augenblicken nicht, mich aus diesem köstlichen Brunnen zu laben; und auf der ganzen Tagereise sollte ich keinen Baum antreffen, in dessen Schatten ich hätte ausruhen können. Man bot mir einige Eier an, die man soeben gekocht hatte, indem man sie einige Augenblicke in den Sand legte, dessen Hitze dazu hinreichend ist. So verhält es sich mit dem Klima dieses Landes.

Nachdem ich einige Zeit an der Quelle geruht hatte, schöpfte ich endlich daraus. Ich weiß nicht, ob sie ein Mittel gegen alle Übel ist, so viel aber ist gewiss, dass die zwei Becher, die ich davon zu mir nahm, der köstlichste Trank war, den ich in meinem Leben gekostet habe.

Kaum hatte ich mein Pferd wieder bestiegen, als ich einen zahlreichen Reiterzug erblickte, der auf uns zukam. Es war ein Khan von hohem Ansehn, in grünem Kleide, folglich aus dem Geschlechte des Propheten, dem eine große Anzahl Einwohner aus Nahetchiwan folgten; er kam mich zu begrüßen, und mich feierlich in die Stadt einzuführen, wo mich eine kriegerische Musik empfing. Der Khan geleitete mich in sein Schloss, wo er mir das schönste Gemach anzeigte, welches an den Garten stieß. Erfrischungen aller Art und ein Rosenbett erwarteten mich. Nachdem ich den Kaliun mit dem Khan geraucht hatte, verließ er mich, um mir bis gegen Abend Ruhe zu gönnen; dann wollte er zum Hauptmahle wieder zu mir kommen.

Ich konnte dem Wunsche nicht widerstehn, den Garten zu betrachten, wo liebliche Lauben, große Fruchtbäume, so dicht belaubt, dass die Strahlen der Sonne nicht durchdringen konnten, der Gesang der Vögel und Balsam-Düfte mich bezauberten.

War ich bisher gleich allenthalben mit vieler Achtung aufgenommen worden, so ward ich es doch zu Nahetchiwan noch viel mehr. Nach einem prächtigen Mahle lud mich mein Wirt ein, zu ihm in den Garten zu kommen, wo wir den Abend unten dem Schalle der Vocal- und Instrumental-Musik, die freilich ziemlich schlecht war, und mit dem Anschauen von Tänzen und Kunststücken zubrachten.

Da ich wegen einer leichten Unpässlichkeit meines Memandars genötigt war, den folgenden Tag in Nahetchiwan zu bleiben, so hatte ich Zeit, diese Stadt gemächlich zu durchwandern.

Nahetchiwan ist ein großer Ort, der schon oft verwüstet worden. Persische Geschichtsschreiber versichern, dass man dort vormals an 10000 Häuser zählte. Nicht weit von der Stadt lag eine bedeutende Festung, die Abaz der Große, weil er sie nicht für fest genug hielt, um behauptet werden zu können, zerstören ließ, nachdem er Nahetchiwan den Türken abgenommen, es verwüstet und entvölkert hatte. So trieb er es allenthalben, um die Türken zu verhindern, sich festzusetzen und Lebens-Mittel zu finden.

Gegenwärtig bietet Nahetchiwan nur traurige Überreste alten Glanzes dar.

Man glaubt in Persien, diese Stadt sei das alte Ardaschad, welches griechische Geschichtsschreiber Artaxata nennen. Armenische Schriftsteller behaupten, ihr erster König Haik habe hier seinen Wohnsitz gehabt, woher der Name Nahetchiwan, e r s t e r W o h n - s i t z , komme.

Der Araxes fließt dreißig Werste von Nahetchiwan. Der Nähe dieses großen Stroms, dessen eintöniger Anblick nur unermessliche Flächen ohne Bäume oder Hügel darstellt, verdankt das Land seine Fruchtbarkeit.

Der Khan ersuchte mich, einer Revue über eine Schar Sarbazen, die er gebildet hatte, beizuwohnen.

Man kann nichts unbeholfeneres und lächerlicheres sehen, als diese Gattung von neu organsiertem persischen Fußvolke. Wenn jemals der Asiate furchtbar werden sollte, so wird ers nur zu Pferde sein; ein Kanonenschuss reicht hin, um den zahlreichsten Haufen persischer Infanterie auseinander zu jagen.

Am folgenden Morgen machte ich mich auf den Weg, um nach Gargari, einem großen Dorfe jenseits des Araxes, zu gelangen.

Als wir den breiten, reißenden Strom erreicht hatten, war es uns unmöglich überzusetzen, des heftigen Windes wegen, welcher dermaßen stürmte, dass die Perser, die das Floß, worauf man überfährt, lenkten, die Überfahrt nicht wagen wollten, so lange der Orkan anhielt. Wir mussten demnach absteigen, und ein Obdach in einem alten Turme suchen, der fast in Trümmer zerfallen ist, und hart an dem Gestade des Araxes liegt.

Die Orientalen nennen diesen im Altertume so bekannten, und durch Alexanders Übergang so berühmten Fluss, Aras. Er entspringt am Berge Ararat und hat vielleicht seinen Namen davon; er fällt ins kaspische Meer und wächst in seinem Laufe durch mehrere kleine Flüsse und viele Bergströme bedeutend an. Man hat mehrere Mal bei Julfa und an andern Orten Brücken über den Araxes gebaut; aber so fest und stark sie auch waren, wie man noch aus den Trümmern der Bogen sieht, so haben sie doch der Gewalt des Stroms, besonders beim Tauwetter, nicht widerstehen können; dann schwellt er durch den geschmolzenen Schnee von den nahen Gebirgen furchtbar an.

Der Araxes trennt Armenien von Medien.

Die Meder hatten die Perser unterjocht, die nicht eher von diesem Joche, welches sie ihnen selbst wieder auflegten, befreit wurden, als unter Cyrus, dem Stifter eines Reichs, das sich über alle drei Teile der Welt erstreckte, bis Alexander der Große diesen Koloss umstürzte.

Das Königreich Medien, einst so mächtig, bildet gegenwärtig nur einen Teil von einer der größten Provinzen Persiens, welche die Eingeborenen Azerbejan oder Aderbedjan nennen. Gegen Osten grenzt diese Provinz ans kaspische Meer und an Hyrkanien; gegen Süden an die Provinz der Parther; der Araxes und Ober-Armenien stoßen daran in Westen und Daghestan in Norden. Sie umfasst Ost- und West- oder Klein-Medien, welches das alte Atropatien oder Atropatene ist.

Die Perser sagen, dass Medien Azerbejan, F e u e r l a n d , genannt wurde, weil dort der berühmteste Tempel der Feuer-Anbeter stand, welche ein ewiges Feuer, das Sinnbild der Gottheit, unterhielten; dort wohnte der Oberpriester dieses Gottesdienstes. Die Gebern, Überbleibsel dieser Feuer-Anbeter, zeigen diesen Ort, und unterhalten daselbst noch das heilige Feuer.

Der achtungswürdige, gelehrte Metropoljtan Siestrencewiz von Bohus spricht in seinem trefflichen Werke: Historische Untersuchungen über den Ursprung der Sarmaten, Sclavonier, und Slaven, auch von den Medern, welche er Voreltern der Sarmaten und Slaven nennt. Die Scythen beschlossen, nachdem sie Medien erobert hatten, dieses Land durch Entvölkerung zu schwächen und führten ums Jahr 1455 nach Christi Geburt eine zahlreiche Kolonie nach dem Tanais, dem heutigen Don. Diese Kolonisten wurden von den Griechen Saromaten, von den Römern aber Sarmaten genannt.

Der Wind legte sich erst in der Nacht, so, dass wir genötigt waren, sie in unserer Ruine zuzubringen. Zum großen Missvergnügen meines Memandars, der mir daselbst nicht so viele Bequemlichkeiten verschaffen konnte, als er wünschte. Ich hingegen verbrachte meine Zeit, die alte Geschichte in der Hand, den Araxes zu meinen Füßen, mitten in diesem vormals so berühmten Lande, indem ich mir die verflossenen Jahrhunderte vergegenwärtigte, und über das Geschick der Staaten und Menschen nachdachte.

Um 3 Uhr morgens gingen wir über den Araxes, auf einem Floße, welcher mit äußerster Geschwindigkeit ans jenseitige Ufer hinübergezogen wurde. In der Frühe erreichten wir Gargari, ein in einer schönen Ebene gelegenes, von lachenden Gärten umgebenes Dorf, welches das Auge umso mehr ergötzt, da man weit und breit keinen Baum erblickt. So wie ich weiter vorwärts gelangte, schien mir der Pflanzenwuchs kräftiger und der Duft der Gewächse lieblicher.

Gerne hätte ich die Reise fortgesetzt, aber die Hitze war so übermäßig, dass wir den ganzen Tag zu Gargari verweilen mussten, wo mein Memandar es sich angelegen sein ließ, mich für den Fasttag zu entschädigen, wozu unser gestriger Aufenthalt an den Ufern des Araxes uns verdammt hatte.

Gegen Abend, als die Hitze abnahm, durchwandelte ich das Dorf und die Gärten; ich bewunderte die unter Persiens Himmel so schöne Natur, die jedoch so wenig durch den Anbau der Menschen unterstützt wird.

Rund um Gargari her finden sich große Felder, wo man Baumwolle baut; man bemerkt nur hier und da kleine Dörfer, die sich durch die sie umgebenden Baumgruppen unterscheiden; sie gleichen Inseln in einem großen Meere.

Tags darauf reisten wir nach Sofian. Ich litt sehr, um dort gegen Mittag einzutreffen, der Entfernung, der Beschwerde und der außerordentlichen Hitze wegen, die in dieser Gegend umso unerträglicher ist, da kein Schatten sie mäßigt.

Sofian oder Sofian, eine kleine Stadt oder Dorf, hat eine angenehme Lage, welche durch Gewässer und Gärten verschönert wird.

Einige glauben, es sei das alte Sofia in Medien, welches Sofian von den Sofis genannt ward, die dort ihren Wohnsitz hatten.

Sofians Bewohner kamen mir mit Früchten, Blumensträußen und Blumenkränzen entgegen. Ich muss hier bemerken, dass das kleinste Geschenk, welches man in Persien besonders einem Fremden anbietet, fast immer nur deshalb angeboten wird, um eines von größerm Werte wieder zu erhalten, und dass oft die geringste Kleinigkeit mit Gold aufgewogen wird. Dadurch wird der Aufenthalt in Persien für Personen, die mit einem öffentlichen Charakter bekleidet reisen, äußerst kostbar. Obgleich ich in Persien überall freigehalten ward, so würden meine außerordentlichen Ausgaben doch für alle meine Reisekosten hingereicht haben, umso mehr, du die Russen für sehr großmütig gelten, und man doch, selbst in politischer Rücksicht, diesen Morgenländern, die nur nach dem Scheine urteilen, durch eine zu große Sparsamkeit nicht anstößig werden darf. Die Perser sind im allgemeinen sehr eigennützig; bei ihnen ist alles berechnet, und besonders haben die Engländer jene verschwendrische Freigebigkeit eingeführt, womit seit einiger Zeit der Perser gewohnt ist, für den kleinsten Dienst, oder das kleinste Geschenk, das er einem Fremden anbietet, belohnt zu werden.

Es ist ein sehr alter Brauch bei den Morgenländern, einer jeden durch ihren Rang ausgezeichneten Person eine Gabe darzubringen, und wenn es auch nur die geringfügigste Kleinigkeit ist. Ursprünglich geschah dieses um die Gunst dieser Person zu gewinnen.

Am folgenden Tage langten wir endlich in Marant an, dem letzten Orte vor Tauris. Diese kleine Stadt liegt am Fuße eines Hügels am äußersten Ende einer großen, freundlichen, sehr fruchtbaren Ebene. Man findet zu Marant die besten Früchte in ganz Medien, und vermutet, es sei die Stadt, welche Ptolomäus Mandagarana nennt. Die Armenier glauben, dass Noah zu Marant begraben sei, weil der Name dieser Stadt im Armenischen b e g r a b e n bedeutet.

Tags darauf setzten wir in aller Frühe unsere Reise fort, und kamen noch am Vormittage zu Tauris an. Ich erfuhr sogleich, dass Abaz-Mirza, der einige Tage auf die Jagd gehen wollte, seine Residenz verlassen habe, aber unverzüglich dahin zurückkehren werde.

Es war der 14. Mai, als ich zu Tauris anlangte. In einer gewissen Entfernung non der Stadt ward ich durch mehrere Khans vom ersten Range begrüßt, die mir mit ihrem zahlreichen Gefolge zu Pferde entgegen kamen, so wie auch einige englische Offiziere, die mir dieselbe Ehre erzeigten. Eine Menge neugieriger Einwohner stand an beiden Seiten der Landstraße.

Ich trat bei einem englischen Artillerie-Major ab, der beim Abaz-Mirza das Amt eines Kriegsministers versteht, Aufseher der Stückgießerei in Persien ist, und mittels eines jungen Persers, der etwas Englisch versteht, den die Kriegskunst leidenschaftlich liebenden Abaz-Mirza in der Taktik unterrichtet.

Kaum war ich angelangt, so ward ich von Besuchen bestürmt. Unter andern besuchte mich sogleich der Kaimakhan, Mirza Bizurk, erster Minister des Abaz-Mirza, und gewissermaßen sein Mentor, dem der Schah die Sorge anvertraut hat, seinen Sohn in allen Angelegenheiten zu leiten, ein feiner, gewandter Mann, schon ziemlich bei Jahren; er überhäufte mich mit Achtungs- und Freundschaftsbezeugungen.

Die angenehme Gesellschaft des Majors und der übrigen englischen Offiziere ließ mich der Beschwerden dieser Tagsreise vergessen.

Ein Khan ward ernannt, ums mein Memandar, oder vielmehr mein politischer Wächter während meines Aufenthalts in Tauris zu sein; das ist Gebrauch in Persien.

Die Regierung setzte eine bedeutende Summe für meinen und meines Gefolges täglichen Unterhalt aus, die ich aber ausschlug.

Ich war nicht wenig erstaunt, alle Engländer die persische Sprache

ganz geläufig reden zu hören, und zu sehen, dass sie bis auf die unbe-
deutendsten Gebräuche ganz nach persischer Weise lebten.

Kaum hatte ich mich die erste Nacht zur Ruhe gelegt, als ich, durch
eine Erd-Erschütterung erweckt ward. Das war eine ganz neue Erscheinung für mich, und ich gestehe, dass ich den übrigen Hausgenossen
eilends in den Garten folgte, wohin man sich bei dieser Landplage, die
in Tauris ziemlich häufig ist, zu flüchten pflegt. Diese übrigens in einer
sehr schönen Gegend gelegene Stadt, wo auch die Luft überaus gesund
ist, steht in der Nähe von Vulkanen, die noch nicht gänzlich erloschen
sind. Ein sehr starker Ausbruch verwandelte sie vor fünfzig Jahren in
Trümmer, welche man noch in ihrer Umgebung wahrnimmt; in ihren
Ruinen wurden mehrere tausend Einwohner begraben. Trotz dieser
Gefahr blieb die Stadt der Wohnsitz des Abaz-Mirza; freilich bewohnt
er ein Schloss, welches dem Umsturze weniger ausgesetzt scheint,
indem es größtenteils von Holz gebaut ist, was man einen Tachtapusch nennt; aber selbst ein Tachtapusch vermag gewaltigen Erdstö-
ßen nicht zu widerstehn. Gelingt es einem auch, sich in den Garten,
womit jedes Haus versehen ist, zu retten, so ist man doch nicht sicher,
dass nicht der Ort, wohin man flüchtet, sich öffnet, oder dass kochen-
des Wasser, welches zuweilen aus der Erde hervorbricht und sich weit
hin verbreitet bis dahin strömt. Die Gefahr schreckt indes gewöhnlich
weniger, je näher man derselben ist; trifft sie endlich einmal ein, so
wundert man sich über die Furcht, die sie uns sonst einflößte. So habe
ich mitten unter der Pestseuche, unter Aufruhr, Skorpionen und Erdbeben, wovon ich noch viermal während meines Aufenthalts in Tauris
ziemlich starke Erschütterungen erlebte, ziemlich ruhig verweilt.

Abaz-Mirza langte am 16. Mai zu Tauris an.

Bis dahin erlaubte mir die Etikette nicht, aus dem Hause zu gehen.
Am 17ten hatte ich Audienz mit allen herkömmlichen Feierlichkeiten.

Wenn ein Mann vom Stande in Persien einen Besuch macht, so folgen ihm mehrere Handpferde, wovon jedes durch einen Bedienten zu
Pferde an der Leine geführt wird. Bediente zu Fuß, mehr oder weniger
zahlreich, wie es sein Rang fordert, gehen vor seinem Pferde her oder
ihm zur Seite. Die Abgesandten fremder Höfe beobachten denselben Gebrauch, wenn sie sich zur Audienz beim Könige oder bei dem
Prinzen, seinem Sohne, begeben. Ich folgte also diesem Zeremoniell,

und ließ mich, als ich mich zum Abaz-Mirza begab; umso mehr von einem zahlreichen Gefolge begleiten, da, wie ich schon gesagt habe, das Äußere bei den Persern sehr entscheidend wirkt.

Als ich vor dem Schlosse anlangte, stieg ich vom Pferde, und ging über einen großen Vorhof, wo das ganze Militär unter den Waffen stand, um die mir nach persischer Art üblichen militärischen Ehren zu bezeugen.

Dann ging ich in den Garten, der aus zwei Teilen besteht; im ersten waren alle Khans im höchsten Staat versammelt; im zweiten befand sich bloß der Erbprinz, der hinten auf einer Terrasse saß, die an sein Schloss stieß, und Mirza Bizurk, der bei ihm stand. Der Garten ist ziemlich weitläufig, aber bloß mit einer großen Allee von Fruchtbäumen und mit mehreren prächtigen Springbrunnen geziert. Nachdem der Zeremonienmeister mich mit lauter Stimme dem Abaz-Mirza angekündigt hatte, näherte ich mich dem Prinzen, und hatte, mit Hilfe meines Dolmetschers, eine Unterredung mit ihm, die länger als eine Stunde dauerte.

Ich bemerkte hier, dass man am persischen Hofe nichts von der Etikette in Rücksicht des Vorrangs der Minister weiß, die in Europa so ängstlich beobachtet wird; dagegen weicht man hier durchaus nicht, für wen es auch sei, von einem Gebrauche ab, der anfangs ziemlich seltsam scheint, und den selbst der englische Gesandte auf pünktlichste beobachtet. Dieser Gebrauch fordert, dass man bei öffentlichen Audienzen die Schuhe ausziehe, und sich statt derselben der Babuschen, d.h. persischer Pantoffeln, bediene. Weit entfernt, deswegen irgendeine Obergewalt zu behaupten, oder es bloß aus Prahlerei zu fordern, hält der persische Hof aus keinem andern Grunde auf diese Formalität, als weil diese persische Religions-Sitte sehr alt ist, und weil dadurch die prächtigen Teppiche geschont werden, die die schönste Zierde persischer Wohnungen sind. In Persien zieht man gerade so die Schuhe aus, wie man in Europa den Hut abnimmt; dagegen behalten ihn die Europäer daselbst auf dem Kopfe.

Diese Ursachen bewogen mich, diesem alten Gebrauche am persischen Hofe zu folgen, und so ging ich in Pantoffeln zu Abaz-Mirza.

Dieser sechs und zwanzigjährige Prinz hat eine edle, männliche Gesichtsbildung. Er verbindet mit einem feurigen, kraftvollen Charakter, eine für sein Alter seltene und seinem Volke noch seltnere Weisheit. Seine einzige Leidenschaft ist der Ruhm, seine einzige Freude der Krieg. Er ist edler Gesinnung und erhabener Ideen fähig, und dadurch unterscheidet er sich von seinen meisten Landsleuten. Voll Begierde fasst er alles Unterrichtende auf, was ihn den Europäern näher bringen kann.

Er setzt seinen Ehrgeiz darin, einst Persien umzuformen, und um sicherer zu sein, den Thron zu besteigen, der ihm nur zukommt, weil er von einer Mutter aus dem Stamme des Propheten entsprossen ist, den ihn aber der ältere Bruder, Mumat-Ali-Mirza, ein tapferer furchtbarer Prinz zu bestreiten die Absicht hat, so ist dies ein mächtiger Beweggrund, seiner Neigung zum Kriegswesen zu folgen; er bedarf des Krieges, um sich auf einen achtbaren Fuß zu erhalten, umso mehr, da er dann große Summen vom Schah seinem Vater erhält, und dieser bezieht nur, solange der Krieg dauert, Subsidien von England.

Fet-Ali-Schah, der zwar noch in den besten Jahren ist, ist schwach, ohne Kraft, ohne den geringsten Ehrgeiz; in Wollüsten versunken, und abgeneigt zur Arbeit, überlässt er dem Abaz-Mirza gänzlich die politischen und kriegerischen Angelegenheiten, und dieser Prinz wird vom Mirza Bizurk geleitet, der, um sich bei dem Thronfolger in Gnade zu erhalten, ihm immer seinen Willen tut, während der Schah in seinem von mehr als 300 Weibern bevölkerten Harem für alles, was in Persien vorgeht, gleichgültig ist.

Ich hatte mehrere Audienzen beim Abaz-Mirza, und sah täglich Mirza Bizurk, der mich oft zum Mittagsmahle einlud.

Nachdem ich in den ersten Tagen die dringendsten Geschäfte beseitigt hatte, befriedigte ich endlich meine Wissbegierde: ich untersuchte die Stadt und ihre Umgebungen und sammelte alles, was mir über das Land und die Bewohner desselben merkwürdig schien.

Tauris ist eine große Stadt; doch beim ersten Anblick kann man kaum glauben, dass sie in Rücksicht des Rangs, der Größe, des Reichtums, der Manufakturen, des Handels und der Bevölkerung, welche 100000 Menschen beträgt, die zweite Stadt Persiens sei. Hätte Tauris nicht einen prächtigen Bazar und eine Menge Kirchen, so würde man diese weiterbreitete Masse von kleinen Häusern nur für ein ungeheures Dorf halten. Dies hat diese Stadt mit Tiflis gemein. Beide Städte gleichen einander auch darin, dass sie ihren Glanz durch Verwüstungen einbüßt haben; Tauris ward durch die heutigen Erd-Erschütterungen, Tiflis aber durch den Einfall des vorletzten Schahs von Persien, Aga-Mehemet-Khan, eines grausamen Eroberers, verwüstet, der sie 1795 fast ganz in einen Ruinenhaufen verwandelte. Seit diesen Unglücksfällen haben sich beide Städte noch nicht wieder erholen können. Man trifft überall Ruinen, besonders zu Tauris, das durch die bürgerlichen Kriege unbeschreiblich gelitten hat, und noch vor fünfzig Jahren durch ein Erdbeben fast gänzlich zerstört ward. Diese letzte Landplage war umso verderblicher, da die meisten Häuser in Persien bloß von Lehm schlecht erbaut sind; größere, fester gebaute Häuser mittlerer Höhe, haben diesem schrecklichen Kampfe der Natur getrotzt. Seitdem sind die Wohnungen nur schnell wieder aufgerichtet; sie sehen so armselig aus, dass man sagen kann, die Eigentümer haben nur darauf gedacht, im Fall eines neuen Unglücks ihren Verlust weniger schmerzlich zu machen.

Die Straßen sind enge und krumm, die Häuser sind von Lehm und haben platte Dächer; die Fenster gehen in den Hof, und fast jedes Haus hat einen Garten.

Tauris ist mit einer so niedrigen und schwachen Mauer umgeben, dass sie selbst dem geringsten feindlichen Angriffe nicht widerstehen würde. Auch glauben die Perser, Tauris könne noch in Gefahr kommen, leicht von den Russen eingenommen zu werden, und als diese bis an den Araxes vorgedrungen waren, wurde die Stadt fast von allen Einwohnern verlassen.

Tauris liegt im Hintergrunde einer Ebene; ein kleiner Fluss Spingtscha genannt, fließt mitten durch und richtet zuweilen große Verwüstungen an. Ein anderer Bach fließt nördlich vorbei; es ist der Agi oder Salzbach, dessen Wasser wirklich salzig von den Bergströmen wird, die sich in denselben ergießen, nachdem sie über Erdreich, das mit Salz geschwängert ist, weggelaufen sind.

Die Häuser in Persien hängen nicht mit den Kramläden zusammen; diese bilden in den großen Städten ein besonderes Quartier, welches aus langen, ziemlich breiten Gassen besteht, und 30 bis 40 Fuß hoch mit Holz gewölbt ist, und das heißt ein Bazar.

Der Bazar von Tauris nimmt den Mittelpunkt der Stadt ein, und ist vielleicht der schönste, den es in Persien gibt. Das Schloss des Abaz Mirza ist weder durch seine Bauart noch durch seine Größe merkwürdig.

Vormals hatte Tauris mehrere hundert Moscheen und Karavanserais. Man sieht noch einige Überbleibsel der vornehmsten Gebäude
und Festungswerke, welche die Türken in den verschiedenen Zeiträu-
men anlegten, wo sie Herrn der Stadt waren.

Es findet sich in der Stadt ein so großer öffentlicher Platz, dass darauf vor Zeiten oft dreißig tausend Mann Kavallerie in Schlachtord-
nung aufgestellt waren.

Die Luft zu Tauris ist vortrefflich, obwohl das Frostwetter dort
ziemlich lange anhält, weil die Stadt dem Nordwinde ausgesetzt ist,
und die Gipfel der benachbarten Berge sechs Monate lang im Jahre
mit Schnee bedeckt sind. In der Nähe finden sich ansehnliche weiße
Marmor-Brüche. Die Seidenmanufakturen daselbst sind zahlreich
und von hoher Vollendung, der Kunstfleiß ziemlich allgemein und
folglich auch der Handel sehr tätig.

Die Entstehung von Tauris lässt sich nicht genau angeben. Die Perser nennen sie Tebriz. Olearius glaubt, Tauris sei die Stadt die Ptole-
mäus Gabris nennt, indem das G statt des T gesetzt worden wäre. Die
persischen Geschichtsschreiber setzen die Zeit der Gründung von
Tauris auf das Jahr 165 der Hedschra, d. i. im 759sten Jahr der christlichen Zeitrechnung fest. Andre glauben, es sei das alte Ekbataua, eine
unstatthafte Meinung, da man weiß, dass Ekbataua im alten Medien,
dem heutigen Irak-Adjem, liegt. Die gewöhnlichste Meinung ist, dass
Tauris den Namen Tebris, welches G e n e s u n g   v o m   F i e b e r
bedeutet, bei Gelegenheit der Genesung des Halakukan, Feldherrn
des Harun Raschid, erhalten habe; dieser war zwei Jahre lang mit
einem dreitägigen Fieber behaftet gewesen, und ward davon auf eine
wunderbare Weise an dem Orte, wo diese Stadt liegt, durch ein dort
gefundenes Kraut befreit. Jener Sage zufolge ward die Stadt erbaut, um
das Andenken dieser Genesung zu verewigen. Dem sei wie ihm wolle,
so viel ist gewiss, dass die reine Luft in Tauris vor dem Fieber sichert,
welches ziemlich allgemein in Persien herrscht.

Ich will versuchen, einen leichten Umriss des Klimas dieses Landes,
seiner verschiedenen Produkte und seiner Einwohner zu entwerfen.

Die Luft in Persien ist längs dem ganzen Meerbusen und von Karamanien bis zum Flusse Indus warm und trocken. In diesen Gegenden
gibt es Orte, wo die Hitze erstickend, und selbst für die Eingeborenen,

die sie nie verlassen haben, unerträglich ist. Während der vier warmen Monate sind sie genötigt, ihre Wohnungen zu verlassen, und sich auf die Berge zurückzuziehen.

In diesen Küstengegenden ist die Luft nicht nur außerordentlich warm, sondern auch sehr ungesund; Leute, die nicht daran gewöhnt sind, werden gewöhnlich krank, oft tödlich. Es ist zu bedauern, dass die Küsten des kaspischen Meeres, besonders des alten Hyrkaniens, heutzutage Mazanderan, so ungesund sind; vom Oktober bis zum Maimond ist es ein bewundernswürdig schönes Land. Im März und Februar ist es ein wahrer Garten, ein Paradies. Vormals waren die Landstraßen mit Orangen-Alleen geschmückt. Doch die Einwohner haben, der schlechten Luft wegen, eine bleiche Gesichts-Farbe. Daher war bis auf Abaz den Großen Mazanderan fast eine Wüste. Dieser Fürst verpflanzte aus Armenien und Georgien mehr als dreißigtausend christliche Familien dahin, teils um jene Gegenden zu entvölkern, wo die Türken jährlich neue Feindseligkeiten begingen, teils weil er glaubte, Mazanderan sei sehr geeignet zur Seidenzucht. Auch war es sein Vaterland, und seine Mutter ersuchte ihn, es zu bevölkern. Abaz ließ Städte und prächtige Paläste bauen; er ließ herrliche Gärten anlegen. Aber die Bösartigkeit des Klimas hat dieses Land entvölkert. Die Feuchtigkeit der Luft ist dort so groß, dass, wenn man ein Tuch des Nachts im Freien hängen lässt, es am Morgen so durchnässt ist, als wenn es durchs Wasser gezogen wäre.

Eine gemäßigte Temperatur genießen die Provinzen, die höher liegen, nämlich die von Guriel bis ans schwarze Meer und Tabesseran und Daghestan bis ans kaspische Meer. Die Provinzen Erivan, Ober-Armenien, Aderbidjan, Ober-Kurdistan, ganz Irak-Adjem, Loristan, ein Teil von Farsistan und von Kerman, Segestan, Kandahar und Khorassan sind, wegen der Höhe ihres Bodens, im Winter ziemlich kalt. Es fällt vom Dezember bis zu Ende des Februars Schnee, und Abaz-Mirza konnte sogar, bei seiner Unternehmung gegen Karabeg, im J. 1812, mit Kanonen über den Araxes gehen, der bis in Februar fest gefroren war.

Dagegen aber steigt in diesen Ländern die Wärme im Sommer bis auf 32 Grad nach Reaumur. Die Dürre ist so groß, dass man in dieser Jahreszeit nicht den geringsten Tau auf den Pflanzen, keinen Dunst im Luftkreise, keine Wolken, ja nicht einmal den geringsten Nebel bemerkt. Ein Blatt Papier, welches man der Luft mehrere Tage lang aussetzt, bleibt stets so trocken, als man es hinlegte.

Der Himmel ist so heiter und die Sterne funkeln so sehr, dass man bei deren Schimmer deutlich lesen kann. Die Klarheit der Luft im größten Teile von Persien ist unvergleichlich. Dadurch geschieht's, dass der Dunstkreis über die ganze Natur, über alle ihre, Erzeugnisse und selbst Kunstwerke einen Glanz, eine unverwüstliche Haltbarkeit und eine Heiterkeit verbreitet, die sich selbst auf den Geist ausdehnt.

Doch der Zauber dieses Klimas schwindet bald; der Mensch ist nicht geschaffen, lange eintöniger Freuden zu genießen. Die fortwährende Heiterkeit des Himmels ist eine Wohltat der Natur, die auf die Länge Langeweile erzeugt. Freilich feiern die Dichter die Reize eines ewigen Frühlings; aber Überdruss beginnt, wo die Hoffnung endet, und die Genüsse des Lenzes wollen durch einen rauhen Winter erkauft sein.

Wenn daher jemand das sprossende Laub des Birkenholzes in St. Petersburg den ewigen Blumen Persiens vorziehen sollte, so darf man sich nicht darüber wundern.

Die Trockenheit und die Ruhe der Luft werden durch die Winde gemäßigt, die sich gegen Abend erheben, bis zum Sonnen-Aufgang dauern, und so kühl sind, dass sie die Einwohner nötigen, sich wärmer zu kleiden.

Ein eigentümlicher Wind, Bab Samum (Giftwind) genannt, erhebt sich bisweilen längs dem persischen Meerbusen. Er tötet auf der Stelle durch Erstickung, und kündigt sich durch Brausen an, die Luft erscheint rot und entflammt. Diejenigen, die davon sterben, sind wie aufgelöst, ohne dass ihre Gesichtszüge sich sehr ändern.

Der Winter fängt im größten Teile Persiens im November an, und dauert gewöhnlich bis im Märzmond; er ist zuweilen ziemlich rau, und auf den Bergen fällt der Schnee in großen Flocken. Die Berge, drei Tagesreisen von Ispahan gegen Westen, sind acht Monate lang mit Schnee bedeckt.

Ungeachtet der Schönheit des Klimas und des reichsten Pflanzenwuchses, ist Persien im Ganzen unfruchtbar. Kaum der zwölfte Teil ist angebaut. Bürgerliche Kriege, die in den letzten Zeiten das Land so sehr verwüstet haben, sind die Haupt-Ursachen; aber es gibt noch andre Gründen, die ebenfalls den Verfall eines Landes bewirkten, das vormals seiner Üppigkeit und seiner Schätze wegen so bekannt war, und noch alle Bequemlichkeiten des Lebens im größten Überflusse und zu den niedrigsten Preisen darbieten könnte. Die Religion der alten Perser, welche Feuer-Anbeter waren, verpflichtete dieselben zum Landbau; den Vorschriften dieser Religion gemäß waren die Pflanzung eines Baums, die Bewässerung eines Feldes, die Urbarmachung eines unfruchtbaren Bodens fromme, verdienstliche Werke, statt dass die Philosophie der Lehre Muhameds nur auf den Genuss des Gegenwärtigen geht.

Vor Alters grub man Kanäle, um die Felder zu bewässern; heutzutage wird diese Arbeit sehr vernachlässigt, und der Ackerbau leidet.

Die Regierung der Alten war auch gemäßigter; heutzutage ist sie despotisch. Wären alle diese Gründe nicht vorhanden, so wäre Persien unstreitig eines der schönsten, reichsten Länder der Erde.

Die Ernte findet zu Ispahan, welches als der Mittelpunkt des Reichs zu betrachten ist, im Juni-Monat statt. Man pflügt mit Pflügen, die von Ochsen gezogen werden. Reis, Weizen, Gerste und Hirse sind die gewöhnlichsten Getreide-Arten. Reis ist das allgemeinste Nahrungsmittel des Landes. Dieses Getreide reift vom Tage der Aussaat an in drei Monaten, ob es gleich, sobald es aufgeschossen ist, Ähre für Ähre in sehr feuchtes, schlammiges Erdreich verpflanzt wird. Die Reisfelder müssen immer unter Wasser gehalten werden, wodurch die Luft sehr ungesund wird, und woraus eine zahllose Menge von Insekten entsteht. Fängt der Reis an zu reifen, so lässt man das Wasser ablaufen und das Feld trocken werden; dann sterben die Insekten und verpesten die Luft. In acht Tagen reift der Reis, wenn es trocknes Wetter ist.

Die Platane, die Weide, und die Kornelkirsche, welche die Perser C o n a r nennen, sind die gewöhnlichsten Bäume in Persien.

Die Perser glauben, dass die Platane eine natürliche Kraft gegen die Pest besitze, daher man sie in vielen Städten und Dörfern in Menge findet.

Sehr häufig in mehreren Gegenden sind die Eiche, worauf die Galläpfel entstehen, die Mastyr- und Weihrauchstaude.

Aromatische Gewächse gedeihen in Persien sehr gut, und verbreiten einen köstlichen Geruch. Persien ist das eigentliche Vaterland der Arzenei-Pflanzen.

Mohn wächst in sehr großer Menge, und hat nirgends so viel und so starken Saft, deswegen ist das persische Opium, was Afiun (Opium) heißt, so vorzüglich.

Der Mohn reift im Junimond, und man gewinnt sodann den Saft durch Einschnitte in den Kopf der Pflanze. Es fließt nämlich eine klebrige Feuchtigkeit daraus hervor, die man vor Sonnen-Aufgang sammelt, und die so stark ist, dass die Leute, die sie sammeln, bleich und mager werden, und ein Zittern bekommen. Ähnliches befällt diejenigen, die ihn kochen und zubereiten.

Die Bäcker streuen Mohnsamen aufs Brot, weil er eine einschläfernde Kraft hat, denn man glaubt in Persien, der Schlummer nach dem Essen sei sehr heilsam.

Die Perser finden, dass der Mohnsaft angenehme Träume bewirkt und eine Art des Entzückens weckt. Diese Wirkung fühlt man nach Ablauf einer Stunde, und sie hält nach Verhältnis der Gabe, die man nimmt, mehrere Stunden an. Dann aber folgt eine gänzliche Erschlaffung.

Taback wächst in ganz Persien, besonders in Susiana zu Hamadan, dem alten Susa, und im wüsten Karamanien in der Nähe von Khuristan, gegen den persischen Meerbusen, wo man den besten sammelt. Man raucht in Persien den Kaliun.[11] Die Perser entbehren lieber das Essen, als das Rauchen.

Abaz der Große suchte diese für die Gesundheit so nachteilige Gewohnheit auszurotten, und versagte sich den Taback; aber, seiner-bekannten Strenge ungeachtet, blieb seine Mühe ohne Erfolg.

Der persische Safran ist der beste, den man finden kann.

Die Perser setzen einen hohen Wert auf ein gewisses schwarzes, sehr wohlriechendes Harz, das sie Mumie nennen, und in sehr kleiner Menge aus einigen Bergen in Karman quillt. Man findet es auch in Lorestan und Khorassan, doch wird diese Art weniger geschätzt. Diese Mumie ist kein Gegenstand des Handels. Der König bewahrt sie für sich; die Quellen werden sorgfältig bewacht, und sind sogar versiegelt; man öffnet sie nur einmal im Jahre, und man versichert in Persien, dass sie das Leben verlängere, übernatürliche Kräfte verleihe, und jede Wunde in kurzer Zeit heile.

---

11   A n m e r k . Man sehe die Beschreibung des Kaliun in der ersten Abteilung S. 105.

Man baut in Persien ein Korn, Hannah genannt, aus welchem man eine Farbe zieht, um damit Hände, Füße und zuweilen auch das Gesicht der Männer, wie der Frauen, zu bestreichen; es soll für Gesicht und Haut ein Schönheitsmittel sein. Die Sonne bräunt die damit gesalbten Teile nicht, der Forst durchdringt sie nicht; daher reibt man auch die Beine der Pferde damit.

Die Baumwolle wächst in großem Überflusse in allen Teilen von Persien; man sieht ganze Felder damit bedeckt.

An Früchten hat Persien ebenfalls einen großen Überfluss.

Die Melonen sind so vortrefflich, wie man sie nur irgendwo findet; man zählt über zwanzig Arten.

Cantelupen sind hier einheimisch, und man hat sie von dort nach Italien gebracht.

Die beste südliche Frucht Persiens nach den Melonen sind die Datteln. Auch die Trauben, wovon es mehrere Arten gibt, sind sehr köstlich.

Die, aus denen man zu Ispahan Wein macht, heißen Kischmisch.

Nirgend vielleicht ist der Pflanzenwuchs so schön, als in der Nähe von Schiras; der Boden und das Klima sind den Früchten jeder Art zuträglich; sie sind von einem ausgesuchten Geschmack, besonders die Trauben. Der dort gewonnene Wein ist von so vorzüglicher Güte, dass er vielleicht der beste in der Welt ist.

Persien hat alle europäischen Früchte und überdies noch viele andre. Wenn alle diese Früchte dort trefflich sind, was könnten sie sein, wenn man sich auf die Veredlung derselben verstände? aber man weiß dort nicht einmal etwas vom Pfropfen.

Eine Art Aprikosen ist Persien eigentümlich; sie heißt Tocmschams (Sonnenei). Das Fleisch derselben, ist hochrot und schmeckt köstlich. Diese Frucht öffnet sich sozusagen von selbst, so wie auch der Kern, der eine süße Mandel einschließt. Man führt sie getrocknet aus, und wenn man sie im Wasser kochen lässt, so verdickt der süße Saft das Wasser und bildet einen Sirup, als wenn man Zucker hinzugetan hätte. Als Kompott sind sie ein Lieblingsnachtisch der Perser.

Diese Aprikosen-Art wächst außerordentlich häufig in ganz Persien. Ein Aprikosenbaum, (und man hat sie von ungeheurer Größe) ist gemeiniglich so reich an Früchten, dass man kaum dessen Zweige und Blätter erblickt. Der kleinste Windstoß wirft tausende von Früchten, wenn sie zu reifen anfangen, zur Erde. Man nennt sie den Tod der Europäer, weil mehrere derselben so gierig diese Frucht aßen, dass sie ein Opfer ihrer Unmäßigkeit wurden. Doch kann man täglich hundert und mehr von diesen, sehr weichen Aprikosen, ohne irgendeine Unbequemlichkeit genießen. Ich wenigstens habe diese Erfahrung an mir gemacht.

Das Obst ist so mannigfaltig, dass man oft bei einem Gastmahle an fünfzig Sorten auftragen sieht; zum Teil freilich werden die Früchte mehrere hundert Werste weit herbeigeholt.

Die Granatäpfel sind trefflich in Persien; sie sind durstlöschend und man bedient sich derselben zum Scherbet. Die besten kommen von Schiras.

Orangen gedeihen nur in Mazanderan, an den Ufern des persischen Meerbusens und in andern südlich gelegenen Teilen von Persien.

Auch die Quitten, Kirschen, Feigen und Kastanien sind dort köstlich.

Die Zwiebeln in Bactriana sind groß und süß wie Äpfel; man kann sie zum Obste zählen.

Die Pistazien kommen aus Kasbin und dessen Gegenden, so wie auch köstliche Haselnüsse, Wallnüsse und Lambertsnüsse.

Alles, was die schönsten Länder Europas an Blumen hervorbringen, besitzt Persien; doch alle persischen Provinzen sind in dieser Rücksicht nicht gleich begünstigt, da die zu große Hitze den Blumen ebenso nachteilig ist, wie anderswo die zu große Kälte. Die Lebhaftigkeit der Farben und der herrliche Duft dieser trefflichen Pflanzen geben ihnen indes den Vorzug über die europäischen von derselben Art.

In Mazanderan, dem wahren Blumenlande, und in Medien bringen die Gefilde von selbst rote, weiße und gelbe Rosen, Tulpen von bezaubernder Schönheit, Anemonen und sehr schöne rote Ranunkeln hervor.

In der Nähe von Ispahan wachsen die Jonquillen wild, und man hat den ganzen Winter hindurch Blumen.

Persien ist ein neuer Beweis, dass, je fruchtbarer die Natur ist, desto weniger des Menschen Fleiß sich zu entwickeln sucht. Man sollte glauben, dass unter einem so reinen Himmel und bei einer so reichen

Vegetation, die Gärten in Persien sehr schön sein müssten, und dennoch sind sie meistens nur ein regelloses Gewirre von Fruchtbäumen, ohne Wege. Die ganze Zierde in einigen derselben beschränkt sich auf seinen großen Platanengang, der den Garten durchschneidet. Im Mittelpunkt liegt ein Bassin, zwei kleinere finden sich zu beiden Seiten. In den Zwischenräumen sind ohne alle Ordnung Blumen gesät und Frucht- und Rosenbäume gepflanzt.

Der Perser lustwandelt nie, ebenso wenig wie die meisten Morgenländer. Ihm genügt die Beschauung seines Gartens und die Luft, die er dort atmet; er geht dahin, um sich niederzusetzen, und steht nur auf, um wieder wegzugehen. Er hat keinen Begriff, dass man sich zum Vergnügen oder der Gesundheit wegen, Bewegung machen, oder aus Wissbegierde auch nur die kleinste Reise unternehmen könne.

Persien ist sehr gebirgig; es ist reich an Metallen und Mineralien, welche man besonders seit Abaz dem Großen auszusuchen angefangen hat. Die gemeinsten Metalle sind Eisen, Kupfer und Blei. Gold und Silber finden sich nicht; man mutmaßt jedoch, dass sie vorhanden sind, allein die Perser sind zu träge, um Nachsuchungen, die mit Mühe verknüpft sind, anzustellen. Die nach Metallen begierigen Europäer scheuen mühevolle Arbeiten nicht, um sie dem Schoße der Erde zu entreißen.

Marmor, Quadersteine und Schiefer werden vornehmlich im Lande Hamadan gebrochen. Bei Tauris findet man den Lazurstein und in Hyrkanien die Naphtha.

Das reichste persische Bergwerk ist die Türkisgrube. Zwei Distrikte liefern dieses Produkt, Nichapur in Khorassan und ein Berg zwischen Hyrkanien und dem alten Parthien, vier Tagesreisen vom kaspischen Meere, Phiruscu oder Phirus-Berg genannt. Phirus ist ein alter König von Persien; es ward diese Türkisgrube unter seiner Regierung entdeckt und hat den Namen davon erhalten.

Die Perlenfischerei wird im persischen Meerbusen getrieben. Die Perser nennen die Perle Mervarid (Licht-Erzeugnis). Türkise und Perlen bilden einen bedeutenden Handelsgegenstand.

Dieselbe Verschiedenheit, welche die Erzeugnisse des Bodens an sich tragen, findet unter den Tieren statt, an deren Spitze das Pferd steht. Die persischen Pferde sind die schönsten im Morgenlande, obgleich die arabischen, wegen ihrer außerordentlichen Schnelligkeit, gesuchter sind.

Die Perser sagen, dass man, um Pferde, die für echte Araber verkauft werden und aus dem glücklichen Arabien abstammen müssen, zu probieren, man sie 50 Werste so schnell als möglich laufen lassen, sie dann bis an die Brust ins Wasser treiben und endlich ihnen Hafer vorwerfen muss; essen sie begierig, so sind es echte arabische Pferde.

Das Kamel wird in Persien sehr geschätzt und verdient es, wegen seiner großen Nützlichkeit. Sie nennen dieses Tier das Schiff des festen Landes, wegen der ungeheuren Last, die es fortträgt. Hammel und Ziegen sind im Überfluss vorhanden; unter den erstern gibt es einige deren Schwanz über dreißig Pfund wiegt.

Medien und Armenien sind besonders reich an Rindvieh.

Wildpret ist selten; es fehlt an Waldung, wo es Zuflucht finden könnte. In Mazanderan gibt es dicke Wälder, in denen sich wilde Tiere, deren Wildheit schon den alten bekannt war, verbergen.

Georgie, Persien und selbst Mazanderan nähren keine Wölfe; allein ebenso wilde Schakals sind dort in großer Zahl, leben haufenweise beisammen, heulen ebenso schwermütig und widerlich wie der Wolf, und machen sich an Leichen, die sie ausscharren, wenn es ihnen an lebendiger Beute gebricht.

Das trockne Klima begünstigt die Vermehrung der Insekten nicht; sie sind selten, die Zug-Heuschrecken ausgenommen, die in einigen Gegenden zuweilen Wolken bilden, welche die Luft verdunkeln.

Skorpionen, Taranteln und Scolopender sind wegen ihres Bisses gefährlich, zuweilen wird er sogar tödlich.

Unter den wilden Vögeln findet sich der Pelikan, und eine zahllose Menge Adler.

Das kaspische Meer ist sehr fischreich; der persische Meerbusen aber noch fischreicher. Flüsse, Seen sogar Kanäle liefern Fische von jeder Gattung.

Der Mensch selbst, dieser Hauptbewohner der ganzen Erde, wie sehr er auch durch ihre verschiedenen Abwechselungen leidet, scheint hier den Stempel des Landes, den er bewohnt, zu tragen, und demselben gemäß moralisch und physisch modifiziert zu sein.

Der Perser nimmt ohne Widerrede den ersten Rang unter allen asiatischen Völkern ein, sowohl wegen der Schönheit der Gestalt, als wegen seiner sittlichen Eigenschaften; seine Sinnesart, so fehlerhaft sie auch ist, gibt ihm den Vorzug vor allen seinen Nachbarn, die noch barbarischer sind.

Der Europäer, den ein Perser bei sich aufnimmt, ist anfangs durch seine ausgesuchte Höflichkeit, seine Duldsamkeit, seine Gastfreundschaft, und seinen außerordentlichen Trieb, neue Kenntnisse zu erwerben, bezaubert; doch nur zu bald nimmt er die Falschheit wahr, welche diese trüglichen Außenseiten decken.

Der Landbewohner weicht nicht so sehr wie in Europa von dem Bewohner großer Städte ab. Fortwährende Kriege, die alle Perser ohne Unterschied zu den Waffen rufen, Kriegszüge von einer Provinz in die andre, Unruhen, die ohne Unterlass von neuem entstehen, und die Verwüstungen, die sie mit sich führen, wurden die Ursache, dass der Städter viel von seiner Höflichkeit und sittlichen Verfeinerung einbüßte, während dieselben Ursachen zur Entwicklung der Begriffe des Landmanns beitragen konnten, der, indem er den Pflug mit dem Schwerte vertauschte, bald mehr davon weiß, als der, welcher bequem in den Städten lebt.

In den Städten verlassen die Frauen fast nie das Harem, wo sie wie lebendig begraben sind; auf dem Lande genießen sie mehr Freiheit; sie besorgen die Küche, spinnen Baumwolle oder trocknen an der Sonne Mist, dessen sie sich mit Stroh vermischt, in Ermanglung des Holzes, statt der Feurung bedienen.

Der Bauer hat gewöhnlich nur eine Frau, obgleich seine Religion ihm verstattet, drei zu nehmen; dort, wie anderswo, haben die Reichen das Recht, in Weichlichkeit und Wollust zu schwelgen. Man glaubt ziemlich allgemein, dass der Perser in Rücksicht seines Charakters und seiner Sitten mit dem Türken zu vergleichen sei; allein beide Nationen weichen sehr voneinander ab.

Die Türken sind gegen den Fremden ungeschliffen; der Perser ist übertrieben höflich und ein Erz-Komplimentenmacher. Doch obwohl er duldsam, lernbegierig und gastfrei ist, so sind seine Liebkosungen doch mehr zu fürchten, wie die Rohheit und Ungeschliffenheit des Türken.

Der Perser spricht nur in Hyperbeln; der Fremde wird anfangs versucht zu glauben, er sei bereit alles für ihn zu opfern, sein Habe und selbst sein Leben. Der Große, wie der Kleine bietet sein Haus, seine

Kinder, ja selbst seine Stadt demjenigen dar, von dem er irgendeinen Vorteil zu ziehen hofft.

Von den Persern kann man mit Recht sagen, dass Redensarten nichts kosten. Sieht man einen schönen Garten, so spricht der Eigentümer: Nur Dir danke ich einen solchen Sitz, denn nur weil Gott Dir gnädig ist, schuf er die Natur so schön, und ließ huldvoll meine Bäume gedeihen. Ich bin ein armer Sünder, aber Du bist ein Günstling des Himmels.

Er geht so weit sich des Ausdrucks zu bedienen, dass wenn Gott die Sonne auch nicht erschaffen hätte, Deine Augen, deren Glanz diesem Gestirn gleichen, dessen Stelle vertreten könnte. Aristoteles, sagt der Perser, war der größte Mann, aber Du bist über ihn erhaben.

Bietet er dir Zucker an, so versichert er, jedes deiner Worte sei unendlich süßer als der Zucker selbst.

Die Perser sind übrigens bei ihren Äußerungen sehr auf ihrer Hut, aus Furcht, sich zu kompromittieren, oder die Züchtigung der Regierung auf sich zu ziehen, die sie in großem Schrecken hält; diese knechtische Gesinnung trifft man fast überall.

Die Perser lieben die Beredsamkeit, und ihre bilderreiche Sprache kommt ihnen dabei sehr zu Hilfe. Oft führen sie Stellen aus den Gedichten des Sadi und des Hafis an. Diejenigen, die nicht lesen können, wissen sie auswendig, und ergreifen jede Gelegenheit, ihre Reden damit auszuschmücken.

Die Perser sind sehr abergläubisch. Sie glauben an Orakelsprüche, an die Zauberkraft der Talismane, und bei jeder Gelegenheit erforschen sie den günstigen Zeitpunkt, überzeugt, dass auch bei den kleinsten ihrer Unternehmungen ein solcher Moment eintrete; oft schieben sie ihre Reisen, ja selbst ihre Besuche, aus diesem Grunde auf.

Als Heilmittel gegen das Skorpiongift gebrauchen sie nicht Öl, das gegen den Stich dieses Insekts am heilsamsten ist, sondern sie sagen gewisse Gebete her, denen sie eine Heilkraft beimessen. Sie sind dermaßen von der Wirksamkeit dieser Gebete überzeugt, dass sie sich, nach Versagung derselben, mitten unter Skorpionen ruhig schlafen legen.

Die Perser sind übertrieben eifersüchtig, vielleicht noch eifersüchtiger als die Türken. Nur mit einem gewissen Grauen vernehmen sie, dass die europäischen Frauen ohne Schleier gehen, und dass sie mit allen Männern reden dürfen. In Persien gehen die Männer so weit, dass sie sogar vermeiden, den Namen einer Frau auszusprechen. Eine Frau aber, deren Treue verdächtig ist, wird bald ein Opfer der Eifersucht.

Der Gebrauch des Weins, den freilich der Koran verbietet, ist dennoch ziemlich allgemein in Persien, aber man trinkt ihn gewöhnlich insgeheim. Opium brauchen die Perser viel weniger als die Türken.

Eine Vergleichung dieser beiden Völker trägt von Seiten der Türken das Gepräge der Barbarei und Grausamkeit; in Persien hingegen kündet alles eine sanftere, gebildetere Nation an.

Als die Türken die Ufer des Faxartes und des Oxus verließen, um in die schönen Provinzen Klein-Asiens einzudringen und sich in dem verfeinerten Griechenland festzusetzen, brachten sie die ganze Barbarei eines kriegerischen Nomadenvolkes mit dahin, und behielten dieselbe bei; die Perser hingegen, umgeben von Arabern, Usbecken, Turkmannen, Kurden und Afghanen, welche sie wechselweise unterjochten, haben noch ihre feinern Sitten und einige Liebe für Wissenschaften, Künste, Handel und Kunstfleiß beibehalten.

Beide Völker werden nach den Vorschriften des Koran von einem Despoten beherrscht, unter dessen Willkür sich ein jeder beugen muss; beide Völker bewohnen beinahe dasselbe Klima, und dennoch ist das eine wild, träge, hochmütig und unwissend, das andre aber gesittet, tätig und gewerbsam.

Hätten die Perser, wie die Türken, des Vorteils genossen, mit den Europäern in unmittelbarer Verbindung zu stehen, so würden sie gewiss sehr große Fortschritte in der Kultur gemacht haben.

Die Türken verachten jede andre Nation, vorzüglich diejenigen, welche sich nicht zur muhamedanischen Religion bekennen; die Perser hingegen lieben unterrichtete Männer und deswegen auch die Europäer. Sie sind bei weitem nicht so fanatisch, als die Türken. Ebenso tapfer wie sie, zur Zeit des Krieges, sind sie weit mitteilender und gesprächiger in Friedenszeiten.

Die Perser sind ein entartetes Volk; die Türken waren von jeher unwissend.

In der Türkei ist wenig Luxus; in Persien herrscht er überall. Er zeigt sich besonders in der Schönheit der Kleider, der Teppiche, in dem Reichtum der Edelgesteine, und in der Menge der Frauen, Sklaven und Pferde.

Die Wohnungen in Persien sind denen in der Türkei vorzuziehen.

Die Kleidung der Perser ist noch zusammengesetzter als die der Türken; sie glauben gleichfalls, je länger und schwärzer der Bart, desto schöner die Männer seien. Sie haben gleichfalls den Brauch ihn zu färben, zu kämmen und zu parfümieren.

In Persien tragen weder Männer noch Frauen Handschuhe.

Die Perser nehmen nur zwei Mahlzeiten zu sich. Die Türken, die einen weniger warmen Himmelsstrich bewohnen, und mehr körperliche Anstrengung haben, halten drei Mahlzeiten und essen mehr.

Im Allgemeinen essen die Völker Asiens viel weniger als die Europäer. Man kann dies, wie ich bereits angeführt habe, der Wärme des Klimas zuschreiben, sowie ferner der Untätigkeit, der geringern Abwechselung der Nahrungsmittel, dem fortwährende, unmäßigen Gebrauche des Tabaks, des Opiums und der kühlen Getränke.

Die Perser essen um 10 Uhr morgens; man nimmt dann nur Milch, Früchte und Gebackenes. Beim Untergang der Sonne ist die Tafel besser besetzt, Pillaus fehlen dann niemals; sie sind das Lieblings-Gericht. Zu jeder Zeit trinken sie Scherbet von verschiedener Art, oft mit Gewürzen, die in großen Porzellan-Vasen serviert werden, woraus man sie mit hölzernen Löffeln schöpft, die gebogen, mit einem langen Stiele versehen, auch gewöhnlich sehr schön ausgeschnitten sind.

Die Art, die Speisen zubereiten ist in Persien höchst einfach; sie kennen keine Ragouts. Die Mahlzeit dauert niemals länger als eine halbe Stunde; man isst schnell und spricht nicht viel. Die Perser haben einen sehr einfachen Geschmack. Niemand beklagt sich, dass eine Speise zu sehr oder zu wenig gewürzt sei; bei der Tafel trägt man weder Salz, Pfeffer, Öl, noch Essig auf.

Man steht nicht auf, um sich zu Tische zu sehen; man trägt das Essen auf großen Schüsseln vor jede Person, und nach dem Orte hin, wo sie sitzt. Nach Beendigung der Mahlzeit wird warmes Wasser gebracht, um sich zu waschen, und die Hände vom Fette zu säubern, worauf man sie im eignen Schnupftuche abtrocknet.

Die Perser sind von der Sekte der Ali, und dem Islamismus eifrigst ergeben, die Türken sind von Omars Sekte, und also Sunniten.

Der hauptsächlichste Streitpunkt in ihrer Religion betrifft aber den rechtmäßigen Nachfolger des Propheten.

Die Muhamedaner rufen unter allen Völkern Gott am öftersten an. Täglich sind fünf Gebete verordnet. Das erste wird um Mittag verrichtet, denn mit dieser Stunde beginnen die Muhamedaner den bürgerlichen Tag; das zweite verrichtet man um drei Uhr nachmittags; das dritte, wenn es dunkel wird, das vierte, wenn man sich schlafen legt, das fünfte, morgens, wenn man aufsteht.

Die Zeit dieser Gebete werden durch eigens dazu bestellte Ausrufer angekündigt.

Wenn der Perser betet, so zieht er die Schuhe aus, legt alles Gold, allen Schmuck und selbst die Waffen ab; er wäscht sich dann in reinem Wasser; dann holt er den kleinen, nur zu diesem Gebrauche bestimmten Fußteppich , ein Rosenkranz, ein kleiner Spiegel, ein Kamm, auch wohl einige Reliquien. Wer betet nimmt immer dieselbe Stellung an, und kehrt das Gesicht nach Mekka.

Wenn der Teppich ausgebreitet ist, lässt sich der Perser ganz am Ende desselben auf die Fersen nieder, indem er eine an die andere drückt; dann nimmt er den Kamm und den Spiegel und kämmt sich den Bart; dann stellt er die Scheibe von Ton genau in die Mitte des Teppichs und sagt den Rosenkranz her.

Dieser Rosenkranz ist gewöhnlich aus derjenigen Erdart gemacht, welche die Perser die heilige nennen, und die aus Mekka oder Medina hergebracht wird. Die Kugeln sind so groß als Erbsen und 99 an der Zahl; die Scheibe ist von derselben Erde, als der Rosenkranz; sie hat jede Gestalt, ist bald rund, bald viereckig, bald achteckig, und gewöhnlich so groß als die hohle Hand. Die obere Fläche ist bedruckt, und enthält die Namen Gottes, des Propheten und der Imans, das Glaubensbekenntnis oder einige Stellen aus dem Koran. Man braucht diese Scheibe um die Stirne darauf zu legen, wenn man den Kopf zur Erde beugt.

Die Gottesfurcht der Perser veranlasst sie zuweilen, Wallfahrten anzustellen. Die eigentliche Wallfahrt, die das muhamedanische Gesetz befiehlt, ist die nach Mekka, die übrigen gehen nach Medina zum Grabe des Propheten oder zu den Gräbern seiner Nachfolger; aber dieses sind keine Religionspflichten, sondern bloß Sache dir Andacht.

Die meisten Pilgrimme tragen ehrenhalber für ihr ganzes übriges Leben den Namen Hadschi oder Pilgrimm; wer zum Beispiel Ibrahim heißt, wird von dieser Zeit an Hadschi Ibrahim genannt.

Die Perser glauben fest an Talismane und Amulette. Sie nennen sie Telesin, wovon augenscheinlich das Wort Talisman herkommt. Vielleicht ist in ganz Persien nicht ein Mensch, der nicht Amulette an sich trägt; einige sind ganz damit beladen. Sie hängen sie sogar an den Hals der Tiere. Diese Amulette sind Inschriften auf Papier, Pergament oder Steinen, die man sorgfältig in kleinen Säckchen aufbewahrt.

Heutzutage sind unter den Persern drei Sprachen üblich; die eigentliche persische, die Landessprache, die türkische und die arabische. Männer von Stande verstehen diese drei Sprachen, sogar die Frauen erlernen sie. Sie sind notwendig für die gesellige Unterhaltung.

Die Perser schreiben wie die Araber, von der Rechten zur Linken. Ihr Papier ist weich, wie Seide; sie bestreichen es mit Seife und glätten es dann mit Glaskugeln. Ihre Tinte ist schwarz und dick, was notwendig ist, um alle die groben und feinen Striche zu bilden, welche die Grundzüge der persischen Buchstaben-Schrift ausmachen.

Ihre Federn sind Schilfrohr von der Dicke der Schwanenfedern; sie spalten sie und lassen einen sehr langen Schnabel daran. Man sammelt dieses Rohr am persischen Meerbusen.

Die Perser schreiben, indem sie das Papier frei in der Hand halten; sind die Blätter groß, so rollen sie sie zusammen, und entfalten sie beim Fortschreiben.

Die Morgenländer pflegen ihren Namen nicht zu unterzeichnen, aber sie drücken ihr Siegel oder Petschaft auf, dass sie gewöhnlich als Ring am Finger tragen.

Die Morgenländer führen keine Wappen.

Da ich von dem Klima, den Produkten und den Einwohnern Persiens geredet habe, so bleibt mir noch von einigen andern Gegenständen zu reden übrig, die dieses Land betreffen.

Die Heilkunde ist in Persien wenig bekannt; aber sie wird daselbst geschätzt, so wie auch die Sterndeuterei, deren Ausspruch jedes Mal für heiliggehalten wird.

In der Malerei ist man in Persien nach sehr zurück; obschon diese Kunst geschätzt wird, und es daselbst sehr schöne Farben gibt. Das Ultramarin wird aus Persien nach Europa gebracht; der Lazurstein, woraus man diese schöne blaue Farbe gewinnt, findet sich im Überflusse auf einigen Bergen in Khorassan.

Die Musik, obgleich sie etwas besser ist, wie in der Türkei, ist nichts weniger als vorzüglich.

Die öffentlichen Gebäude Persiens, sowie auch die Paläste, sind von Backsteinen, zuweilen von guten Quadersteinen erbaut.

Die Kuppeln, die Moscheen, auch einige Paläste sind mit Ziegeln von verschieden farbigen gebrannten Ton oder Fayence belegt, was eine ganz hübsche Wirkung macht.

Die Moscheen sind mit einem oder mit mehreren Türmen versehen. Vor dem Haupttore findet sich gewöhnlich ein viereckiger Hof mit weißem Marmor gepflastert, mit Springbrunnen und Bädern verziert, in denen sich die Muhamedaner waschen, ehe sie in die Moschee eintreten. Statt der Bank liegen dort Teppiche, worauf sie sich niederlegen.

Die Moschee selbst ist sehr einfach; sie hat keine andre Zierde als Inschriften aus dem Koran. Die Frauen dürfen nur unter der Hauptpforte erscheinen, und können nicht ins Innere desselben eintreten.

Der Kunstfleiß der Perser ist bekannt. Sie zeichnen sich insonderheit in der Verfertigung von Seidenwaren, und wollnen, Gold- und Silberstoffen aus. Ihr Samt und ihr Taft sind sehr schön; auch die Farben derselben so vortrefflich.

In Khorassan verfertigt man die schönsten Teppiche und die besten Säbelklingen.

Die Schals, besonders die von Kaschmir, sind hinreichend bekannt und sehr gesucht; sie stehen jetzt außerordentlich hoch im Preise, besonders des hohen Kurses wegen, worin die holländischen Dukaten in Europa stehen.

Es ist auffallend, dass die Schals, die Teppiche, die Stoffe und andre ähnliche Erzeugnisse des asiatischen Kunstfleißes, obgleich mit ganz rohen Werkzeugen gefertigt, doch bis jetzt anderswo nicht haben nachgeahmt werden können.

Rosen-Öl wird in Persien in sehr großer Menge gemacht und ist vortrefflich.

Zucker hingegen verstehen sie nicht zu raffinieren.

Zu den Zeiten der Sophis war Persiens Handel sehr blühend; er ist es nicht mehr. Hätten die Nachfolger des Shah Albas den Geist dieses großen Fürsten ererbt, so würde Persien der Mittelpunkt des Handels zwischen Indien und Europa geworden sein.

Im Allgemeinen ist der Handel mit dem Orient nachteilig für Europa, weil unser grenzenloser Luxus und so mancherlei Bedürfnisse eine große Menge der verschiedensten Erzeugnisse notwendig machen, welche eine fruchtbarere und mannigfaltigere Natur unter Asiens schönem Himmel im Überflusse darbietet. Während der Orient Europa mit Gewürzen, mit Spezereien, mit Früchten, mit Seide, mit Baumwolle und selbst mit schon verarbeiteten Waren versieht, hat unser Weltteil nur wenig Erzeugnisse zum Austausch anzubieten, indem die Asiaten geringe Bedürfnisse haben, und mit dem zufrieden sind, was ihnen die Natur auf eignem Boden so freigebig gewährt.

Dennoch gibt es Handelsgegenstände, womit Russland Persien versehen könnte, und dieser Tausch-Handel ist der einzig vorteilhafte für Russland. Das bare Geld würde dadurch im Lande bleiben, und den National-Kunstfleiß auf Artikel lenken, die Persien nötig hat. Die von dort bezogenen Waren würde man auf geradem Wege erhalten können, und nicht durch Vermittelung einer einzigen Nation und auf ungeheuren Umwegen.

Der Handel zwischen Russland und Persien auf dem schwarzen und kaspischen Meere ist ganz ungehindert. Die für Nord-Russland bestimmten Produkte müssen nach Astrachan gebracht werden, und die für die südlichen Provinzen, durch Armenien und Georgien in die Hafen des schwarzen Meeres.

Dieser Handel, der übrigens oft durch den Krieg unterbrochen werden kann, könnte vielleicht in Rücksicht des geringen Erfolgs, den jeder neue Versuch gehabt hat, unausführbar scheinen. Es ist indes zu vermuten, dass nicht die zweckmäßigsten Maßregeln ergriffen wurden.

Elton war der letzte, der es auf sich nahm, dieses Handelsprojekt sin seinem ganzen Umfange auszuführen, und an diesem Unternehmen[12] scheiterte.

---

12   A n m e r k . Die Afghanen wurden gerade damals aus Persien vertrieben, als die Engländer ihre neuen Handels-Unternehmungen nach diesem Lande begannen.

Persien ward im 17ten Jahrhundert von den Afghanen überschwemmt, die aus Kandahar einem nordöstlich von Ostindien gelegenen Gebirgslande kamen. Dies wilde Volk hatte Persien, dem es gelang, dessen Joche Trotz zu bieten, lange verwüstet, und endigte damit, dass es diesem Lande 1722 Fesseln anlegte. Da sie erbitterte Feinde von der Sekte Ali waren, so verfuhren sie nur umso grausamer gegen die Perser, welche zu derselben Zeit gegen die Russen, die Türken und die Tartaren zu kämpfen hatten.

Im Jahre 1738 verließ der englische Kapitän Elton, dessen Unternehmen Russland und England unterstützen, St. Petersburg und reiste mit Waren, die für Persien bestimmt waren, über das kaspische Meer nach diesem Lande.

Er fand einen trefflichen Absatz dessen, was er mitgebracht hatte, aber sein unbeständiger Charakter, veranlasste ihn, kurz darauf von seinem Plane und von Russlands Interesse abzuweichen, und als Schiffbauer in Nadir Shahs Dienste zu treten. Er genoss lange die Gunst dieses Fürsten, doch als derselbe ermordet war, kam Elton selbst bald darauf in den Unruhen um, die durch den Tod des Nadir Schahs entstanden.

Sie Hanvan, der einige Zeit mit Elton in Verbindung stand und ihm anfangs selbst nach Persien gefolgt war, hat ein sehr interessantes Werk über das Land herausgegeben, und alle nähern Umstände der Handels-Unternehmung des Kapitän Elton darin aufgezeichnet.

Der persische Meerbusen bietet für den Handel Persiens große Hilfsquellen dar. Außer der reichen Perlenfischerei hat dieser Meerbusen mehrere Häfen, z.B. Bender Abassi, Bender Boucher, und Basra, wohin heutzutage die Engländer ausschließlich Handel treiben.

Im Jahre 1514 bemächtigten steh die Portugiesen der Insel Ormudz, und seitdem durfte es keine andre Nation wagen, im persischen Meerbusen Handel zu treiben, ohne von ihnen mit Pässen versehen zu sein und ihre Flagge zu führen.

Die Perser waren nicht im Stande, das Joch der Portugiesen abzuschütteln, bis gegen das Ende des 16ten Jahrhunderts die Holländer und 1613 die Engländer sich in Ostindien festsetzten. Schah Abaz

---

Endlich erschien Thamas Kuli Khan, und befreite sein Vaterland von diesen wilden, schrecklichen Afghanen. Nach seiner Ermordung ward Persien von neuem der Schauplatz der Gräuelszenen, welche die Anarchie dort hervorrief. In diesem unglücklichen Zeitpunkte ersannen die Engländer, deren Handel mit Persien von Indien aus zerstört war, einen neuen Handelsweg durch das kaspische Meer, dessen Küsten weniger wie das übrige Reich gelitten hatten. Die Engländer hatten schon ein ähnliches Projekt ausgeführt; als sie Archangel entdeckten, beeilten sie sich, unter dem Schutze ihres Handels-Genius, den Verkehr mit Persien durch unermessliche Landstriche zu führen.

Sie machten diesen Versuch oft von neuem, allein er wollte nicht gelingen.

Als Peter der Erste 1722 einige Provinzen an den Ufern des kaspischen Meers erobert hatte, forderte sie dieser große Monarch auf, diesen Handel wieder anzuknüpfen, aber mutlos gemacht durch frühere Versuche, lehnten sie es ab.

bewog die letzten, ihm in der Vertreibung der Portugiesen aus Ormudz Beistand zu leisten, welches endlich 1622 von ihnen befreit ward.

Der innere Handel von Persien würde nicht von Statten gehen, hätte nicht die Natur diesem Lande das Kamel verliehen, welches große Lasten trägt, einen schnellen, sichern Gang hat, und sich bloß mit Kraut und Disteln begnügt. Auch besitzt Persien eine große Anzahl Karavanserais, die in gewissen Entfernungen gelegen, den Kaufleuten eine unentgeltliche, bequeme und sichere Freistatt darbieten; mit Hilfe dieser Vorteile können sie die größten Reisen ziemlich leicht machen.

Die Karavanserais sind Gebäude, welche die Könige oder fromme Privatpersonen erbaut haben. In Persien stehen diese Gebäude an Schönheit nur den Moscheen und den königlichen Palästen nach. Ihre Zahl in einer Stadt richtet sich nach dem Handel; auf den Landstraßen ist eine Karavanserais gewöhnlich da angelegt, wo leicht gutes Wasser zu haben ist. Hausgeräte sind nicht vorhanden; der Reisende muss sich daselbst seines eignen Teppichs bedienen. Eine Karavanserais ist viereckig, und hat in der Mitte einen großen Hofplatz; man tritt durch ein schönes Säulentor hinein. Die Gemächer befinden sich im Innern. Die Ställe sind hinter den Gemächern, am Ende des Gebäudes, welches gewöhnlich vierzig Gemächer und zwanzig Ställe enthält.

Ich habe auf meinem Wege nach Tauris zwei Karavanserais gesehen, die Abaz der Große erbaut hat; sie werden für Meisterstücke der asiatischen Baukunst gehalten. Beide sind fast von gleicher Bauart und von derselben Größe; durch die Zeit haben sie nicht viel gelitten. Besonders bewunderte ich die Säulengänge, die von kolossaler Größe sind, und von einer Arbeit, die an die Zeiten der alten Römer erinnert.

Eine gewisse Anzahl Reisende, die zu größerer Sicherheit und Bequemlichkeit sich zusammen nach demselben Orte begeben, bilden eine Karawane oder Kaliseg; sie wird von einem Tschegarwardar geführt, der von jedem Reisenden das Geld empfängt, was die Reise sowohl in Rücksicht der Transportmittel als des Lebens-Unterhalts kostet. Er hat mehrere Leute unter seinem Befehle, deren Hauptgeschäft darin besteht, die Kamele mit den Waren, die fortgeschafft werden sollen, zu beladen, und für ihr Futter zu sorgen. Die Karawane geht langsam vorwärts; die Reisenden sind gehalten, sich nicht voneinander zu entfernen. So wie sie im Mensil-Gag oder in den Karavanserais anlangen, weißt der Tschegarwardar einem jeden seinen Platz an, den er mit seinen Sachen einnehmen muss, so, dass alle Reisende einen Halbkreis bilden, in dessen Mitte die Betten ausgebreitet werden. Rundherum ist ein großes Seil gezogen, und das Kamel, das Pferd oder das Maultier genau an die Stelle angebunden, wo die Sachen liegen, womit es Tages darauf beladen werden soll. Der Aufbruch ist auf zwei oder drei Uhr morgens festgesetzt; die Abreise wird durch den Klang der Glocken, die am Halse eines jeden Kamels oder Maultiers hängen, angekündigt, welches auch verhindert, dass sich kein Reisender verirren kann.

Bleibt die Karawane länger als eine Nacht in der Karavanserai, so beziehen die Reisenden mit ihren Sachen die Gemächer, und die Kamele werden in die Ställe gebracht.

Übrigens gibt es kein Land, wo man mit so weniger Bequemlichkeit und Annehmlichkeit reist, als in Persien. Eine Karavanserai, ein Zelt, ein armseliges Obdach ohne Hausgeräte, Nahrungsmittel, an die der Europäer nicht gewohnt ist, gänzlicher Mangel an Hilfe im Falle einer Krankheit oder bei irgendeinem Unglücksfalle, das hat man in Persien zu erwarten; überdies muss man immer gegen Arglist und Verrat auf seiner Hut sein.

Es ist ein höchst trauriger Anblick, ein Land zu sehen, das wie der größte Teil von Persien von den Afghanen verwüstet worden, und lange Zeit der Schauplatz der schrecklichsten Bürgerkriege gewesen ist; daher diese Wüsteneien, diese Kanäle, die trotz ihrer Notwendigkeit für Persien doch so vernachlässigt sind, daher der aufgegebene Landbau.

Das eigentlich sogenannte Persien ist ein Kriegs-Staat.

Es gibt keinen Perser, der nicht vollkommen Pferd und Waffen zu handhaben wüsste; der Mangel an Kriegszucht allein macht, dass sie nicht furchtbar sind.

Erst seit wenigen Jahren wurden die Sarbazen organisiert, obwohl Persien immer ein mehr oder weniger starkes Heer Fußvolk hielt. Vormals ward der Krieger zu Friedenszeiten entlassen, und selbst zur Kriegszeit bei der Annäherung des Winters.

In allen Zeiten herrschte der Gebrauch, dass die Khans und Statthalter sich mit ihren unterhabenen Truppen sowohl als denjenigen, die sie in des Königs Namen anzuwerben das Recht haben, marschfertig halten mussten; in dieser Beziehung ist Persien eine Art von Lehnsstaat.

Die Heere bestehen nicht nur aus Persern, sondern auch aus denjenigen Völkerschaften, die in Persien zerstreut sind, wie Kurden, Turkmannen, Usbecken, Afghanen und Lesghier.

Der Oberbefehl über das Heer ist dem Sardar anvertraut. Die Khane, die Sultane, die Statthalter der Provinzen und die Häupter der Völkerschaften sind Unterfeldherren, (Divisions-Generale). Die andern Kriegs-Anführer sind die Mimbaschi, die 1000 Mann, die Pansabaschi, die 500 Mann, die Yousbaschi, die 100 Mann, und die Paschabaschi, die 50 Mann, und endlich die Dagbaschi, die 10 Mann befehligen.

Unter Schah Nadir bedienten sich bereits die Perser des groben Geschützes; sie gaben es auf, und Falkonets zu brauchen, die sie auf Kamele legten; die Franzosen und zuletzt die Engländer versahen sie von neuem mit Artillerie. Heutzutage gießen sie selbst Kanonen.

Persien hat fast gar keine Seemacht mehr. Vormals besaß es eine im persischen Meerbusen, um die Araber in Achtung zu halten.

Man fängt gegenwärtig an, einige Schiffe zu bauen; innere Kriege verhinderten lange, daran früher zu denken. Persien ist von Bauholz entblößt, nur an den Küsten von Ghilan und Mazanderan findet sich welches und nur am kaspischen Meere wird es einmal eine Flotte haben können.

Persien rühmt sich mehrerer Schriftsteller. Der älteste und berühmteste ist Cojé Rassir von Thus; er lebte vor 600 Jahren und war aus Msched, vormals Thus, gebürtig, wovon er den Namen führt. Er war, ebenso wie Mahomet Chagolgius und Mirza Ulukbek, ein trefflicher Astronom.

In der Mathematik haben sich ausgezeichnet: Maimon Raschid und Yacub Benil Saba el Kendi; in der Geschichte: Muhamed von Balk; und in der Rechtsgelehrsamkeit: Abumeker, Yacub Kaizerié und Yacub Alkendi; letzterer war einer der berühmtesten Gelehrten des Orients.

Aristoteles ist der bekannteste und verehrteste Philosoph in Persien. Seine Werke sind in das Arabische und Persische übersetzt.

Die Philosophie zerfällt bei den Persern in drei Abteilungen: Physik, Metaphysik, und Logik, welche alle Wissenschaften umfassen. Zur Physik rechnen sie Mathematik, Astronomie und Arzneiwissenschaft; zur Metaphysik die spekulative Theologie, die Moral und die Rechtswissenschaft, und zur Logik Rhetorik und Grammatik.

Die Perser haben auch ihre Dichter. Ferdus, der älteste unter ihnen, lebte vor mehreren Jahrhunderten und verfasste ein langes Gedicht auf Persiens erste Könige. Noch jetzt lassen die Sänger Bruchstücke aus diesem Gedichte, einer Art von Roman, ertönen. Hafis, der berühmteste Dichter der Perser, besang Wein und Liebe. Seine Werke, die in der anakreontischen Manier sind, werden in Persien sehr geliebt. Zwei Meilen von Schiras liegt dieser Dichter begraben. Kerim Khan ließ bei seinem Grabmal, mitten in einem prächtigen Garten, einen herrlichen Saal bauen, welchem gegenüber sich vormals ein großer Springbrunnen befand, der die Luft erfrischte. Unter dem Schatten dichtbelaubter Platanen erhob sich das Grabmal von weißem Marmor. Dort versammelt sich noch heutigen Tags Schiras Jugend, um Hafis Gedichte herzusagen, wobei sie den dort wachsenden Wein trinken, der umso besser schmeckt, weil ihn der Koran verbietet.

In der Nähe des Grabmals dieses Dichters befindet sich das des Dichters Sady, der vor 500 Jahren lebte, und dessen moralische Gedichte in Persien sehr geschätzt werden.

Nicht weit von Schiras finden sich die berühmten Ruinen von Persepolis.

Der jetzige König, Feth-Ali-Schah, residiert zu Teheran, einer ziemlich großen Stadt, wo aber die Luft ungesund ist. Zuweilen hält er sich zu Sultanie auf, welches, den persischen Geschichtsschreibern zufolge, eine der ältesten Städte im Lande der Parther ist, und vormals die Hauptstadt des Königreichs war. Man sieht noch jetzt ehrfurchterweckende Trümmer, Überbleibsel ihres alten Glanzes. Sie ward oft zerstört, sowohl durch Tamerlan, als durch die Türken und die Tartaren.

Ispahan ist lange Zeit der Wohnsitz der Schahs gewesen. Es war eine ungeheure Stadt.[13]

Nichts ist so pomphaft als die Titel, welche die Perser ihren Königen beilegen. Hier sind einige derselben:

„Der erhabenste unter den Lebendigen; die Quelle der Majestät, der Größe, der Macht, des Ruhms, Gleichbild der Sonne, Bruder des Mondes und der Sterne, Oberhaupt großer Könige, dessen Thron

---

13   A n m e r k . Man erzählt noch heutzutage, dass der Sklave eines Kaufmanns, der mit dem, was er im Dienste seines Herrn erwarb, entflohen war, fünfzehn Jahre in einem entfernten Teile der Stadt, wo er sich niedergelassen hat.e, blieb, ehe sein Herr ihn entdecken konnte.

der Gürtel des Himmels ist; Abgesandter des Himmels auf Erden, Gegenstand der Wünsche aller Sterblichen, Ausspender der Güter und großer Namen, Haupt der trefflichen Seite des Weltalls; sitzend auf dem Stuhle des ersten zeitlichen Wesens (Muhameds), der größte, strahlendste Fürst der Gläubigen, geboren und ausgegangen von dem Throne, der der einzige Thron auf Erden ist; König vom ersten Range, Monarch der Sultane und der Beherrscher des Weltalls; Schatten Gottes, erster Edle und vom ältesten Adel, König, Sohn des Königs, Sprössling der edelsten Könige, Kaiser aller körperlichen Wesen, Herr der Zeiten und Welten, Vater der Siege, etc. etc.?"

In Persien nimmt jeder willkürlich die pomphaftesten Titel; aber er muss sie seinem Namen nachsetzen; der König allein setzt die Titel vor seinen Namen. Das ist der Unterschied zwischen dem Könige und den Untertanen. Mehrere Personen führen z. B. den Namen Sephy Sultan; wenn man aber von einem Herrscher desselben Namens redet, so sagt man Sultan Sephy.

Es gibt indessen auch einen Unterschied in Rücksicht des gewöhnlichsten Ranges, den man in Persien annimmt, nämlich den eines Mirza, welches Fürsten-Sohn bezeichnet. Personen von königlichem Geblüte machen sich dadurch kenntlich, dass sie ihrem Namen diesen Namen nachsetzen, als Abaz-Mirza, während andre ihn vor setzen, wie Mirza Ibrahim.

Der Sohn des Königs wird auch Schah Zada genannt.

Nach diesen allgemeinen Betrachtungen über Persien kehre ich zu der Erzählung meines Aufenthalts in Tauris zurück.

Der Hof zu Tauris und vornehmlich die Engländer, in deren Gesellschaft ich täglich war, beeiferten sich, mir meinen Aufenthalt in Persien so angenehm als möglich zu machen. Die Feste, die man mir gab, folgten schnell aufeinander.

Abaz-Mirza hatte bei meiner Ankunft den Beglerbeg[14] von Tauris beauftragt, mir ein großes Fest zu bereiten.

Der Beglerbeg wählte, um den Befehl seines Herrn auszuführen, sein in einer geringen Entfernung von der Stadt gelegenes Landhaus.

---

14   A n m e r k . Beglerbeg bezeichnet in Persien buchstäblich einen H e r r n d e r H e r - r e n , es ist gewöhnlich der Statthalter einer großen Provinz; der eines kleinen Distrikts heißt Khan.

Ich begab mich eines Morgens mit meinem liebenswürdigen Wirte, dem Major und mehreren englischen Offizieren nach dem Luftorte des Beglerbegs, der uns dort erwartete.

Während wir um zehn Uhr morgens speisten, ließ sich eine persische Musik hören, und man sang, wie man mir sagte, einige auf das Fest passende Gesänge; ein berühmter Deklamator trug dann einige Gedichte des Hafis vor.

Wir waren noch beim Mahle, als ein vom Abaz-Mirza abgeschickter Khan eintraf, um mir einen Hirsch zu überreichen, den dieser Prinz soeben auf der Jagd getötet hatte, und den er mir, zugleich mit einigen hundert trefflichen Orangen, Granatäpfeln und andern Früchten zum Geschenke machte.

Es ist Brauch in Persien, bei solcher Veranlassung den Boten des Prinzen reichlich zu belohnen.

Gegen Abend führte uns der Beglerbeg in seinen Garten, wo man jedem von uns ein Pistol darbot, um nach der Scheibe zu schießen. Verschiedene Sachen wurden denen zugeteilt, die am besten trafen.

Bei der Rückkehr nach dem Landhause nahmen wir auf einer Terrasse Platz, um einem Schauspiel zuzusehen, das in Persien die Stelle theatralischer Belustigung vertritt.

Hier mit wenigen Worten; worin dieses Schauspiel bestand:

Zwei Perser waren die Schauspieler. Einer derselben hatte einen Topf mit Mustalla (geronnene Milch) zu verkaufen; der andre, in jeder Szene anders gekleidet, kam, um die Milch zu kaufen, und suchte jedes Mal dem Verkäufer etwas davon zu stehlen. Dies Possenspiel belustigte alle persischen Zuschauer außerordentlich; alle, sogar der Beglerbeg, schienen sich kranklachen zu wollen, besonders als dem Milchhändler, nachdem er den Diebstahl gewahr ward, von dem Diebe das ganze Gesicht mit der geronnenen Milch besudelt ward. So endigte das Stück unter dem allgemeinen Beifall-Klatschen der Zuschauer; die mich ganz treuherzig nach meiner Meinung über das Schauspiel fragten. Zum Beschlusse erschien ein Perser; welcher sich in einen kleinen See bei dem Landhause warf, mehrere Beweise seiner Geschicklichkeit im Schwimmen und Tauchen ablegte, und großen Beifall einerntete.

Einige Tage darauf ward ich eingeladen, um einem Kampfspiele beizuwohnen.

In Persien gibt es viele Große, welche Leute halten, die diese Übung verstehen.

Die Ringer sind bloß mit ledernen, sehr enge anliegenden und mit Fett bestrichenen kurzen Beinkleidern bekleidet, damit ihr Gegner sie nicht so leicht fassen kann. Sind die beiden Ringer auf dem ebenen Kampfplatze angelangt, so gibt ein kleiner Trommel-Schläger das Zeichen, und schlägt fortwährend die Trommel, bis der Kampf beendigt ist. Nachdem Takte, den er hält, richten die Kämpfer ihre Bewegungen. Ihre trotzbietenden Pantomimen, ihr Ergreifen, die Schläge, die sie sich selbst auf Schenkel und Hüften geben, alles geschieht nach dem Trommel-Schlage, und wird mehre Mal wiederholt, aber immer wird der Takt schneller, bis die Kämpfer sich umschlingen und ergreifen. Um Sieger zu sein, muss man den Gegner niederwerfen, so, dass er platt mit dem ganzen Körper zu Boden fällt.

Der Kampf erfordert mehr Geschicklichkeit als Stärke; die Athleten-Spiele hingegen, denen ich auch beigewohnt habe, fordern ebenso viel Stärke als Geschicklichkeit. Der Athlete spielt auf eine mannigfaltige Art mit einer oder zwei Keulen, ergreift zuletzt eine Keule von ungeheurem Gewichte, und handhabt sie mit einer unglaubigen Schnelligkeit und Gewandtheit. Die Musik zu diesem Schauspiele besteht aus einem Pfeiffer und einem Trommelschläger.

Bei einem der Feste, bei welchem ich zugegen war, erschienen persische Tänzer. Nichts ist ekelhafter als die Verzuckungen und die unanständigen Stellungen derselben. Der englische Abgesandte[15] kam am 16ten Juni zu Tauris an, und hielt seinen feierlichen Einzug. Ich hatte sogleich eine Unterredung mit ihm.

Ich war nicht wenig erstaunt, ihn mit der größten Geläufigkeit die persische Sprache reden zu hören, ein paßliches Mittel, um in Persien der Regierung mehr Zutrauen einzuflößen; der Minister hat viel gewonnen, wenn er den Dolmetschern, die oft Verräter und käuflich sind, zu entgehen vermag.

Der englische Abgesandte, dessen Gefolge sehr zahlreich war, hatte auch eine Leibwache von Seapoys oder indischen Soldaten.

Man kann nicht liebenswürdiger sehen als diesen Minister und seine Gemahlin, die mich auf das verbindlichste aufnahmen. Ich war

---

15   A n m e r k . Sir Gore Dusely

erstaunt, dass die Abgesandtin und ihre Tochter, ein Kind vom zarten Alter, eine so große, mühsame Reise zurückgelegt hatten. Nachdem sie London verlassen hatten, verweilten sie in Brasilien, Ostindien, und langten nach einem Aufenthalte zu Teheran in Tauris an. Der Botschafter hatte den Plan, aber Tiflis und St. Petersburg nach England zurückzukehren, wodurch fast die Reise um die Welt vollendet wird.

Er wünschte sehr, mich in meiner Sendung zu unterstützen; doch Abaz-Mirza, der von dem Einfalle der Franzosen in Russland Nachricht hatte und dadurch aufgemuntert war, jeden Friedens-Antrag von Seiten der russischen Regierung zu verwerfen, wollte schlechterdings noch eine Unternehmung gegen Georgien versuchen; auf diese Weise hoffte er sich einen vorteilhaftern Frieden zu verschaffen, und vor allem den Kriegsruhm, nach welchem sein Ehrgeiz strebte, zu mehren. Ich sah deutlich, dass er sich auf sein Genie, auf seine Tapferkeit und den Mut seiner Sarbazen verließ.

Indes wird Abaz-Mirza, der nachmals von dem russischen General Kotlereffsky gänzlich geschlagen war, es bereuet haben, den Frieden nicht unter den von mir ihm vorgeschlagenen Bedingungen, die er in der Folge doch einzuräumen gezwungen war, abgeschlossen zu haben.

Nachdem ich alles, was dem Zweck meiner Reise förderlich sein konnte, versucht hatte, hielt ich um eine Abschieds-Audienz an, die mir dann auch zugestanden war.

Desselben Tags wurden mir von Seiten des Prinzen ein sehr reiches H a l a t (ein persisches Kleid von Goldstoff) und zwei Schals gesandt. Um zu beweisen, dass ich dieses Geschenk des Prinzen zu schätzen wusste, erschien ich, dem Brauche gemäß, in dem von ihm zugesandten Kleide vor ihm.

Bei meiner letzten Unterredung mit Abaz-Mirza hatte ich Gelegenheit, mit ihm über Abaz den Großen zu sprechen. Er war darüber erfreut, dass ich in der Geschichte seines Landes bewundert sei. „Meine Voreltern, sagte er mir, so viel wir von ihnen Kunde haben, zeichneten sich durch ihre Tapferkeit aus."

„Es gibt aber ein zuverlässigeres und verdienstlicheres Mittel, sich seinen Untertanen teuer, und bei der Nachwelt achtungs- und bewundernswürdig zu machen, erwiderte ich ihm, d a s s m a n d e m L a n d e e i n e s l a n g e n F r i e d e n s g e n i e ß e n l a s s e, u n d dadurch allgemeine Wohlfahrt, Wissenschaften und Künste befördere."

Er mar meiner Meinung; doch der Wunsch sich an der Spitze seiner Sarbazen, die er für unüberwindlich hielt, auszuzeichnen, überwog bald jede andere Betrachtung.

Der englische Abgesandte beauftragte, um mit der russischen Regierung in Verbindung zu bleiben, einen verdienstvollen jungen Diplomaten, mich nach Tiflis zu begleiten.

Wir reisten am 18ten Juni von Tauris ab, und langten auf demselben von mir auf der Hinreise verfolgten Wege glücklich zu Tiflis an.

Übersicht der Geschichte Persiens seit Nadir-Schah

Der erste König aus dem Stamme der Sophis, welchen Titel Persiens Könige seit dem 15ten Jahrhundert annahmen, war Scheik Sephy, der seinen Religions-Eifer vorschützte, um sich zum Beherrscher von Medien aufzuwerfen, kurz nachdem der Groß Mogul Aurengzeb Kaiser von Indien wurde. Scheik Sephy wusste, dass die Muhamedaner in Persien dem Islamismus, nämlich dem Glauben, die monarchische Regierung gebühre dem Stamme Ali, eifrigst zugetan seien, und dass die Perser sehnlichst wünschten, einen Beherrscher aus diesem Stamme zu besitzen; er ließ daher verbreiten, er sei aus diesem Geschlechte entsprossen, und stamme in gerader Linie vom Hussein, dem Sohne Alis. Seine Nachfolger fuhren fort, sich dieses Ursprungs zu rühmen.

Die Sophis herrschten vom Indus bis an den Tigris, vom kaspischen Meere bis an den persischen Meerbusen.

Soweit erstreckte sich Persiens Gebiet, bis im Jahre 1694 Schah Hussein dem Soleymann folgte; seine Regierung ward durch den Aufstand der Afghanen beunruhigt, welche unter Mahmuds Oberbefehl sich, nachdem sie die Perser gänzlich geschlagen hatten, zu Herren des Landes von Kandahar, bis hin nach Ispahan machten.

Thamas-Mirza, Husseins Sohn, ließ sich zu Kasbin zum Könige ausrufen; doch der tapfre Mahmud verjagte ihn bis Tauris. Thamas rief nun die Russen und die Türken zur Hilfe.

K a i s e r P e t e r d e r E r s t e unternahm, um so großen Unruhen ein Ziel zu setzen, einen Kriegszug, in Folge dessen Daghestan, Schirwan, Ghilan und Mazanderan seiner Herrschaft zufielen. Georgien, ein Teil von Armenien und Aderbidjan wurde den Türken zu Teil, die sich beeilten, aus der schwierigen Lage und dem Unglücke des Thamas-Mirza Vorteil zu ziehen.

Endlich gelang es dem Mahmud sich des Thrones der Sophis zu bemächtigen.

Berauscht von seinem Glücke, erlaubte er sich Grausamkeiten, die ihn verhasst machten und seine geheimen Feinde bestimmten, einen seiner Verwandten, Namens Sherif, den er im Gefängnis schmachten ließ, auf den Thron zu erheben.

Im Jahre 1725 gelangte Sherif zur Regierung, nachdem er den Mahmud hatte enthaupten lassen.

So folgten in einem Lande, welches seit langer Zeit der Schauplatz gräulicher Missetaten war, Verbrechen aufeinander.

Der unglückliche Thamas, von den siegreichen Afghanen bedrängt und von den Türken angegriffen, verfolgte dennoch sein Vorhaben, die Afghanen aus seinen Staaten zu verjagen; aber er hatte zu diesem Zwecke kein andres Mittel, als sich an die Türken zu wenden, die sich bereits der Stadt Sultanie bemächtigt hatten. Er erbot sich, ihnen alle ihre Eroberungen abzutreten, wenn sie ihm bei der Vertreibung der wilden Afghanen aus seinen Staaten Hilfe leisten wollten.

Die Türken gingen in diesen Vorschlag ein, aber ihre Anstrengungen gegen die unerschrockenen Afghanen waren fruchtlos.

Während diesen Unternehmungen erschien der berühmte Nadir Khan, in der Folge bekannt unter dem Namen N a d i r - S c h a h , auf dem Schauplatze.

Aus einem turkomanischen Stamme entsprossen, geboren 1688 bei Mschet, zeigte er von Jugend auf kriegerische Talente, die ihm, von Kühnheit und Mut unterstützt, bald den Weg bis zum Throne Persiens bahnen sollten.

Er bot sich dem Thomas als Stütze an, und sammelte in dessen Namen ein beträchtliches Heer. An der Spitze desselben, schlug er den Feind in mehreren Treffen, und zwang endlich die Afghanen, sich nach Kandahar zurückzuziehen. Sherif ward getötet.

Persien kehrte also wieder unter die Gewalt der Sophis zurück, nachdem die Afghanen es einige Jahre lang beherrscht hatten.

Nadir Khan, nicht zufrieden, den Thamas wieder auf den Thron gesetzt zu haben, warf sich auf die Türken und nahm ihnen Aderbidjan, Armenien und Georgien wieder.

Die Rolle, die der tapfre Nadir bis dahin gespielt hatte, war einer großen, hochherzigen Seele würdig; er hatte seinen König und sein Vaterland befreit; welcher Ruhm kann glänzender sein! Hätte er sich damit begnügt, so wäre er würdig gewesen, in die Zahl wahrer Helden und wirklich großer Männer erhoben zu werden. Nadir aber war nur ein glücklicher Krieger, und wurde bald der Sklave einer grenzenlosen Ehrfurcht. Seine Talente dienten ihm nur, seine Leidenschaften zu sättigen. Begierig selbst zu herrschen, vernichtete er das Werk, welches er so glücklich vollendet hatte; er ließ Thamas ins Gefängnis werfen, dessen achtjährigen Sohn zum Könige ausrufen und sich zum Regenten erwählen. Nachdem dieser Schritt gelungen war, blieb ihm nur noch über, ein Verbrechen zu versuchen, und dieses Verbrechen ward bald begangen. Er vernichtete den Schattenkönig, den er auf den Thron erhoben hatte, setzte sich selbst darauf, nachdem er sich im Jahre 1736 durch eine Versammlung von Abgeordneten, die er in sein Interesse zu ziehen wusste, hatte zum König ausrufen lassen.

Als König vermehrte er sein Heer, und bemächtigte sich der Stadt Kandahar. Im Jahre 1737 drang er bis in die Staaten des Großmoguls. Nachdem er dessen Land verwüstet und sich der Hauptstadt Delhi, wo er eine unermessliche Beute machte, bemächtigt hatte, kehrte er nach Persien zurück.

Nadir ward nun Tyrann.

Die Neckereien, die er sich gegen sein Volk, wie gegen sein Heer erlaubte, stößten den Befehlshabern des letztern die Besorgnis ein, dass er die Perser durch Afghanen und Usbecken, denen er merkliche Vorzüge einräumte, verdrängen wolle; sie erregten einen Aufruhr, und endigten damit, sich von Nadir zu befreien, und dessen Neffen Ali auf den Thron zu setzen.

In der Nacht des 22. Juni 1747 ward Nadir in seinem Gezelte von seiner eignen Leibwache niedergemetzelt, als er auf dem Wege war, neue Grausamkeiten zu verüben, um seinen Neffen Ali, der sich damals in Saghestan befand und ihm verdächtig schien, ermorden zu lassen.

Achmed Khan, Anführer eines Haufen Afghanen und Usbeken, Freund und Waffengefährte des Nadir, wollte seinen Tod rächen. Aber da er nur zehntausend Mann einem doppelt so zahlreichen Heere entgegenzusetzen hatte, so zog er sich zurück und begab sich mit seinen Scharen nach Kandahar, wo er ein Reich gründete, welches bald an Reichtum und Macht das persische weit übertraf. Dies ist das heutige Reich der Afghanen, welches seit dem Persien so furchtbar geworden ist und sich längs dem Indus bis Kaschmir und Bladahan, gegen Osten aber bis Lahor und Serhind erstreckt. Die reichen Länder, die der Multan bespült, sind Teile desselben, so wie auch das Land der Balugden, westlich von diesem Strome.

Ali-Kuli-Khan, der Neffe des Nadir, bemächtigte sich der Herrschaft, und ließ die ganze Familie seines Oheims ermorden; nur den Scharokh verschonte er, um allenfalls diesen jungen Prinzen den Thron besteigen zu lassen, und sich die Macht vorzubehalten.

Er bemeisterte sich im Schlosse Kelat der Schätze, die Schah Nadir aus Indien mitgebracht hatte; ein Teil derselben diente ihm, um sich der Großen Persiens zu versichern.

Ali Khan erhielt, als er den Thron bestieg, den Beinamen Adel-Schah, des gerechten Königs.

Auch zeigte er sich dieses Beinamens so lange nicht unwürdig, als Persien einiger Ruhe genoss; doch diese Ruhezeit war nur von kurzer Dauer. Sein Bruder Ibrahim-Mirza, den er zum Statthalter von Ispahan ernannt hatte, ward eifersüchtig auf die Herrschaft, und schloss ein geheimes Bündnis mit Emir-Aslan, dem Statthalter von Aderbidjan.

Die Empörung brach aus, Adel-Schah verlor eine Schlacht und seine Augen, die ihm im Jahre 1748 sein eigner Bruder ausstechen ließ.

Persiens Geschichte bietet nur zu oft ein trauriges Gemälde dar: nahe Blutsfreunde, die einander erwürgen, gräuliche Untaten, und zahlreiche Staats-Umwälzungen, die einander schnell folgen. Zuweilen sollte man glauben, unser Erdball würde von bösen Geistern bewohnt, und seine Jahrbücher seien die der Hölle!

Emir Aslan, missvergnügt über den Länder-Anteil den Ibrahim ihm bestimmt hatte, rückte auf Tauris vor, um sich dort zum Könige ausrufen zu lassen; aber vom Ibrahim angegriffen, ward er geschlagen, gefoltert und hingerichtet.

Hierauf befreiten Persiens Große den Scharokh und riefen ihn am 22. September des Jahrs 1748 zum Könige aus.

Ibrahim blieb zu Tauris und ließ sich dort ebenfalls als Schah anerkennen. Mit Adels Schätzen warb er ein Heer, griff im Jahre 1749 den Scharokh bei Teheran an, verlor aber die Schlacht und das Leben.

Scharokh, 16 Jahr alt, regierte friedlich; aber seine Regierung war nur von kurzer Dauer. Dem Mirza Seid-Muhamed, einem der ersten

Feldherren unter der vorhergehenden Regierung, gelang es, ein Heer zu bilden; er verbreitete, Scharokh wolle den Gottesdienst verändern, und lieferte, unterstützt von Fanatikern, dem Könige eine Schlacht, schlug ihn, nahm ihn gefangen und ließ ihm die Augen ausstechen.

Yussef-Ali, einer der Feldherren des Scharokh, rächte seinen Herrn, schlug den Empörer und ließ ihn enthaupten. Er wollte den Scharokh, obgleich er blind war, wieder zum Könige einsetzen, um an seiner Statt zu regieren. Doch die Feldherren Mir-Alim und Djaffar schlugen den Yussef-Ali bei Nihapur im Jahre 1750 und Scharokh ward ins Gefängnis zurückgestoßen.

Mir-Alim, eifersüchtig auf Djaffar, seinen Nebenbuhler, schlug ihn und ließ ihm die Augen ausstechen.

Doch Achmed, der seit Nadir Schahs Tode in Kandahar regierte, zog herbei, um Alim zu bekämpfen, der statt der Früchte seiner Verbrechen zu genießen, im Jahre 1750 als das Opfer eines neuen Thronbewerbers fiel.

Achmed nahm Mschet ein und entließ Scharokh seines Kerkers. Da er, wie sein Ehrgeiz wollte, Persien nicht sicher mit seinem Reiche vereinigen konnte, so kehrte er nach Kandahar zurück, und überließ das unglückliche Land an Kerim, Oberhaupt einer Horde Kurden, der sich einen mächtigen Anhang verschaffte und den Thron bestieg.

Doch bald machten ihm Muhamed Hassan und Azad denselben streitig; von beiden geschlagen, sah er sich gezwungen, sich nach Ispahan zurückzuziehen. Er verlor mehrere Schlachten. Endlich gelang es ihm, mit Hilfe des tapfern Scheikh-Ali den Muhamed Hassan zu schlagen, welcher getötet ward.

Kerim hatte noch gegen mehrere Nebenbuhler zu kämpfen; er bewilligte ihnen sämtlich großmütige Verzeihung, selbst seinem Bruder Zeki-Khan, der ihn entthronen wollte. Er regierte als ein weiser tapferer Fürst. Persien beweinte ihn mir tiefem Schmerze, als er 1779 starb, und verehrt noch heutzutage sein Andenken. Zeki-Kahn bemächtigte sich des Throns, den sein Bruder so würdig ausgefüllt hatte, zum Verderben seines Neffen Abdul-Fetah-Khan, den er in ein Gefängnis einsperren ließe. Doch bald ward er in Folge seiner Grausamkeiten durch seine eigenen Krieger in seinem Gezelte niedergemetzelt und 1779 ward Abdul-Fetah-Khan zum Könige erklärt.

Sadek, sein Oheim, lohnte die Wohltaten, womit sein Neffe ihn überhäufte, mit dem schwärzesten Undank; er ließ treulos den Abul-Fetah-Khan ergreifen und am 26. August desselben Jahrs einkerkern.

Ali Murad, ein Vetter des Zeki-Khan, bemächtigte sich der Hauptstadt Ispahan. Er belagerte acht Monate lang Schiras, wo sich Sadek aufhielt. Endlich drang Ali-Murad in die Stadt, Sadek flüchtete in die Zitadelle, und endigte damit, die Gnade des Siegers anzuflehen, indem er denselben erinnerte, er habe Vaterstelle bei ihm vertreten, und ihn immer wie einen Sohn geliebt. Doch umsonst wandte er sich an Alis Herz; die rührendsten Vorstellungen waren unnütz. Sadek und seine Söhne starben eines grausamen Todes, sobald sie sich in des unerbittlichen Siegers Gewalt befanden. Bloß Djaffar-Khan ward verschont, weil er die Entwürfe seines Vaters gemissbilligt hatte. Ali-Murad schenkte diesem seine Freundschaft, und ernannte ihn sogar zum Statthalter einer Provinz.

Aga-Mehemed-Khan, Sohn des vom Scheik-Ali getöteten Muhamed Hassan Khan, der unter Kerims Regierung als Geißel zu Schiras geblieben war, floh nach Aster-Bad. Er erhob nun die Fahne des Aufruhrs.

Scheik-Veis, Sohn des Ali-Murad, belagerte ihn in Aster-Bad, nachdem er ihn geschlagen hatte. Es fanden bei dieser Gelegenheit so prächtige Feste in Ispahan statt, als man nie zuvor gesehen hatte.

Allein Aster-Bads Belagerung zog sich in die Länge und veranlasste großes Ausreißen unter den Scharen des Scheik-Veis, indessen Mehemed eine Verstärkung empfing, welches den Ali-Murad bewog, seinem Sohne zu Hilfe zu eilen; der mit den wenigen Truppen, welche das Ausreißen und die Krankheiten ihm übrig gelassen hatten; nach Teheran geflüchtet war. Ali-Murad starb auf dem Wege nach Ispahan, wohin er zog, um eine Meuterei zu dämpfen.

Ispahans Statthalter Bagher hatte kaum Ali-Murads Tod vernommen, als er beschloss, sich, im Vertrauen auf seine Reichtümer und sein Ansehn, des Throns zu bemächtigen.

Djaffar-Khan vereitelte dieses Vorhaben; er verließ seine Statthalterschaft, eilte mit einer kleinen Krieger-Schar herbei, und zwang den Bagher Ispahan zu verlassen. Dann sandte er einen Eilboten an den Scheik Veis, um ihm von dem Tode seines Vaters zu benachrichtigen. Scheik Veis langte ohne Misstrauen zu Ispahan an, und glaubte in seinem Oheim Djaffar einen Freund zu finden. Doch dieser ließ ihn ergreifen und nebst Ali-Murads sämtlichen Verwandten einkerkern. Bagher, der in seine Gewalt geriet, hatte dasselbe Schicksal.

Um die Kriegskosten zu decken, zwang Djaffar den Bagher, sowie seinen eignen Vetter Ismael-Khan, Kerims Neffen, und mehrere andere persische Große, die in seiner Gewalt waren, ihm große Summen zu zahlen.

Baghern gelang es, den Mehemed-Khan von allem, was vorgegangen war, zu unterrichten, und ihn einzuladen, sich dem Djaffar zu widersetzen. Mehemed, der nun keinen Feind mehr vor sich hatte, folgte der Einladung und rückte auf Ispahan los.

Djaffar, durch diesen Gegner wenig beunruhigt; würdigte ihn nicht einmal, ihn in eigner Person zu bekämpfen, sondern beschränkte sich darauf, ihm einige Kriegerschaaren entgegen zu schicken, die aber bald zerstreut wurden. Dadurch in Schrecken gesetzt, zog Djaffar sich im Jahre 1785 nach Schiras zurück. Er nahm des Ali-Murads Sohn, Scheik Veis, mit sich und ließ ihm die Augen ausstechen.

Mehemed, nun Herr von Ispahan, erlitt bald einige Niederlagen. Djaffar, dadurch kühner gemacht, rückte auf Ispahan an, welches Bagher verteidigte. Dieser zog sich in die Festung und wehrte sich tapfer; doch sie ward mit Sturm eingenommen und er starb im Kampfe.

Ismail-Khan suchte sich vom Mehemed und vom Djaffar zu befreien; und selbst den Thron zu besteigen; doch seine Krieger wurden zerstreut und er musste fliehen.

Mehemed und Djaffar bekriegten einander fortwährend.

Ismail-Khan ward Derwisch.

Lutf-Ali, Djaffars Sohn, ein zwanzigjähriger Jüngling, bewies sich als Muster eines Helden. Sein Vater vertraute ihm sein Heer, um eine in den südlichen Provinzen ausgebrochene Empörung zu dämpfen. Lutf-Ali offenbarte bei dieser Gelegenheit ebenso viel Kriegstalent als Mut.

Indessen hatte Djaffar Schiras geräumt, und war gegen Ispahan vorgedrungen, welches er im Jahre 1787 einnahm; doch weil sich das Gerücht verbreitete, Ismail-Khan hätte den Stand eines Derwisch verlassen, und eile herbei, ihn zu bekämpfen, zog er wieder ab. Lutf-Ali, über diesen voreiligen Rückzug seines Vetters unwillig, suchte ihn vergebens zu bereden, dem Feinde eine Schlacht zu liefern.

Ismail hatte wirklich die kriegerische Laufbahn wieder begonnen, und sich der Partei des Mehemed ergeben. Doch dieser nahm Anstoß an dem Einfluss, den Ismail allgemein übte, und ließ ihm gerade damals die Augen ausstechen, als Djaffar aus Ispahan floh, um einer eingebildeten Gefahr zu entweichen. Djassar, welcher so ungeheuer dick war, dass ihm dieses hinderte ein Pferd zu besteigen und einer Schlacht beizuwohnen, unterwarf sich einer ärztlichen Behandlung, um wieder mager zu werden, welches aber seine Gesundheit zerstörte. Bald darauf ward er am 22. Januar 1789 in seinem Palaste von dreißig gefangenen Prinzen ermordet, denen es gelungen war, in der Nacht ihre Fesseln zu zerbrechen.

Lutf-Ali kam, als er den Tod seines Vaters erfuhr, nach Schiras, und strafte die Königsmörder mit dem Tode.

Aga Mehemed Khan verließ Teheran an der Spitze von fünfzig tausend Mann und näherte sich der Stadt Schiras. Nicht weit davon lieferte ihm Lutf-Ali eine blutige Schlacht, gewann sie, verlor sie aber sogleich wieder. Mehemed, der sich dennoch der Stadt Schiras nicht bemächtigen konnte, kehrte nach Ispahan zurück.

Lutf-Ali machte in dem ihm übrig gebliebenen Lande die nötigen Einrichtungen, und erwarb sich Liebe und Ehrfurcht. Endlich wollte er Ispahan erobern, versammelte ein furchtbares Heer, und ließ seinen Schwiegervater Hadji Ibrahim als Statthalter zu Schiras zurück. Dieser zettelte eine Verschwörung an.

Er beschloss, dass sein Eidam in der Mitte seines Heers ermordet werden solle, während er selbst sich auf den Thron zu setzen beabsichtigte.

Wirklich ward Lutf-Ali von den Anhängern des Ibrahim angefallen, aber er entwich ihren Streichen, und die Mörder, Brüder des Ibrahim, entflohen.

Persiens Thron war in diesem blutigen, stürmischen Zeitraume eine so unsichere Besitzung, dass dadurch jenes Jahrhundert der römischen Geschichte ins Gedächtnis zurückgerufen wird, wo eine Menge Ehrfüchtige, die sich ununterbrochen folgten, wechselweise einander Thron und Leben raubten.

Lutf-Ali rückte auf Schiras, welches ihm die Tore verschloss. Ibrahim stiftete Zwietracht und erregte Unzufriedenheit in Lutf-Alis-Heer; es löste sich auf, und er selbst war genötigt nach Bender-Rick zu fliehen, wo er ein ganzes Jahr zubrachte, um ein Heer von neuem zu organisieren.

Ibrahim lud, aus Furcht, von seinem Eidam angegriffen zu werden, und weil er selbst nur wenig kriegerische Geschicklichkeit besaß, den

Aga-Mehemed ein, Schiras in Besitz zu nehmen. Dieser rückte fast mit Lutf-Ali zugleich auf Schiras an, und lieferte ihm eine Schlacht, die dieser anfangs gewann, aber in der Folge, weil seine Krieger nach Plünderung gierig waren, wieder verlor. Dieses Missgeschick nötigte ihn nach Tabas zu entfliehen. Mehemed nahm Schiras ein, und ließ diese Statthalterschaft dem Ibrahim.

Lutf-Ali schlug Mehemed von neuem, aber da er nicht Truppen genug hatte, um das Feld zu behaupten, so floh er zu einem seiner Oheime. Dieser, um Mehemeds Gunst zu gewinnen, legte seinem Neffen Fesseln an, und führte den unglücklichen Lutf-Ali nach Schiras, wo er ihn seinem Feinde überlieferte. Mehemed belohnte den Treulosen verschwenderisch, und ließ dem jungen Helden ohne Barmherzigkeit die Augen ausstechen; von nun an war Mehemed Herr von ganz Persien.

Er zog dann unverzüglich nach Teheran und ließ den Lutf-Ali im Jahre 1794 umbringen. Dieser Fürst, mit vielen Talenten und vieler Kraft begabt, würde der Wiederhersteller seines Vaterlandes, welches eines Beherrschers von starker Seele und edlem Herzen so sehr bedurfte, geworden sein. Er starb als Opfer der Bosheit seiner nächsten Verwandten und der Schwäche seines Vaters Djaffar, der seinerseits den Rat seines Sohnes verwarf, den Mehemed, welchen er damals wahrscheinlich besiegt hätte, zu bekämpfen.

Hadji Ibrahim ward zum Lohne für sein Verbrechen erster Minister des Mehemeds, und als solcher mit einer furchtbaren Macht bekleidet. Baba-Khan, Husseins Sohn, ward zum Statthalter von Schiras ernannt.

Aga Mehemed, Sohn eines bloßen Statthalters, ward, als 12jähriger Knabe, im Jahre 1748 auf Befehl des Adel-Schah, aus unbekannten Ursachen, zum Eunuchen gemacht. Bis in sein vierzigstes Jahr ward er in einem Gefängnisse zu Schiras festgehalten. Aller Fähigkeit und physischer Kraft beraubt, ohne Tapferkeit und Talente, gelangte er dennoch zum Throne. Das in dieser Absicht verteilte Geld öffnete ihm dazu den Zugang, weil er die Zwistigkeiten zu nähren wusste, die unter Kerims Nachkommen aufgebrochen waren.

Mehemed, des Throns unwürdig, überließ sich bald allen Ausschweifungen der Tyrannei und allen Leidenschaften seiner gemeinen, verderbten Seele. Er ließ den Opfern seiner Wut den Bauch aufschneiden, ihnen die Eingeweide ausreißen, sie ihnen um den Hals hängen, und die

Körper endlich den wilden Tieren vorwerfen. Und diese schaudererregenden Scheußlichkeiten, die in Persien so gewöhnlich sind, verhängte Mehemed, der mit großem Rechte Tyrann genannt ward, wegen der geringsten Fehltritte. Er strafte damit diejenigen, die bei ihm angeklagt wurden, dass sie Wein getrunken hätten. Da ihm selbst die Freuden der Liebe unbekannt waren, so fand er darin eine Entschädigung, dass er seinen unglücklichen Untertanen jedes andern Genusses beraubte; er verbot das Weintrinken, welches unter den Sophis und unter Nadir-Schah erlaubt war, wie aus den Festgemälden aus dieser Zeit erhellt, die man zu Ispahan sieht, wo Frauen den Gästen Wein schenken. Schah Abaz trank gleichfalls Wein, und gestattete ihn denen, die ihn umgaben.

Mehemed richtete seine Blicke auf Georgien, wo der berühmte Heraklius regierte, der 1783 mit Katharina II., auf deren Schutz er rechnete, eine Übereinkunft abgeschlossen hatte. Da er nur sie als Herrscherin anerkannte, so weigerte er sich, die Rechte anzuerkennen, die Persien auf Georgien geltend machen wollte.

Mehemed erklärte dem Heraklius den Krieg, aus Furcht, dass dieser Fürst, von Russland unterstützt, ihm die am kaspischen Meere gelegenen Provinzen rauben werde. Er sammelte daher vierzigtausend Mann und rückte auf Erivan los, welches ein Khan, Namens Muhamed, verteidigte, der sich mit Hilfe des Heraklius von Persien unabhängig gemacht hatte. Der Sohn des Heraklius war bei ihm.

Ein Treffen, welches Aga Mehemed ihm an Erivans Toren lieferte, entschied sich endlich zu dessen Vorteil, worauf er diese Festung blockierte. Er vereinigte darauf sein Heer zu Ganjea, jetzt Elisabethpol, und zog rechtshin auf Tiflis.

Zaar Heraklius, welcher voraussetzte, er könne in seiner Hauptstadt nicht angegriffen werden, bis Erivan, wo hinein er fast alle seine Truppen geworfen hatte, gefallen sei, hatte kein andres Hilfsmittel als schleunigst nach der Provinz Kahetien zu fliehen, welchem Beispiele der größte Teil der Einwohner mit ihren kostbarsten Schätzen folgte.

Mehemed drang im Monat Oktober 1795 ohne Schwertschlag in Tiflis ein, wo er mordete, raubte, und plünderte.

Sobald der Khan von Erivan dieses Unglück erfuhr, kapitulierte er; die Festung ergab sich, und seine Scharen wurden mit dem Heere Mehemeds vereinigt.

Der Sohn des Zars Heraklius erhielt die Erlaubnis, nach Georgien zurückzukehren, nachdem er für sich und seinen Vater einen Eidschwur geleistet hatte, den Aga Mehemed als Oberherrn anzukennen, und ihm den jährlichen Tribut zu zahlen, welchen Georgien den Schahs von Persien herkömmlich gezahlt hatte.

Nach diesen Siegen entließ Mehemed sein Heer und kehrte nach Teheran zurück, wo er den Winter zubrachte.

Auf die Nachricht von dem Einbruche der Perser in Georgien befahl Katharina die Zweite ihrem General, dem Grafen Valerian Subow, die Stadt Derbent einzunehmen, welches auch geschah; Baku und Schamakie gerieten in die Gewalt der russischen Armee, welche bis nach Mogan gelangte, bis dahin, wo der berühmte Nadir Schah 1733 von den Abgeordneten seines Volks zum Könige ausgerufen ward; doch im Dezember 1796 traf die Nachricht von dem Tode der Kaiserin Katharina ein, mit dem Befehl an die russischen Truppen, sich zurückzuziehen.

Während die Russen noch ihre Siege über die Perser verfolgten, bemühte sich Mehemed in Khorassan, den Scharokh zu entthronen, der seit einer Reihe von Jahren Beherrscher dieser Provinz war, und seinen Untertanen Friede und Glück genießen ließ. Bei der Annäherung des Mehemeds schickte er seinen Sohn und seine Schätze in die Gebirge; er selbst, außer Stand sich zu widersetzen, ging dem Schah entgegen, um sich ihm zu unterwerfen. Doch der Tyrann, nicht zufrieden, ihn seiner Provinz zu berauben, wollte wissen, wo sein Sohn und seine Schätze verborgen seien, weil er voraussetzte, sie seien ein Teil desjenigen, was sein Urgroßvater Nadir-Schah aus Indien mitgebracht hatte. Er trieb seine Barbarei so weit, dass er den Scharokh alle ersinnlichen Marter ausstehen ließ, um ihm seins Geheimnis zu entlocken, welches indes der unglückliche Fürst unter der gräulichsten Qual bewahrte. Endlich durch die abscheulichsten Misshandlungen zum Wahnsinn gebracht, entdeckte der gefolterte Greis den Ort, wo seine Schätze, die in Gold, Silber und Edelgesteine bestanden, verborgen lagen; und starb als ein Opfer der Grausamkeit des Mehemed.

Im Monat März 1797 machte sich Mehemed auf den Weg, um einen zweiten Einfall in Georgien zu unternehmen. Er wollte mit 60000 Mann in Schirwan eindringen, um sich mit den Russen zu messen; doch seiner Laufbahn war ein Ziel gesetzt, und sein Tod kam seinem Plane zuvor.

Er ward in seinem Lager bei Hutsche durch einen seiner Beamten, der ihm den Kaliun zum Rauchen darbot, ermordet. Man glaubt, Sadek-Khan, einer seiner Feldherren, habe die Hand des Mörders; welcher entfloh, geleitet. Dieser Sadek-Khan bemächtigte sich der Schätze des Königs, und mit einem Firman, der mit des Schahs Siegel versehen war, in der Hand, zog er mit 10000 Mann ab, ehe des Königs Tod ruchtbar ward, in der Hoffnung, alle Missvergnügen an sich zu ziehen, welches ihm auch wirklich gelang.

Vier Thronbewerber erhoben sich nun, und unter ihnen Baba-Khan, Mehemeds Neffe.

Hadji-Ibrahim vermochte den Sadek-Khan durch große Versprechungen, seinem Vorhaben zu entsagen, sich für Baba-Khan zu erklären, und diesem sogar die Diamanten auszuliefern, deren er sich beim Tode des Mehemeds bemächtigt hatte.

Baba-Khan, vom Hadji-Ibrahim und Hussein-Kuli-Khan, dem gegenwärtigen Sardar von Erivan, unterstützt, bestieg 1799 den Thron von Persien, unter dem Namen Fetah-Ali-Schah. Es ist derselbe, der noch heutzutage regiert.

Abaz-Mirza, sein zweiter Sohn, ist fein mutmaßlicher Nachfolger, da seine Mutter aus dem Stamme des Propheten entsprossen ist. Sein ältester Sohn Mamat-Ali-Mirza ein Fürst von Mut, Tätigkeit und Kraft, könnte vielleicht eines Tages seinem jüngern Bruder den Thron streitig machen.

E n d e .

Erklärung der Vignetten

Die 1ste Vignette auf dem Titel der ersten Abteilung dieses Werks stellt das Haus des Obristen Kasibek zu Stepan Sminda (M. s. den 14ten Brief), umgeben von dem Hochgebirge des Kaukasus, dar.

Die 2te Vignette über dem 1ten Briefe gibt eine Ansicht des mit Schnee bedeckten Berges Kasibek von der Südost-Seite. Der Gesichtspunkt ist aus dem Hause des Obristen Kasibek genommen, wovon ein Teil im Vordergrunde erscheint; eine neuangefangene Kirche findet sich zur Rechten; am Fuße des Gebirges fließt der Terek.

Ein Blumengewinde des Cerastium Kasbeck, welches artige Pflänzchen Herr Parrot 1808 Tvisen über der Meeresfläche daselbst fand, dient dieser Vignette als Einfassung.

Die 3te Vignette. Der Berg Ararat in Persien.

Die 4te Vignette am Schlusse des Werks stellt eine Gruppe persischer Reiter dar, deren Anführer den Kaliun raucht.

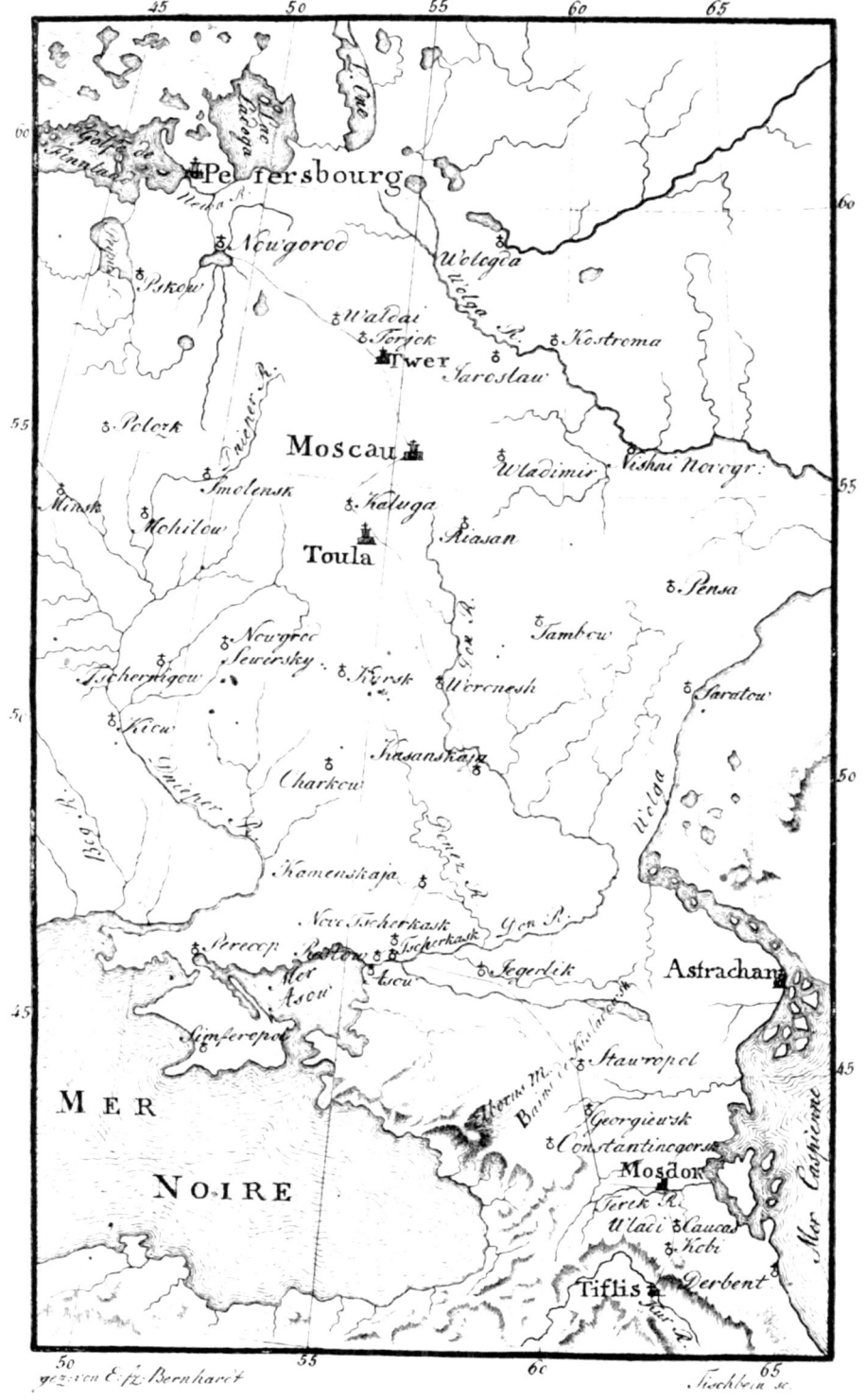

45   50   55   60   65

Ladoga See

Petersbourg

Newgorod

Wologda

Pskow

Waldai

Torjek

Kostroma

Twer

Jaroslaw

Polozk

Moscau

Wladimir *Vishni Nowgr.*

Minsk

Smolensk

Mohilew

Kaluga

Riasan

Toula

Pensa

Newgrod Sewersky

Tambow

Tschernigow

Kursk

Woronesh

Saratow

Kiew

Krasanskaja

Charkow

Wolga

Kamenskaja

Neve Tscherkask

Perecop

Rostow *Tscherkask*

Mer Asow

Asow

Jegerlik

Astrachan

Simferopol

MER

Stawropol

NOIRE

Georgiewsk *Constantinogorsk*

Mosdok

Terek R. *Wladi Caucas* *Kobi*

Mer Caspienne

Tiflis *Derbent*

gez. von E. fr. Bernhard   *Tischbein sc.*